本书是西安外国语大学教师发展专项项目“大学教师专业能力发展支持模式研究”（19JF01）的成果，
是陕西高校青年创新团队（“一带一路”沿线国家教育发展战略研究创新团队）的阶段性成果

大学教师专业能力发展的支持服务模式

孙二军 著

西安交通大学出版社
XI'AN JIAOTONG UNIVERSITY PRESS
国家一级出版社
全国百佳图书出版单位

图书在版编目(CIP)数据

大学教师专业能力发展的支持服务模式 / 孙二军著
. — 西安 ：西安交通大学出版社，2021.12
ISBN 978 - 7 - 5693 - 1715 - 2

Ⅰ. ①大… Ⅱ. ①孙… Ⅲ. ①高等学校-师资培养-研究-中国 Ⅳ. ①G645.12

中国版本图书馆 CIP 数据核字(2021)第 253627 号

书　　名 大学教师专业能力发展的支持服务模式
DAXUE JIAOSHI ZHUANYE NENGLI FAZHAN DE ZHICHI FUWU MOSHI
著　　者 孙二军
责任编辑 王建洪
责任校对 史菲菲
装帧设计 伍　胜

出版发行 西安交通大学出版社
(西安市兴庆南路 1 号　邮政编码 710048)
网　　址 http://www.xjtupress.com
电　　话 (029)82668357　82667874(市场营销中心)
(029)82668315(总编办)
传　　真 (029)82668280
印　　刷 西安五星印刷有限公司

开　　本 700mm×1000mm　1/16　**印张** 13.375　**字数** 264 千字
版次印次 2021 年 12 月第 1 版　2022 年 3 月第 1 次印刷
书　　号 ISBN 978 - 7 - 5693 - 1715 - 2
定　　价 85.00 元

发现印装质量问题，请与本社市场营销中心联系、调换。
订购热线：(029)82665248　(029)82665249
投稿热线：(029)82665379　QQ：793619240
读者信箱：xj_rwjg@126.com

前言

为深入落实《中共中央 国务院关于全面深化新时代教师队伍建设改革的意见》，教育部等六部门发布了《关于加强新时代高校教师队伍建设改革的指导意见》，一方面提出“健全高校教师发展制度。高校要健全教师发展体系，完善教师发展培训制度、保障制度、激励制度和督导制度，营造有利于教师可持续发展的良性环境”；另一方面要求“夯实高校教师发展支持服务体系。统筹教师研修、职业发展咨询、教育教学指导、学术发展、学习资源服务等职责，建实建强教师发展中心等平台，健全教师发展组织体系。高校要加强教师发展工作和人员专业化建设，加大教师发展的人员、资金、场地等资源投入，推动建设各级示范性教师发展中心”。如何更好地助推大学教师专业能力发展，促进高等院校教师队伍建设，是新时代高等教育高质量发展的内在需求。基于此，本书立足于“立德树人”的根本任务，聚焦高校的内涵式发展，以大学教师发展中心为平台依托，深入探讨大学教师专业支持服务模式的理论与实践，以期全面提高大学教师专业素质能力，促进大学教师队伍建设，从而为提高人才培养质量、增强科研创新能力、服务国家经济社会发展提供坚强的师资保障。

依据能力素养的基本构成，大学教师专业能力发展包括学术能力发展、教学能力发展和教学学术能力发展，已有的相关研究多偏向于教学能力及教学学术能力层面的理论研究与实践探索；依据能力发展的驱动力，大学教师专业能力发展包括主体性发展和客体性发展，主体性发展关涉到专业能力发展的能动性、独立性与创造性，客体性发展则关乎外部的能力标准与身份规约，大学教师的专业能力发展归根是促进其主体性发展，外部的能力标准与身份规约只能起到参照或评价效应；依据能力发展的研究对象，既包括按院校类型划分的大学教师专业能力发展，也包括按专业发展阶段划分的大学教师能力发展，多会偏向于青年教师专业能力发展。基于此，本书所探讨的大学教师专业能力发展支持服务模式，体现了主体性教师专业发展的路径，并依循实际情况，谋求适宜的策略举措，从而促进大学教师专业能力的全面提升。基于以上层面的研究定位，本书注重大学教师专业能力发展支持服务模式的“分层分类”。这既符合大学教师专业能力发展的实际状况，也能够体现大学教师专业能力发展的基本趋向；同时，本书强调大学教师专业能力发展支持服务模式的“协同创新”，以期实现学科专业间、部门学院间的“协同创新”。

西安外国语大学西部外语教师发展中心成立于2012年4月，在教师专业研修、教学技能培训、互助合作平台建设以及职业发展规划等层面开展了持续性的改革探索与创新实践，积累了较为丰富的专业实践经验。同时，西部外语教师发展中心与省内外兄弟院校的教师专业发展中心都有着较为紧密的业务交流合作，这为课题研究的开展提供了较为有力的平台支持。事实上，教学能力与学术能力构成了教师专业能力的基点，具有鲜明的学术性与专业性特征，共同指向教学学术能力发展。大学教师专业能力发展归根是自主发展，但需要强有力的支持服务，需要发挥大学教师发展中心的协同作用，"分层分类"地探寻教师专业能力发展的支持服务模式及策略等。本书在借鉴和分析30所国内院校和15所外语院校的基础上，着重探讨了"有组织的讲座""有指导的培训""有主题的工作坊""有互动的沙龙""有切磋的竞赛(观摩)"等模式，它们之间的协同互补是模式创新的关键所在。

孙二军

2021年10月

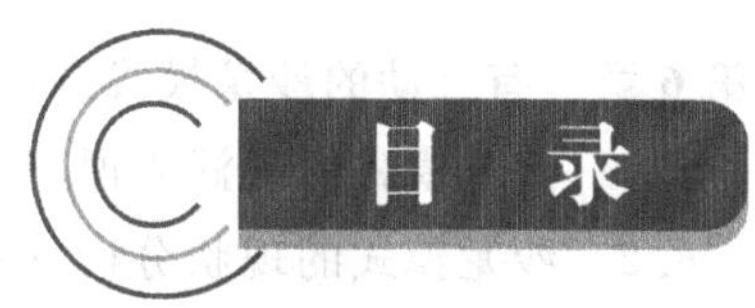

目录

第1章 绪 论

1.1 研究的缘起

教育大计,教师为先。有好的教师,才有好的教育。高等教育的内涵发展与质量提升,有赖于高质量的师资队伍,需要高度重视大学教师专业发展,而大学教师专业发展归根取决于大学教师专业能力的持续提升。事实上,大学教师专业能力是一个内涵丰富、仁者见仁、智者见智的话题,它影响着大学教师所肩负的教育使命与责任。美国学者伯奎斯特和菲利普斯在1975年出版的《大学教师发展手册》一书中指出,大学教师发展要基于大学本质,履行科学研究、服务社会、文化传承、国际交流等职能。其中,教学与科研是大学教师最基本的工作职责,进而才是服务社会、文化传承和国际交流的职责使命,大学教师往往通过教学与科研工作服务社会、传承文化、促进国际交流。与之相应,大学教师的专业能力发展需要聚焦于教学能力、学术能力、教学学术能力以及相应的专业服务能力等。大学教师专业能力发展的结构优化与自我完善,既是专业自主发展与外部支持服务的有机统一,也是大学教师队伍建设的内在需求。

从大学的内涵发展而言,学科建设是大学发展的龙头,专业人才培养是大学的基础性工作,大学教师的队伍建设是大学发展的关键所在。大学需要通过自身的教学与科研工作呼应社会对高层次人才培养的诉求,并实现与社会之间的良性互动。从大学的教育性质而言,大学教育是专业教育与博雅教育的有机结合。将大学教育看作是专业教育,那么大学教师的专业发展就具有鲜明的学科专业特性;将大学教育看作是博雅教育,则大学教师的专业发展兼具了学科专业与通识教育的特性。一般而言,大学层面的"学科"对应的是学术研究,"专业"则对应人才培养,二者同时赋予了教师开展科学研究与人才培养的使命与责任,也规约了大学教师专业发展的基本维度。因此,学术能力素养和教学能力素养应该成为大学教师最基本的专业素养,而学术能力素养具有鲜明的学科与专业特性,教学能力素养具有鲜明的职业特性,且在大学教师专业发展中,更多地会关注到学术能力素养的全面提升,而在一定程度上会忽视教学能力素养的持续提升。这也是大学层面促进教师专业发展需要予以正视的现实问题,但大学教师教学能力素养的提升也不可避免地与其学术能力发展紧密相关、不可分割。

究其原因，大学教师从事的是一种学术性职业，学术性是大学教师的最基本特质和职业生涯的核心，也是衡量大学教师专业发展水平的重要价值向度①。大学教师的学术性发展具有研究的意味，包含了"学科(专业)的学术性"和"教学的学术性"②。前者指向于学科科研能力素养，后者则指向于教学科研能力素养。因此，如图1-1所示，大学教师专业能力应该包括学科(专业)学术能力、教学专业能力和教学学术能力，这也是大学教师能力发展的根基所在。大学教师专业能力素养的不同指向，意味着不同的专业发展路径及方式，但也需要重视为其专业能力发展营造良好的外部空间，提供更优质的专业支持服务。

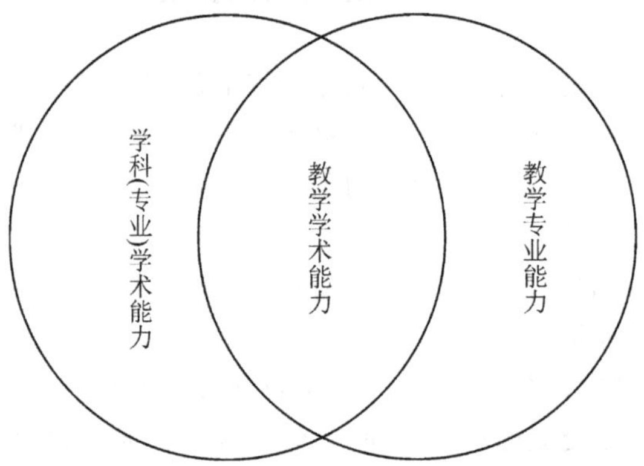

图1-1　大学教师专业能力的基本框架

事实上，大学教师专业能力发展具有"断裂与自发"的特点，往往缺乏强有力的专业支持服务。大学教师专业发展的理论研究与实践探索，需要高度关注大学教师专业能力的全面持续提升。无论是专门性的机构(如教师专业发展中心等)，还是一般性的组织机构(如学院、人事处、教务处、科研处等)，都需要谋求行之有效的改革举措，促进大学教师专业能力发展。依据能力素养的基本构成，大学教师专业能力发展包括学术能力发展、教学能力发展和教学学术能力发展，已有的相关研究多偏向于大学教师教学能力及教学学术能力层面的理论研究与实践探索；依据大学教师能力发展的驱动力，其专业能力发展包括主体性发展和客体性发展，主体性发展关涉到专业能力发展的能动性、独立性与创造性，客体性发展则关乎外部的能力标准与身份规约，大学教师的专业能力发展归根是促进其主体性发展，外部的能力标准与身份规约只能起到参照或评价效应；依据能力发展的研究对象，既包括按院校类型划分的大学教师专业能力发展，也包括按专业发展阶段划分的大学教师能力发展，多会偏向于青年教师专业能力发展；依据能力发展的内部组织与外部环

① 陈锡坚.学术性视野中大学教师专业发展的逻辑[J].教育研究，2011(08):81-84.

② 侯定凯.博耶报告20年:教学学术的制度化进程[J].复旦教育论坛，2010(06):31-37.

境，既包括线上或线下的专业培训或项目学习，也包括校内、校外的学术研究与专业研修等。关于大学教师专业能力发展支持模式的理论研究与实践探索，一是多聚焦于大学教师专业发展中心建设，二是多聚焦于各级各类大学教师专业培训工作的改革与创新，其中外语类院校的相关研究仍然较为缺乏。此外，相关研究多从环境、组织、制度等层面探索适宜的支持模式，助推大学教师专业能力发展。事实上，所谓大学教师专业能力发展的支持模式，应是体现主体性教师专业能力发展的路径，并依循实际情况，谋求适宜的策略举措，促进大学教师专业能力的全面提升。

总体而言，大学应以教师专业能力的基本构成为根基，“主客有别”“分层分类”“协同创新”地探寻教师专业能力发展的支持模式。具体以学术(学科专业)能力素养、教学能力素养和教学学术能力素养作为大学教师专业能力发展支持模式探索的三条主线，或者说“学术”与“教学”两条主线及其交叉的第三条主线，以此探寻大学教师专业能力发展的支持模式及策略。其中，“学术”主线突出“服务”的主体性专业发展支持策略，而“教学”主线则突出“引领”的主客体专业发展支持策略。同时需要充分考虑院校类型、学科类型、专业类型的同一性与差异性，实现学校内外、部门内外的资源整合与协同创新等。本书以 15 所具有代表性的外语院校为聚焦对象，进而拓展到国内 30 所大学教师专业能力发展的支持模式及改革策略，以期促进大学教师专业能力尤其是外语教师专业能力的持续发展与全面提升。

1.2　研究的意义与价值

教师专业发展归根需要指向于专业素养的全面提升，道德素养影响教师专业发展的目标与动力，知识素养构成教师专业发展的根基与底蕴，能力素养则直接影响教师专业发展的实践与创新。有别于道德品质提升和专业知识学习，教师专业能力发展呈现出显著的群体与组织特征。大学教师专业能力发展也呈现出典型的类群效应与组织特性，具有自身的规律特征，面临着专业支持服务的挑战与困境，亟待不同类群、组织之间的专业支持服务，从而推进高等教育内涵式发展。从 2007 年开始，我国陆续出台了一系列相关政策，旨在促进大学教师专业能力发展(见附录 1-1)。其中，《中共中央 国务院关于全面深化新时代教师队伍建设改革的意见》中就明确提出：“全面提高高等学校教师质量，建设一支高素质创新型的教师队伍。着力提高教师专业能力，推进高等教育内涵式发展。搭建校级教师发展平台，组织研修活动，开展教学研究与指导，推进教学改革与创新。加强院系教研室等学习共同体建设，建立完善传帮带机制。全面开展高等学校教师教学能力提升培训，重点面向新入职教师和青年教师，为高等学校培养人才培育生力军。重视各级各类学校辅导员专业发展。结合‘一带一路’建设和人文交流机制，有序推动国内外教师双向交流。支持孔子学院教师、援外教师成长发展。服务创新型国家和人才强国建设、世界一流大学和一流学科建设，实施好千人计划、万人计划、长江学者奖励计划等重大人才项目，着力打造创新团队，培养引进一批具有国际影响力的学科领军人才和青年学术英才。加强高端智库建设，依托人文社会科学重点研究基地等，汇聚培养一大批哲学社会科学名家名师。高等学校高层次人才遴选和培育中要突出教书育人，让科学家同时成为教育家。"这为大学教师专业能力发展支持模式的协同创新指明了改革方向。

由于高等教育普及化之后，学生具有更广泛的个别差异，教师的教和学生的学需要得到及时的支援和帮助。西方国家的大学通过内部组织变革来回应社会对高等教育规模扩大和质量下滑的批评，纷纷成立以促进教师专业发展、提升学生学习品质、形成优良教学文化为宗旨的教学支持服务机构①。大学教师的发展是个人发展和组织变革的结合，国内大学教师专业发展中心也是在这样一种趋势背景下应运而生、因时而变的。大学教师专业发展中心的主要功能在于促进教师专业发展，其聚力点在于促进教师的教学专业能力发展，进而提升其教学质量，最终服务于人才培养的诸多诉求。事实上，大学教师队伍规模庞大，其专业素质直接关系到高等教育质量的提升。大学教师专业发展的过程就是高校教师从事教学、研究及服务工作时，经过独立自主、相互协作的活动，引导自我反省与理解，最终提高教学、研究及服务等专业能力②。因此，以教学能力发展、学术能力发展和教学学术能力发展为核心，探讨大学教师专业能力发展的支持服务模式，既符合大学教育质量提升的现实需求，也是大学内涵式发展的客观需求，具有改革的意义性与现实性。

外语类院校师资队伍构成具有自身鲜明的特点，语言类、非语言类教师专业能力发展既有共性特征，也有群体性差异。外语类院校的教师专业发展既需要立足语言服务的国家战略，也需要实现语言学科与其他学科的融合共生。外语类院校教师的专业能力发展同样需要立足语言学科专业的优势与特色，实现学科专业间、学院部门间的"协同创新"，而非单一部门或机构的专业支持服务。本书在借鉴国内外同类型高校教师专业能力发展支持策略的基础上，结合外语类高校师资队伍的实际状况，重点探讨了"分层分类"的教师专业能力发展的支持模式，并着力促进学科专业间、部门组织间的"协同创新"。同时，本书重点在学术能力、教学能力和教学学术能力发展的维度，针对语言类与非语言类教师专业能力发展的实际状况，借鉴国内外兄弟院校的成熟经验，开展专业能力发展支持模式的研究与探讨，这也能够较为切实地促进外语院校的教师专业能力发展，助力外语类院校的内涵式发展。

外语学科与专业是外语院校的显著优势，其师资队伍也是外语院校的主力军。外语教师的专业能力发展在通用与非通用、大语种与小语种之间具有较为明显的

---

① 汪霞.中外大学教学发展中心研究[M].南京:南京大学出版社,2013:3.

② 林杰.大学教师专业发展的内涵与策略[J].大学教育科学,2006(01):56-58.

差异性特征。“分层分类”的支持模式探讨，既符合外语教师专业能力发展的实际状况，也能够体现外语教师专业能力发展的基本趋向。同时，外语教师专业能力发展有其自身的归类及特点，也重视与其他学科专业的交叉与融合。因此，本书立足外语教师专业能力发展的理论研究与实践探索，在数据分析与现状探讨的基础上，集中探讨了适用于外语教师专业能力发展的支持模式及策略，以期促进大学外语教师专业能力的持续发展与全面提升，这不仅有利于促进大学外语教师的队伍建设，也对外语院校及其他高校的教师专业能力发展具有一定的参照价值。

1.3 研究方案的设计

本书的研究假设是大学教师专业能力发展的支持服务模式需要具有科学性、适宜性和特色化，聚焦到外语院校教师专业能力发展的支持服务模式，首先在科学性方面，需要遵循“大学教师专业能力发展的一般规律”，并重视外部支持与自主发展之间的协同，尤其是部门间、院系间的协同；在适宜性方面，既要充分借鉴国内外高校尤其是外语院校的成熟经验，也需要立足现状进行调研和需求分析；在特色化方面，既需要突出外语教师专业能力发展的支持模式，也需要重视国际经验的本土化实践。

本书通过文献法与比较法对大学教师专业能力发展的支持服务模式进行理论探讨与实践探析，进而以 15 所外语院校和 30 所国内高校为研究对象，在学术能力、教学能力以及教学学术能力发展层面探讨有效的支持服务模式及改革策略，以期提升大学教师专业能力发展的支持服务的层级与水平。具体而言：

第一，通过对大学教师专业能力发展的一般规律及特殊性的理论探讨与现状分析，充分借鉴国内大学教师专业能力发展的支持服务模式及策略，并依托西部外语教师发展中心的专业平台，积极开展外语类院校教师专业能力发展支持模式的数据分析与策略探讨，尤其是探索促进外语教师专业能力发展的支持服务策略。

第二，通过对大学教师学术能力、教学能力和教学学术能力发展的理论探讨，着力开展大学教师教学能力、学术能力以及教学学术能力发展的支持服务模式分析；结合不同类型院校的实际状况，探讨“分层分类”的教师专业能力发展支持模式，促进学科专业间、部门组织间的“协同创新”，具体包括平台层面的社群创建与共同体建设、组织层面的分层与分类、资源层面的整合与开发、服务层面的指导咨询与交流反馈、评估层面的动态追踪与分析研判等。

第三，通过对国内 15 所外语类院校教师专业能力发展支持模式及策略的比较研究，着力探讨外语类院校教师专业能力发展支持模式的内涵特征、运行机制及策略等；通过对外语类院校教师专业能力发展支持模式的比较研究，在制度、平台、资源、评估等层面，重点探讨外语类院校教师专业能力发展，尤其是外语教师专业能力发展的规律性特征及“改革参照”。

1.4 核心概念界定

1.4.1 概念界定

1. 大学教师专业能力发展

教师的专业能力发展是当今世界各国教师教育改革关注的焦点，大学教师专业能力发展有其内在特征及诉求，与高等教育的本质及功能相互契合。高等教育具有人才培养、科学研究和社会服务的功能，人才培养对应的是教师的教学能力，这是大学教师的基本能力；科学研究对应的是教师的学术能力，背后是学科专业的核心素养；社会服务往往也取决于教学和学术能力的应用转换。本书所关涉的大学教师专业能力主要包括教学能力、学术能力以及教学学术能力。学术能力素养具有鲜明的学科与专业特性，教学能力素养具有鲜明的职业特性，但在大学教师专业发展中，更多地会关注到学术能力素养的全面提升，而在一定程度上会忽视教学能力素养的持续提升。同时，教学学术能力是高等教育理论与实践领域研究的热点主题，它既能够体现出教学和学术能力的内在结合，也能够体现教学与科研的内在契合。

聚焦到大学外语专业能力则需要凸显外语教师的职业特性、外语的学科特性。关于外语教师专业能力发展的相关概念界定，呈现出共性的特征：孙有中等人在外语界首次提出高校"外语类专业教师能力框架"，包括职业道德、教学能力、研究能力和学科知识。高校外语类专业应在新的教师能力框架下重新认识外语类专业教师的身份与发展定位，创新教师发展的内容与形式，重构教师学科知识，提升教师研究能力。究其原因，《高等学校外语类专业本科教学质量国家标准》从学校和教师自身两方面提出明确要求："学校应制定科学的教师发展规划与制度，通过学历教育、在岗培养、国内外进修与学术交流、行业实践等方式，使教师不断更新教育理念，优化知识结构，提高专业理论水平与教学和研究能力。"这一规定要求学校应针对教师发展进行顶层设计，自上而下地为教师发展创造条件，提供全方位支持，其目的就是要促进教师在专业知识、教学能力和研究能力三方面实现全面发展①。仲伟合等人借鉴美国、澳大利亚及欧盟高校外语教师专业发展的经验，在《高等学校外语类专业本科教学质量国家标准》背景下建构了我国高校英语教师专业能力框架，提出"英语教师专业能力发展要素中的知识、技能与素质三者互为影响"②。

---

① 孙有中，张虹，张莲.《国标》视野下外语类专业教师能力框架[J]. 中国外语，2018(02)：4-11.

② 仲伟合，王巍巍."国家标准"背景下我国英语类专业教师能力构成与发展体系建设[J]. 外语界，2016(06)：2-8.

王立非等人针对商务英语教师专业能力，提出“其专业能力结构应由语言能力、教学能力、专业知识和实践能力构成，应尽快规划和出台英语类专业教师的职业能力标准，建立和完善教师发展体系，对接商务英语教师发展需求，以保证商务英语专业建设和人才培养的质量”。其中，语言能力指教师的语言基本功，包括听说读写技能；教学能力包含课堂教学能力、课堂管理能力、课堂行动研究能力；专业知识包括核心知识（语言文化知识）、相关知识（心理学和教育学知识）、跨学科知识（经济学和管理学知识等）；实践能力包括实践教学能力和商务实践能力。商务英语教师的专业能力不是多种知识与技能的简单叠加，而是多种知识与技能的融合，构成特定的新知识和新技能体系①。

2. 支持服务模式

本书关涉的支持服务模式，既包括外部层面的支持服务，也指向内部层面的引导规约。如图1-2所示，外圈所对应的支持服务模式有三个基点，即知识（本体性——学科专业知识、条件性——教育专业知识、实践性——个体的缄默知识、内省一般性——人文科学知识）、经验（个体经验与他人经验）和技能（学科专业技能、教学技能与一般性技能）。其中，知识层面重在平台共享与知识治理，经验层面重在社群交互与经验分享，技能层面则强调支持服务与技能训练。

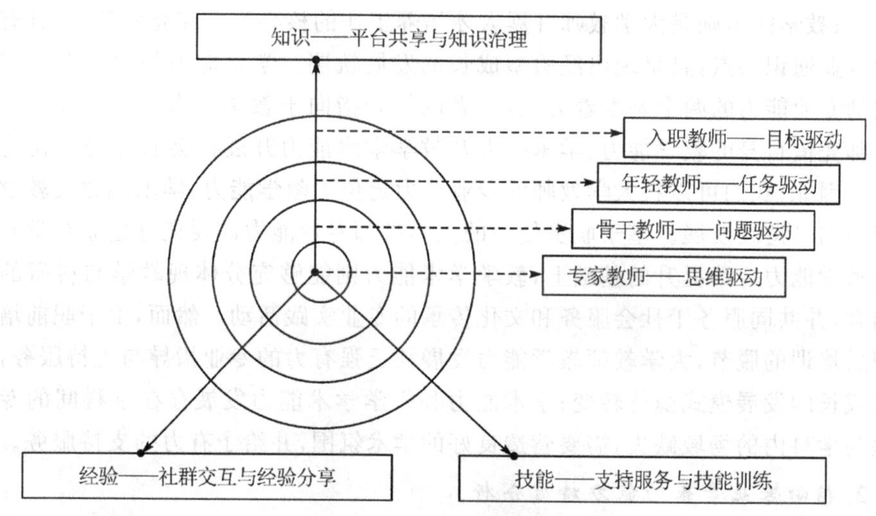

图1-2　支持服务模式

不同群体的教师需要有不同类型的支持模式，内圈对应的专业支持路径相应有四个层面，体现了大学教师发展的过程性或阶段性，入职教师群体重在目标驱

① 王立非，葛海玲．论“国家标准”指导下的商务英语教师专业能力发展[J]．外语界，2016(06)：16－22．

动，相关的专业支持服务重在指导与引领；年轻教师重在任务驱动，相关的专业支持服务重在协作与交流；骨干教师强调问题驱动，相关的专业支持服务重在平台与资源；专家教师强调思维驱动，相关的专业支持服务重在挖掘其专业智慧。大学教师专业能力发展的支持模式，需要在内外两个层面促进“协同”与“融合”，从而彰显“内涵”与“特色”。

1.4.2 大学教师专业能力发展的层级分析

1. 指向职责使命的专业能力分析

大学教师专业能力发展需要充分回应人才培养、科学研究、社会服务与文化传承的职责与使命，这是高等教育内涵式发展的关键所在。与之相应，大学教师需要具备基本的教学能力、科研能力、社会服务能力和文化传承能力。其中，教学与科研能力具有鲜明的学术性与专业性特征。“大学教师从事的是一种学术性职业，学术性是大学教师的最基本特质和职业生涯的核心，也是衡量大学教师专业发展水平的重要价值向度，大学教师在开展学术活动时，都会有意或无意地以一定的学术价值取向为标准”[①]。事实上，学术能力是大学教师开展人才培养与科学研究工作的基本素养和必要条件，具有显著的学科类别差异，且呈现出高度的学术自觉与专业自主；教学能力则是大学教师开展人才培养工作的核心素养和充分条件，具有显著的专业通识特点，且呈现出经验型成长的发展轨迹。学术能力与教学能力构成了教师专业能力的两个基本着力点，二者的结合指向于教学学术能力的发展。大学教师凭借自身的教学能力、学术能力及教学学术能力开展社会服务与文化传承活动。因此，我们可以将大学教师的专业能力定位于教学能力、学术能力及教学学术能力的可持续发展。基于职责使命的大学教师专业能力需要充分建立在学术能力与教学能力持续提升的基础上，教学学术能力则能够充分体现教学与科研的紧密结合，并共同服务于社会服务和文化传承的专业实践活动。然而，由于职前培养与职后培训的脱节，大学教师教学能力发展缺乏强有力的专业指导与支持服务，经验型成长的发展模式亟待转变；学术能力和教学学术能力发展存在学科间的专业壁垒与学科内的场域缺失，需要营造良好的学术氛围，并给予有力的支持服务。

2. 指向专业素养的能力特质分析

一般而言，教师的专业能力特质包括态度品质与智能结构两个层面。态度品质对应的是专业情感、态度和价值观，是教师专业发展的内在动能，表现为职业理想与专业信念等；智能结构对应的是专业知识、经验与技能，是教师专业发展的基本标尺，构成了教师专业发展的基本线索。相较于中小学教师，大学教师专业能力

---

① 陈锡坚.学术性视野中大学教师专业发展的逻辑[J].教育研究，2012(08)：81－84.

特质的内涵更加丰富，面临学术发展与教学发展两条主线，二者又高度地契合到教学学术的能力发展之中。

大学教师的态度品质包括对学术与教学专业发展双重的理想信念与情感态度，尽管二者可以高度契合，但也会存在现实的冲突。求真至善是学术态度的价值追求，求实至善是教学态度的应有之意，求真是科学研究的价值所在，求实是教学活动的内在要求，二者都充分体现了大学教师对于自身专业活动的理想信念与情感态度，它是大学教师专业能力发展的内在核心动力，也规约着大学教师专业发展的路径。大学教师的态度品质既有赖于大学教师个体的价值认同，也受到大学组织、专业社群等层面愿景规划与文化氛围的影响。尤其对于青年教师专业群体而言，需要通过外部的专业引领与支持服务，不断提升其专业态度品质及道德修养，这也是“立德树人”对教师专业发展的现实要求。

大学教师的智能结构包括专业知识、经验与技能等方面，最终归于问题解决的学术创新或实践创新能力。其中，知识学习、经验累积与技能训练是专业能力发展的基本着力点，知识结构、经验系统与技能体系的状况可以作为衡量教师专业能力层级水平的基本维度①。在此基础上，问题驱动或问题解决的专业学习方式构成了大学教师专业能力的重要标尺，它不仅是一种问题驱动的深度学习，而且能够将大学教师所具备的专业知识、经验与技能运用到较为复杂的专业教育情境之中，在问题解决的过程中提升其专业品质②。尤其是对于大学教师的教学能力发展而言，需要综合运用自身的专业知识、经验与技能，直面教育教学改革中的现实性问题、前瞻性趋向，在问题驱动的专业学习路径中，在教学改革研究的过程中，不断提升自身的教学学术能力与实践创新能力。

3. 指向支持服务的能力发展路径分析

大学教师专业能力发展归根是自主性发展，但需要强有力的外部支持服务。自主性发展既取决于教师自身的专业认同及其价值取向，也会受到外在激励机制与专业氛围的影响。在大学层面重视师德修养的持续提升，就是要帮助教师形成合理的专业认同，将“立德树人”的使命担当转化为自身的专业理想与信念，进而确立专业发展的方位坐标，从而实现自身专业能力的全面自主发展。与之相应的支持服务包括精神层面的尊重与关怀、制度层面的引领与激励、组织层面的指导与协同、资源层面的支持与服务等。

大学教师专业能力发展同样会有理智取向、实践取向和生态取向的三种发展

---

① 孙二军.“能力圈层”视角下教师职前的专业学习路径及培养策略[J].高教探索，2019(09)：119－123.

② 孙二军.基于“问题解决”的教师职前专业学习路径及培养策略[J].国家教育行政学院学报，2019(02)：71－75.

路径，并最终归于专业能力发展的自觉与自主。其中，教学能力发展往往表现为理智取向与实践取向的有机结合，理智取向强调的是教学“知识”与“技能”的拓展与提升，注重理念更新与实操训练，实践取向则强调的是专家引领、同伴互助中的“经验分享”与“智慧共享”；学术能力发展通常更加重视生态取向的发展路径，强调在专业社群或组织中的“学术引领”与“学术交流”等。此外，大学教师专业能力发展需要层级性的组织依托，“教研室（系所）、院系和学校”都需要依循教师专业发展的不同路径，提供各有侧重的专业支持服务。

1.5 大学教师专业能力发展的特点

1.5.1 大学教师专业能力发展的同群效应

身处大学场域的教师，呈现出专业能力发展的同群效应，并在场域转换中实现自身能力发展的“突破与超越”。在不同的群体中，大学教师会呈现出能力发展的“惯习”，表现为“追求规范与超越规范的某种张力，并对行动发展着策略性的指导作用”[①]。所谓的同群效应即是一种个体与群体间的双向关系，可以共同回应挑战、共谋发展，也可以相互影响、彼此共促。Winston 和 Zimmerman 提出：“若一个人的行为受到一个或多个其他人与自身相互作用的影响，就可以认定同群效应是存在的；而这里的‘其他人’必须是‘同群者’(peers)，即是说，与这个人处于相同或相似的地位上，所有人处在一种平等关系里。”[②]

1.5.2 基于发展周期的同群效应

偏向教学能力发展，大学教师的发展阶段可以分为新手教师、熟练新手教师、胜任型教师、业务精干型教师和专家型教师，从新手教师到专家型教师需要 15～20 年[③]。处于不同发展阶段的大学教师会面临共同的专业挑战与现实问题，与之相应的专业支持服务也需要有所侧重、有所区分，同时重视不同阶段间的衔接与协同。一般而言，新手教师、熟练新手教师往往缺乏充分的职前准备与有力的职后指导，经验型成长模式会损耗既有专业支持服务的效能；胜任型与业务精干型教师则会面临繁重的教学压力与工作负担，如不能开展高质量的教学学术活动，就会出现教学能力发展的停滞现象；专家型教师处于发展的金字塔尖，但其专业引领效应往

---

① 涂艳国，王卫华. 论教师的教学惯习对教学机智的影响[J]. 教育研究，2008(09)：53－57.

② WINSTON G C，ZIMMERMAN D J. Peer effects in higher education. discussion paper[J]. Academic Achievement，2003，39(2)：43.

③ 吴金昌，刘毅玮. 高校教师成长中的困惑与反思：兼与中小学教师成长历程比较[J]. 中国高教研究，2008(09)：41－43.

往未能充分激发，这对大学教师专业能力发展支持模式的创新实践而言，需要予以高度重视。

偏向学术能力发展，大学教师的发展阶段可以与其职称晋升大致匹配，在“助教→讲师→副教授→教授”的晋升轨迹中，学术科研水平及其成果产出是重要的衡量标尺。通常而言，“讲师、副教授和教授”的三级晋升成为大学教师发展的基本驱动力，而“教科研课题申报、成果产出及奖项”构成了其学术发展的基本着力点，亟待相关专业支持服务。与此同时，“助教”阶段的无力感与“教授”阶段的倦怠感也是普遍存在的大学教师专业能力发展困境。如何激发不同阶段大学教师专业能力发展的动力与活力，并在专业发展与职称晋升之间寻求内在契合与适宜举措，已经成为大学教师专业能力发展模式创新实践的迫切需要。

大学青年教师既可以包括“新手、熟练新手、胜任型和部分业务精干型”群体，也包括“助教、讲师和部分副教授”群体，呈现出多类型、多层次的同群效应。此外，由于大学教师学历水平的普遍提升，助教群体更多的是急缺专业的年轻教师或大学辅导员，在学术能力与教学能力等方面亟待专业支持服务。因此，当前大学教师专业能力发展的支持服务需要面对不同发展阶段或职称阶段的教师群体，开展有适切性与针对性的策略举措，这也是当前大学青年教师专业发展理论研究与实践探索的基本着力点。

1.5.3 注重组织支持的协同效应

从大学的组织架构而言，在三级管理体系（校—院—系/教研室）中，学校需要在组织协同方面做好大学教师专业能力发展的统筹规划与有序推进，包括教师专业发展中心、人事处、教务处、科研处、图书馆、信息技术中心等职能部门都需要共同为教师专业能力发展提供强有力的支持服务体系。其中，大学教师专业发展中心一般有两种运行模式，即作为独立机构和挂靠机构，且一般会挂靠在人事处、教务处等部门。大学教师专业能力发展的支持服务，需要以教师发展中心为聚力点，在制度、环境及资源等方面，实现多部门间的协同合作，尤其是人事处、教务处和科研处三者间的协作与共赢。校内的师资队伍建设、校际的师资交流有赖于人事处的协作与支持，教学能力以及教学学术能力发展可以归口于教务处的教育教学及教改创新实践，学术能力发展则有赖于科研处的氛围营造、制度激励以及学术支持服务等。

由于制度设计、环境氛围以及专业资源等现实因素，学院、系所、教研室对教师专业能力发展的支持服务呈现出较大的差异性，学术与教学能力发展之间的冲突、个体能力发展与团队整体建设的脱节等现象依然较为普遍，尤其是教研室等基层组织往往会将重心放在教学与科研管理上面，对学术与教研活动存在轻忽现象，使得大学教师专业能力发展呈现出“个体的自主性”，缺乏“群体的协同性”。因此，如何贯通学院、系所和教研室之间的专业支持服务，并且与学校层面的专业支持服务协同起来，实现高质量的专业指导、分享与合作，这应该是大学教师专业能力发展支持模式改革与探索的重要着力点。

1.6 大学教师专业能力发展的支持服务策略

1.6.1 组织协同的支持服务策略

以大学教师专业发展中心为组织依托，协同学校行政机构与学术机构的专业支持服务，可促进大学教师专业能力的可持续发展。作为专门机构，大学教师专业发展中心既不是纯粹的行政机构，也不是纯粹的学术机构，它具有跨行政机构与学术机构的性质。大学教师专业发展中心既拥有一定的行政资源、掌握了一定的行政权力，又会利用自身的专业资源和力量，发挥专业权力和权威的影响力，对教师发展工作进行全方位的促进与支持，从而赢得学校各部门的关注和配合，有效地落实其专业任务[①]。

事实上，行政部门的不作为或各自为政，都会影响教师专业能力发展支持服务的质量与效能。这就要求大学教师专业发展中心需要做好顶层设计、统筹协调，并优化工作机制或程序，切实地为大学教师专业发展提供有力支持与优质服务。同时，大学教师专业发展中心需要充分发挥学院和科研机构间的协同效应，为大学教师专业能力发展提供更为丰富的学习资源、更为开放的学习环境和更为有力的学习支持服务等。

从组织特性而言，大学教师专业发展中心需要将教师专业能力发展纳入相关职能部门的组织任务之中，并与学院和科研机构等学术机构开展深层次的协作，促进组织间的统筹规划、专业协同及有序推进。学术能力发展需要充分依托科研处，开展课题申报、学术交流、成果推广等方面的学术科研活动，并组织不同学科专业背景的教师能够深度参与；教学能力发展需要充分依托教务处，开展课程建设与教学改革的专业交流活动、教学竞赛与展示的专业实践活动、教学研究与应用的专业研讨活动等，并积极开展课程教学效果的评估反馈工作，促进大学教师教学能力及教学学术能力的全面提升；教育信息技术能力发展需要充分依托信息技术中心，开展信息技术指导与培训，服务于教师的学术与教学的专业活动；与学校图书馆建立良好的联系也是大学教师专业发展中心需要重视的任务，图书馆往往影响着一所大学如何将教育理念、技术转化为教育教学能力。此外，大学教师专业发展中心应该通过收集分析教师在教学过程中的各种数据，了解教师个人或群体在教学及科

---

① 别敦荣，李家新. 大学教师教学发展中心的性质与功能[J]. 复旦教育论坛，2014(04)：41－47.

研过程中的需求，从而为他们提供更具针对性的服务等①。

1.6.2 层级协同的支持服务策略

层级化的教师专业支持服务，要注重发挥教育行政部门与大学及其三级管理体系之间的联动与协同，着力开展类型丰富、形式多样的职后培训工作。事实上，我国在大学教师在职培训这一环节上，从教育部到地方行政主管部门都非常重视，设立了相应的大学教师专业发展机构，通过各种途径来提高大学教师的教学专业水平②。大学教师专业发展中心需要发挥"协调者、规划者"的组织特性，充分利用国家级大学教师培训的示范引领价值，更好地协调校内外各种关系与资源开展教学专业培训工作，这也是世界各国高等院校的通行做法。在高校教师培训的"协统者时代"，美国高校教师培训中心的生存之道就是学会协调各种资源、平衡各方利益，发挥教师发展协统者和组织变革推动者的双重作用，以高水平的管理和高质量的培训，为其所在的大学做出积极的贡献③。

大学教师专业能力发展的层级协同，还需要突出教学专业主线，统筹规划各级各类的培训工作，充分发挥国家级教师培训或研修的示范辐射作用，大力开展校际的专业交流与观摩学习活动，全面推进院系基层组织层面的教学研究与实践探索活动。层级化的专业支持服务，不仅需要在基层组织实现全员覆盖和青年教师的全程覆盖，而且需要在学校层面谋求专家引领、骨干示范的学习机制。同时，各项培训及研修活动都需要聚焦于课程建设、教学改革、教学观摩及竞赛等活动，着力促进大学青年教师教学专业能力的可持续全面提升。

1.6.3 类别协同的支持服务策略

基于能力特质的分类标准，大学教师的教学能力发展需要以职后培训为主线，重视教学专业的知识学习、经验累积与技能训练，通过有计划的讲座、专业研讨、工作坊、教学观摩及教学竞赛等模式，促进教师专业教学能力的全面提升；学术能力发展需要以学术交流研讨为主线，以学科融合与专业协同为契机，促进学术科研氛围的营造、学术视野的开阔、学术资源的共享等；教学学术能力则是以教学改革与研究为主线，将教学与科研高度结合，提升人才培养的层级与质量。

基于教师群体的分类标准，大学教师专业能力发展需要重视职业生涯的阶段性与规划性。针对青年教师专业能力发展，一方面切实推进"导师制"，发挥专家型

---

① 柯伯杰，熊卫雁，叶会元. 构建高等教育教学标准：教师专业发展中心在四所世界一流大学的实践与应用[J]. 北京大学教育评论，2014(02)：27－45.

② 王飞，韩映雄. 大学教师专业发展研究进展[J]. 教师教育研究，2016(02)：40－44.

③ 李欣，严文蕃，谢新水. 美国高校教师专业发展培训中心的发端、历程及模式[J]. 江苏高教，2013(01)：146－149.

与骨干型教师的专业指导与引领作用;一方面在院系教研室层面加强专业学习共同体建设,在专业研修的过程中促进专业能力发展与课程建设及教学改革的“同频共振”。针对助教、讲师及部分副教授群体,可以在校院两级层面营造良好的教科研氛围,提供教改科研课题驱动的层级支持服务,开展主题丰富、形式多样、务实高效的学术沙龙、工作坊和午餐会等活动,助推大学教师教学能力与学术能力的双重提升。

基于专业资源的分类标准,大学教师专业能力发展需要实现知识学习、经验分享、技能训练、问题解决的有机结合,为大学教师的教学能力、学术能力及教学学术能力发展提供优质的专业资源与便捷的共享平台。一方面,在知识管理的层面挖掘和分析大学教师既有专业知识、经验、技能等,并立足专业指导与反馈、切磋与交流,促进大学教师专业能力的可持续发展;另一方面,在项目驱动或问题驱动的层面,将课程建设、教学改革、课题研究与社会实践等活动有机结合,注重专业资源的生成与共享,从而促进大学教师专业能力的全面健康发展。

第 2 章 我国大学教师专业发展中心的组织分析

2012 年，教育部在公开发布的《关于全面提高高等教育质量的若干意见》中明确提出“推动高校普遍建立教师教学发展中心”，之后，我国绝大多数本科院校设立了教师教学发展中心或类似机构①。从组织的称谓角度而言，通常以“教学发展中心”“教学与学习中心”或“教师发展中心”居多。便于统称，我们称其为“大学教师专业发展中心”。作为高等院校的组织机构，一方面，它体现了所在学校的办学传统与发展定位；另一方面，它需要遵循大学教师的发展规律，以大学自身的功能使命为聚力点，开展专门性的专业支持服务。大学教师专业发展中心旨在为大学教师专业发展营造氛围、提供舞台，是大学教师专业发展从经验模式迈向专业模式的重要标志②。

2.1 大学教师专业发展中心建立的时间轴及政策文本分析

我国最早建立教师发展中心的高校是清华大学，清华大学于 1998 年建立了教师发展中心（见图 2－1）。2008 年以后，诸多高校陆续创建教师专业发展中心，尤其是 2011 年以后步入快速发展时期。教育部和财政部于 2011 年 7 月出台了《关于“十二五”期间实施“高等学校本科教学质量与教学改革工程”的意见》（教高〔2011〕6 号），文件明确提出“引导高等学校建立适合本校特色的教师教学发展中心”；2012 年 7 月，我国教育部高教司开始了国家级教师教学发展示范中心的建设工作，批准了厦门大学教师发展中心等 30 个“十二五”国家级教师教学发展示范中心（见附录 2－1）。2018 年《关于高等学校加快“双一流”建设的指导意见》（教研〔2018〕5 号）中指出：“建立建强校级教师发展中心，提升教师教学能力，促进高校教师职业发展，加强职前培养、入职培训和在职研修，完善访问学者制度，探索建立专任教师学术休假制度，支持高校教师参加国际化培训项目、国际交流和科研合作。”《教育部关于加快建设高水平本科教育 全面提高人才培养能力的意见》（教高〔2018〕2 号）中指出：“加强高校教师教学发展中心建设，全面开展教师教学能力提升培训。深入实施中西部高校新入职教师国培项目和青年骨干教师访问学者项

① 杨洁. 我国高校教师教学发展中心：现状、问题与突破[J]. 教育发展研究，2018(09)：23－27.

② 樊平军. 大学教师发展中心建设：问题与对策[J]. 中国高教研究，2016(10)：43－46.

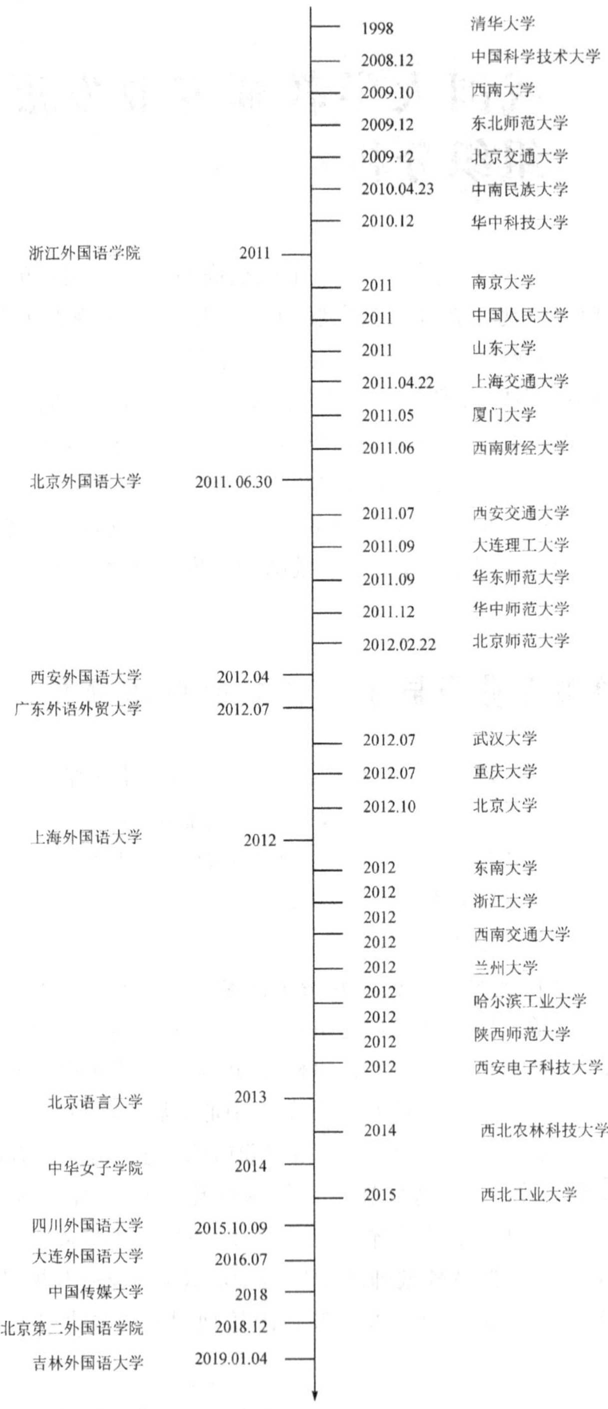

图 2－1 我国大学教师专业发展中心建立的时间轴

目。大力推动两院院士、国家"千人计划""万人计划"专家、"长江学者奖励计划"入选者、国家杰出青年科学基金获得者等高层次人才走上本科教学一线并不断提高教书育人水平，完善教授给本科生上课制度，实现教授全员给本科生上课。因校制宜，建立健全多种形式的基层教学组织，广泛开展教育教学研究活动，提高教师现代信息技术与教育教学深度融合的能力。"2020 年《教育部等六部门关于加强新时代高校教师队伍建设改革的指导意见》(教师〔2020〕10 号)更加全面地指出，要"建设高校教师发展平台，着力提升教师专业素质能力"。其一，"健全高校教师发展制度。高校要健全教师发展体系，完善教师发展培训制度、保障制度、激励制度和督导制度，营造有利于教师可持续发展的良性环境。积极应对新科技对人才培养的挑战，提升教师运用信息技术改进教学的能力。鼓励支持高校教师进行国内外访学研修，参与国际交流合作。继续实施高校青年教师示范性培训项目、高职教师教学创新团队建设项目。探索教师培训学分管理，将培训学分纳入教师考核内容。"其二，"夯实高校教师发展支持服务体系。统筹教师研修、职业发展咨询、教育教学指导、学术发展、学习资源服务等职责，建实建强教师发展中心等平台，健全教师发展组织体系。高校要加强教师发展工作和人员专业化建设，加大教师发展的人员、资金、场地等资源投入，推动建设各级示范性教师发展中心。鼓励高校与大中型企事业单位共建教师培养培训基地，支持高校专业教师与行业企业人才队伍交流融合，提升教师实践能力和创新能力。发挥教学名师和教学成果奖的示范带动作用。"这为新时代大学教师专业发展中心的建设及支持服务提供了方向性的指导与策略性的建议。

同时，我国教师发展中心的发展仍然处于探索阶段，尚没有形成有效的发展模式。大学教师专业发展中心的建设和运行面临诸多困境与挑战，主要表现为以下四个方面①：第一，行政化大学组织的钳制。作为大学组织内部成员的教师专业发展中心同样面临着被"行政化"所侵蚀的困境，中心的教学学术事务将被异化为纯粹的行政事务，教学专业知识将被简化为技术操作，难以彰显其教学学术本性。第二，科研化教师评价制度的阻抗。在"重数量、轻质量""重科研、轻教学"的学术文化生态牵引下，如何吸引广大教师积极主动地投身到教学发展当中，这都是值得考量和重视的现实问题。第三，缄默化教学专业知识的制约。教师专业发展中心举办各种教学学术活动时首先面对的是如何有效呈现、传递、转化缄默化教学专业知识的难题。第四，基层教研组织式微的掣肘。高校教研室的式微进一步导致知识"生产点"对教学专业知识生产的缺失，无法在组织底部支撑教师专业发展中心，这将在一定程度上限制和掣肘中心功能的发挥和目标的实现。

---

① 陈丽，赵刚. 大学教师教学发展中心的生成逻辑与现实困境[J]. 教师教育研究，2016(04)：20－25.

2.2 当前大学教师专业发展中心的组织归属

我国学者曾从多角度针对高校教师发展中心的组织定位展开了探讨，出现了一些不同的意见，如高校教师发展中心应为依托于教育研究院所的学术机构；高校教师发展中心应是依托于教务处、人事处等机关，兼具行政权力和学术权力的半行政机构等。大学教师专业发展中心之所以具有不同的组织性质，主要原因在于不同的教师发展中心虽然都依托国家政策的指导而建立，但其职能或多或少地已由所属高校的传统机构所承担，因此依托这些传统机构而建立的教师发展中心会在一定程度上继承这些传统机构固有的一些组织特征①。事实上，大学教师专业发展中心既不能是纯粹的行政机构，也不能是纯粹的学术机构，而应兼具行政机构与学术机构的双重性质，将行政机构和学术机构的性质有机地融为一体，成为担负教师专业发展责任的专门机构②。陈丽等学者提出大学教师发展中心的组织形态迥异于学术组织和行政组织，并不完全以显性的“机构”形式呈现出来，而是以具象层面的“实体”和抽象层面的“虚体”相结合的方式存在于大学之中。“实体”是指高校将中心作为行使专项职能的行政部门予以独立设置，给予相应的人员编制和资源配置。这个“实体”实质上是中心的行政组织部分，具有行政性质，由大学行政机构中非学术性的行政人员所组成。“虚体”是指中心组织成员的主体是学术人员，他们是来自不同学科、不同院系的教学经验丰富、教学效果好的专家型教师③。庞海芍等学者认为教师发展中心设置的初心是为提升教师的教学能力和水平，进而提高整个高等教育人才培养质量。大学教师专业发展中心应着眼于为教师职业生涯的全面发展提供支撑，包括科研能力、师德与政治素养、文化素养、职业生涯规划等④。康世宁认为目前我国教师发展中心定位尚不明确，大多高校都依托于一些传统机构来建立教师发展中心，这样会在一定程度上继承这些传统机构固有的一些组织特征。大学教师发展中心的组织定位大多兼具管理、服务和学术等多方面的职能⑤。此外，屈廖健认为大学教师发展中心应该由负责教学事务的副校长即教务长领导。在人员配置方面，中心可配备一名全职主任以及若干名全职的专业

---

① 康世宁．中美高校教师发展中心建设的比较研究：以美国密歇根大学学习与教学研究中心为例[J]．现代教育技术，2019(11)：60－66．

② 别敦荣，李家新．大学教师教学发展中心的性质与功能[J]．复旦教育论坛，2014，12(04)：41－47．

③ 陈丽，赵刚．大学教师教学发展中心的生成逻辑与现实困境[J]．教师教育研究，2016(04)：20－25．

④ 庞海芍，朱亚祥，周溪亭，等．教师发展中心如何才能告别边缘化[J]．高教发展与评估，2018(06)：91－97，114．

⑤ 康世宁．中美高校教师发展中心建设的比较研究：以美国密歇根大学学习与教学研究中心为例[J]．现代教育技术，2019(11)：60－66．

员工和行政人员。主任首先应该是一名研究者，具备学术研究能力；其次应该是一名教育工作者，对大学教育过程中的问题有较深的体会和独到的见解；最后应该是一名管理者，能够对机构工作进行有效协调和管理，与外界进行良好的沟通与合作①。综上所述，在新时代高等教育普及化的进程中，大学教师发展中心的作用更加凸显，将其作为独立组织的趋向愈加显现，这对于大学教师专业发展而言，具有更强的意义性与现实性。

如图 2-2 所示，30 所国内的高校中有 17 所的教师发展中心都是单独设立的，这说明很多高校已经意识到了教师发展中心对于高校发展的重要性；有 3 所大学的教师发展中心是与其他的部门合署办公，其中有 2 所是与党委教师工作部、1 所是与高等教育研究所合署办公。除此之外，还有 3 所大学是挂靠到本科生院，分别由教学质量监测评估处和教务处代管，还有 5 所大学直接挂靠于高校的教务处，剩余 2 所大学分别与组织部合署办公以及挂靠于教师教育学院（见附录 2-2）。

大部分外语院校的教师发展中心是挂靠人事处的，通常具有较好的操作性。首先，人事处是负责教师管理的机构，他们可以有理有据地去举办一些培训活动来提升教师的综合素质，比如职前培训、在职教育等；其次，人事处能够较为全面地掌握教师的各项发展指标，能够较为精准地补上教师的短板，为教师制订一个长期的发展计划等（见附录 2-3）。

将国内 30 所高校与 15 所外语院校放在一起看，如图 2-2 所示，会发现大多数学校的组织归属都会有其带有本校特色的发展风格。尽管很多组织成立的时间较短，但是对于自身部门以及相关工作人员的职责划分都非常的清楚。为了更加高效地开展教师发展中心相关的工作，许多学校在建立之初就已经划定好了自身的职责范围以及隶属对象。但是，目前国家或地方并没有对教师专业发展中心的组织机构进行统一的政策规定，所以不同高校不同组织的运行规则并不一致。在所调查的 45 所院校中，主要存在着两种情况。第一种是将教师发展中心划分为学校独立直属的部门，专门配备相关的工作人员以及工作地点，在学校中有着比较高的地位，主要由学校内德高望重的教师来担任组织的负责人。第二种是隶属于其他部门的机构，所隶属的部门大多是教务处、人事处、教育测量监控中心等。这种类型的教师专业发展中心在学校的地位相对独立部门来说并不高，组织的负责人主要由所隶属机构的处长或负责人兼任。

---

① 屈廖健. 美国密歇根大学教师发展中心的产生环境、建立过程与组织特征[J]. 中国高教研究，2018(01)：75-80,86.

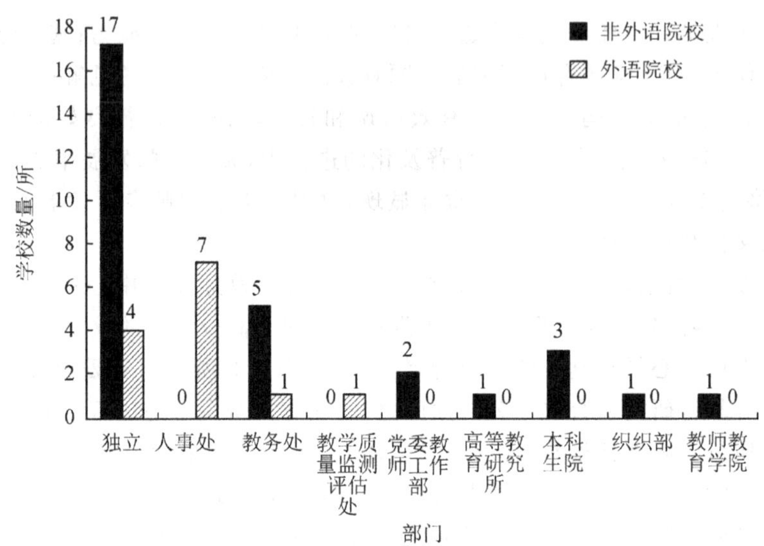

图 2-2 国内大学教师发展中心组织归属

首先，从图 2-2 可以看到，有 17 所非外语院校将教师发展中心作为本校的直属独立机构，而只有 4 所外语院校设置为独立机构，这说明国内大多数非外语院校比外语院校更能意识到教师发展中心的重要性。在设置国家级示范中心之前，国内许多高校就已经设置类似于教师发展中心的机构来促进教师或教学发展，其中非外语院校占有大多数。其次，除了独立设置机构之外，外语院校倾向于将教师发展中心挂靠于人事处，而非外语院校倾向挂靠于教务处。最后，还有几所非外语院校将教师发展中心挂靠于党委教师工作部、高等教育研究所、本科生院、组织部和教师教育学院，但没有一所外语院校将教师发展中心挂靠于这些机构。

综上所述，大多数的高校都非常注重教师专业发展中心是否单独设立，主流的观点还是认为将教师专业发展中心单独设立出来会有效促进其中心工作，而其他高校选择与不同的部门合署办公或挂靠于某个部门，都是根据本校的实际情况来做出相应的调整，比如挂靠于党委教师工作部会更好地去调动教师的工作，挂靠于人事处可以使教师的成长有一个清晰的逻辑线，而教师教育学院本就是培养教师的地方，所以与教师专业发展中心的目标可以说是不谋而合。

2.3 大学教师专业发展中心的功能定位

国内外大学教师专业发展中心的主要功能主要包括：首先，教学观念和文化的传播功能。大学教师专业发展中心作为学校教学专业机构，需要对先进的教学理念保持敏锐性。同时，要让广大教师重视教学，形成追求卓越的教学文化以及良好的教学环境。其次，教学培训与指导功能。教师培训是教师专业发展中心最基础的功能，也是教师专业发展中心得以成立的初衷。再次，教学与课程的研究功能。教师专业发展中心需要对教学与课程中前沿的理论进行研究，并且将其付诸具体教学实践。最后，教学评价与反馈功能。教学评价是大学教学内部质量保障的重要组成，也是教师专业发展中心的重要功能，只有真正了解清楚教师和学生教和学的情况，才能更好地开展教学工作①。有学者指出，大学教师专业发展中心的性质应该凸显其服务职能，遵循为教师发展服务的逻辑、导向。现阶段诸多教师专业发展中心挂靠于教务处、人事处等管理部门，一定程度上偏重了中心的管理职能，这与其应有的建设旨向所不符②。

关于大学教师专业发展中心的功能定位，可以聚焦到几个关键词，即教学、教师综合成长、科研、区域联动、社会服务和师德师风等(见图 2-3)。30 所院校中有 20 所高校都提到了教师专业发展中心是定位于教学的，主要负责提高教师的教学能力和教学执行力等，也会开展一些传承优良教学传统、培训、研究和咨询等教学方面的专业服务。也有院校为教师提供了教学评测和教学交流的平台，尤其在教师教学的提升过程中，注重发挥教学评估、资源共享与示范中心辐射等作用，以此来帮助教师提高其教学能力，促进教学的发展，同时也为教师提供了一个诊断自身教学能力的专业平台。相当部分的院校关注大学教师的综合成长，强调以教师能力发展为重点，对教师的发展提供支持与服务。相当部分的院校积极鼓励教师进行一些学术研究活动，注重创新人才培养的改革与探索。

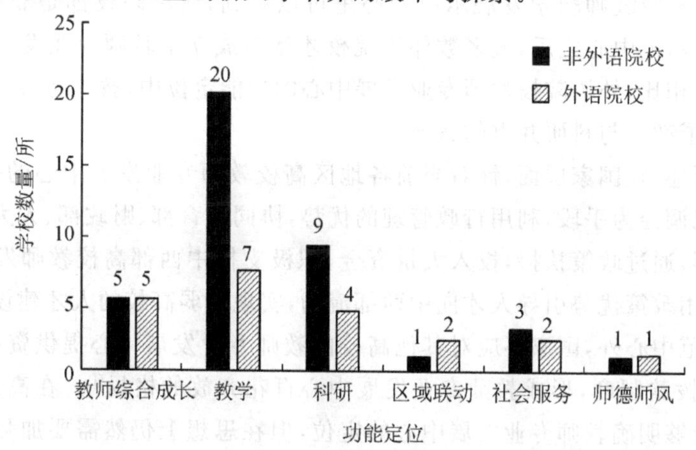

图 2-3 国内大学教师专业发展中心功能定位

总体而言，大多数的高等院校还是将教师的教学能力发展作为重点，通过行之

① 陈志勇．大学教师教学发展中心：是什么？做什么？[J]．高等工程教育研究，2013(06)：92-96．

② 石义秀，刘冬冬．教师发展中心服务质量改进策略[J]．高教发展与评估，2018(03)：57-66，115．

有效的专业支持服务，来促进教师教学质量的不断提升，这也体现出了教师专业发展中心的基本特点。同时，对于大学教师专业能力发展而言，如何解决教学和科研的平衡发展，这是教师专业发展中心需要重点解决的现实问题。

从组织功能定位而言，目前主流研究认为教师专业发展中心是持续为教师提供发展服务的组织，为教师提供发展的培训、咨询及相关的资源，这与国家所发布的政策文件是相吻合的。国内许多高校据此推进教师专业发展中心的各项工作，谋划应该为大学教师提供怎样的专业服务。虽然很多高校的教师专业发展中心都具有非常全面的职能，但是在每个职能上却有所侧重，职能之间的发展程度并不相同。大多数的高校会将侧重点放在教学方面，通过培训和提供资源来提高教师的教学能力。

从统计数据来看，国内大学整体比较注重教师发展中心的教学属性，有 27 所学校将教师的教学作为其中的一个基本职能；有 13 所院校提到了提升教师的科研能力；有 10 所高校提到了为教师的综合发展打下基础。可见，大多数院校还是希望教师能在自身的本职工作——教学中有所提高，同时希望教师能够教学科研两手抓，两者齐头并进。此外，有 5 所高校提到了教师专业发展中心的服务作用，且应注重大学教师师德师风建设。

在教学和科研上，非外语院校的重视程度整体要高于外语院校，尤其是教学层面。究其原因，是因为非外语院校较早就意识到了成立教师专业发展中心的重要性，最早可追溯到清华大学于 1998 年成立了教师发展中心。在国家设立的 30 个“十二五”国家级教师教学发展示范中心里可以看到，所有院校都是非外语院校。在国家设立示范中心之后，大多数外语院校才逐渐成立了教师专业发展中心。与非外语院校相比，外语院校教师专业发展中心的功能定位中，教学与科研的差别不大，展示出了教学与科研并重的状况。

综上所述，在国家层面，针对当前各地区高校教师专业发展中心的差异状况，以国家宏观调控为手段，利用行政管理的优势，协同教育部、财政部、人力资源和社会保障部等，通过政策扶持，投入大量资金，积极支持中西部高校教师发展中心建设；同时利用政策优势引导人才向中西部流动，实现薄弱高校的人才建设发展。除了 30 个示范中心外，国家还应对其他高校的教师专业发展中心提供资助，建立稳定、畅通的拨款制度，形成教师专业发展中心百花齐放的格局[①]。在高校层面，尽管整体上能够明确教师专业发展中心的定位，但在思想上仍然需要加强对教师专业发展中心重要性的认识，进而推动对教师专业发展中心的深入研究[②]。同时，协

---

① 权灵通，何红中，胡锋．英国大学教师发展中心建设研究及启示：以牛津大学为例[J]．中国大学教学，2017(11)：68－72.

② 王杜春，方萌．高校教师发展中心满意度评价与提升对策的研究[J]．黑龙江高教研究，2019(07)：110－115.

调好服务与管理的关系，在思想上树立服务意识，要始终把服务教师、服务专业作为大学教师专业发展中心的根本宗旨所在。大学教师专业发展中心应该兼顾效率与有效性，加强各部门间的统整，减少重叠与浪费。学校各职能部门间应充分进行沟通，与学校图书馆、计算机网络中心以及各个学院充分交流，整合资源，共同开展教师发展工作①。

就大学教师专业发展中心的支持服务模式而言，需要构建大学教师专业共同体，大学教师专业共同体是建立在教师专业化的基础上，以学校为基地，以教育实践为载体，以共同学习、研讨为形式，在团体情境中通过相互沟通与交流最终实现整体成长的提高性组织②。大学教师专业发展中心可以提供如青年教师的培训、教学技能咨询、教学质量评估、信息技术服务等相关活动，并且要拓宽服务对象的范围，不能仅仅将服务对象范围局限于教师③。除了对教师进行教学知识、教学技能和教学能力等方面的培训以外，还可以提供职业生涯发展指导和咨询，为教师职业持续发展提供帮助。就具体的支持服务内容而言，我国大学教师专业发展中心应注意倾听不同服务群体的需求，使得活动内容有针对性，能够激发大学教师参加的积极性；研讨会和工作坊的内容应选择教师教学过程中遇到的实际问题和一些教师的经验分享，要接地气，要有可借鉴性与可操作性。与此同时，教师专业发展中心开展活动要考虑高校教师的群体特征，避免一味地采取讲授式的方式，应由讲授式与讨论式相结合，充分提升教师的活动参与度④。需要特别指出的是，大学需要重视青年教师专业化发展的指导，为青年教师的专业发展构建新型的多元合作关系，拓宽青年教师专业化发展培训的内容，为青年教师专业化发展营造良好的环境，为青年教师的成长和发展创造条件。

---

① 屈廖健. 美国密歇根大学教师发展中心组织关系网络的构建与启示[J]. 高教探索，2017(12)，71－75.

② 余宏亮，魏捷. 大学教师专业发展的困境与策略[J]. 中国高教研究，2009(06)：70－71.

③ 王杜春，方荫. 高校教师发展中心满意度评价与提升对策的研究[J]. 黑龙江高教研究，2019，37(07)：110－115.

④ 屈廖健. 美国密歇根大学教师发展中心组织关系网络的构建与启示[J]. 高教探索，2017(12)：71－75.

第 3 章　有组织的讲座模式及策略

3.1　讲座模式

3.1.1　讲座制的溯源分析

大学讲座制度起源于欧洲中世纪大学初期，是以师徒关系形式出现的行会组织形式。当时，像许多其他行业的行会一样，学生和学者为了保护自己的利益而联合起来成立了自己的行会组织。一般来说，行会选举会长，会长组织学者和学生进行教学活动，但是，这种以知识为中心而形成的活动群体还远不是一种正式组织，将他们维系在一起的是共同的信念追求、兴趣爱好和彼此珍视的师徒情缘[①]。文艺复兴后期，自然科学、哲学以及人文科学的蓬勃发展，导致学科的发展日益细化和专业化。大学教学内容开始发生明显变化，以前每位教师负责教授一个领域所有学科或课程的状况发生了改变，每个学科开始设置专门讲座，并由讲座负责相关课程的讲授。这时的讲座已经具有职务薪金，并具有无偿讲授所负责的专门学科的义务[②]。

现代大学讲座制度形成于 19 世纪的德国大学，以施莱尔马赫、费希特、洪堡等为代表的新人文主义者领导了德国大学的改革运动，并创建了具有现代里程碑意义的柏林大学。柏林大学在法学、医学、化学、农业、语言、物理和数学等学科设立讲座，并从欧洲聘请相应领域的杰出学者担任讲座教授，主持、运行围绕讲座成立的集教学与科研功能于一身的研究所。柏林大学的创办使得科学研究成为大学的首要任务，洪堡的大学思想因而得以确立，讲座制度成为现代大学办学理念得以存在和发展的制度保障[③]。事实上，柏林大学讲座制的确立赋予讲座制现代意义的标志，促进了德国大学科研和教学水平的大幅提高[④]。讲座制首先是一种新型的

① 孔捷，迟芳，MATTHIAS H. 从讲座制到学系制：兼论德国大学与美国大学的相互影响[J]. 江苏高教，2011(02)：150－152，155.

② 贺国庆. 德国和美国大学发达史[M]. 北京：人民教育出版社，1998：18.

③ 孔捷，迟芳，MATTHIAS H. 从讲座制到学系制：兼论德国大学与美国大学的相互影响[J]. 江苏高教，2011(02)：150－152，155.

④ 陈桂香，赵佳蕊. 柏林大学讲座制及其启示[J]. 黑龙江高教研究，2020，38(03)：95－99.

大学学术制度安排，在讲座中，大学采用与中世纪和近代早期大学所不同的教学方法，使科学研究与人才培养相统一，形成了知识生产和再生产稳定的制度结构。另外，讲座制是围绕讲座教授开展教学科研活动的大学学术组织，在这样的组织框架下，大学学术资源是按照讲座教授的学术偏好来进行配置的，设立讲座组织的目的是保证教授的学术自由得以实现，并且使得科学研究能够制度化，从而保证知识生产的高效率①。

3.1.2　讲座的词源分析

《辞海》中关于"讲座"有两解：一同"讲席"，即学者或高僧讲经论道的座位。孟浩然《题融公兰若》中有"芰荷薰讲席"，讲席后逐渐演化为对师长、学者的尊称。二为对某种专门学科或某一专题的讲授②。英语的 lectureship 和 lecturechair 等词都有"讲"或"职位"之意，但讲座通常用 chair 表示。《韦伯斯特新国际英语大词典》中也有类似的注释，chair 大致有这样几层含义：第一，指椅子或用作椅子的东西；第二，类似椅子、有椅子支撑功能或以椅子形式存在的支撑物；第三，官方席位、主教席位、教授席位等；第四，当权者、尊贵者的职务③。在法语中，讲座由 cours、conference、seriedecours 等词或词组表示。《西方教育词典》的作者朗特里曾对讲座有比较权威或专业的解释，他认为：讲座用 chair 表示指大学（或其他某个较有名望的教育机构）中享有高度威望的学术职位，担任此职位的人通常称为教授（professor），讲座是常设的，一直需要有人担任此职④。此外，习明纳是一种强调师生互动、共同研讨的新的教学方法，是讲座制的主要特色之一，最初运用于文科讲座中，又被称为习明纳研讨班。在德国大学出现习明纳之前，习明纳已经"存在了大约两个世纪"⑤。基于此，我们可以将"讲座"界定为：某一学科领域的专家学者或知名人士围绕相关主题在一定的时间内，将自己的观点或认识以报告或演讲的形式，传授给听众的一种学术交流活动。

就讲座的主题内容而言，大致可以分为四类：第一，学术类讲座。学术类讲座一般由大学、院系或研究机构层面来组织实施，讲座的嘉宾多为某学科专业领域的专家学者，讲座的主题内容通常围绕学科专业领域内的热点或前沿问题进行。学术类讲座的受众具有典型的学科专业性，往往能激发其积极的学术体验，并促进学术活动的延伸性思考。第二，论坛类讲座。论坛类讲座通常围绕某一个学科专业主题进行持续的讲座交流探讨，在时间上可以有一个持续性的论坛设置，在空间上

---

① 伍醒. 从讲座制起源看 19 世纪大学学科制度化的变革意义[J]. 中国高教研究，2013(08)：37－42.

② 辞海编辑委员会. 辞海(上)[M]. 上海：上海辞书出版社，1979：871.

③ 梅里亚姆－韦伯斯特公司. 韦氏词典[M]. 北京：世界图书出版公司北京公司，1996：135.

④ 朗特里. 西方教育词典[M]. 上海：上海译文出版社，1988：40.

⑤ 伍醒. 从讲座制起源看 19 世纪大学学科制度化的变革意义[J]. 中国高教研究，2013(08)：37－42.

可以有较为灵活的议题。既有学校层面的论坛活动，也有学院或机构层面的论坛活动，充分体现学术活动的选择性与丰富性。第三，文化类讲座。文化类讲座不聚焦学科专业领域，以文化传承交流为主旨，汇聚知名学者或名流，注重思想智慧的共享，是校园文化活动的重要组成部分。第四，指导性讲座。指导性讲座通常以大学生为切实的对象，通过讲座引导他们的学习活动，并针对其存在的困惑或问题，提出有针对性的建议，从而发挥立德树人的教育作用。

3.1.3 讲座模式缘何受到青睐

讲座制有利于促进学术发展。在加强学术权力，确保大学自治、教授治校、学术自由等方面，讲座制发挥了特殊的功效。大学与政府的其他组织机构不同，其在传承知识的同时，更负有从事科学研究与知识创新的使命，而这种特殊使命的实现需要宽松的学术氛围。近代以来，伴随研究领域、研究方向、研究问题的细化，一些精细型讲座逐渐替代了以学科为单位的粗放式讲座。这种精细型讲座可以使讲座中的研究者迅速集结在一个研究方向或某个问题上，形成学者群体兵团作战优势，提高研究效率，扩大学术规模，形成学术效应与影响①。基于此，大学通常在不同层面、高频次地组织讲座活动，尤其是学术类、专业类的讲座活动，能够为广大师生提供更好的学习交流计划，从而营造出良好的环境与氛围。

讲座制有利于人才培养功能的实现。大学的基本功能在于人才培养、科学研究与社会服务，而讲座则是大学环境中浓墨重彩的一项活动。它不仅可以丰富校园文化活动，营造学术气氛，而且也有利于促进科学研究和教学创新等。不同类型讲座可以分享专家、学者潜心研究的成果，或是行业精英的成功经验与职场体验等，通过聆听他们的观点和见解，可以启迪智慧、砥砺品性。同时，讲座的开展可以使学生有更多机会与教授或精英直接对话，直接参与其科研、教学或专业服务活动，进而促使他们自己去进一步探究与实践，在耳濡目染中掌握学习的真谛和方法②；从教师的角度而言，讲座的开展可以使其拓展学术视野、丰富学术知识、增强学术体验，并将学术交流成果应用到自身的教学科研工作之中。

3.2 讲座模式的现状分析

3.2.1 讲座模式的主题归类分析

讲座模式的主题归类分析主要是对国内院校教师专业发展中心和外语院校教

---

① 赵俊芳.讲座制的历史演进及其当代评价[J].现代大学教育，2009(03)：72－76，113.

② 吴培群.日本国立大学的讲座制及其发展[J].比较教育研究，2008，30(12)：42－46.

师专业发展中心举办过的讲座进行主题归类。通过对国内 30 所大学与 15 所外语类院校教师专业发展中心举办过的讲座主题进行梳理，可以发现讲座主题可以分为教学能力发展主题、学术能力发展主题、职业生涯主题、师德师风主题、身心健康主题、资源分享主题、新教师培训主题和助教培训主题。国内 30 所大学与 15 所外语类院校具有共性特征，也呈现出各自的着力点。针对讲座信息相对完整的 26 所国内院校和 13 所外语院校，我们进行了相关数据分析，具体如下。

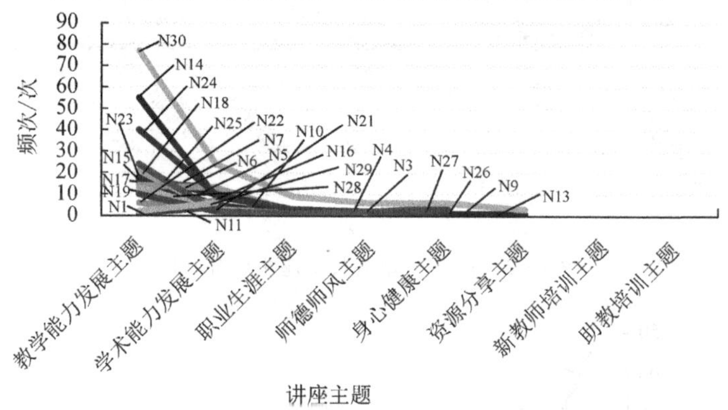

图 3－1　26 所国内院校讲座主题分布图

从主题上来看，根据图 3－1，国内 26 所院校教师发展中心开展讲座主题数量由多到少依次是教学能力发展主题、学术能力发展主题、职业生涯主题、师德师风主题、资源分享主题和身心健康主题。其中，教学能力发展主题和学术能力发展主题讲座的频次远远高于其他主题，且教学能力发展主题尤为突出，这也体现了当前大学教师专业发展支持服务的基本诉求。相对而言，师德师风主题、资源分享主题和身心健康主题讲座频次较少，此类讲座的重视程度仍然不够。

就外语院校讲座主题而言，如图 3－2 所示，13 所外语院校教师发展中心开展讲座主题数量由多到少依次为：学术能力发展主题、教学能力发展主题、职业生涯主题、师德师风主题、资源分享主题和身心健康主题。其中，学术能力发展主题、教学能力发展主题数量领先，可见 13 所外语院校同样注重教师的科研能力和教学能力的提升，且教学能力发展主题更加凸显。职业生涯主题、师德师风主题、资源分享主题和身心健康主题讲座数量同样相对较少，尤其是资源分享主题和身心健康主题讲座，数量只有个位数，此类讲座的重视程度同样不够。

从图 3－3 中可以看出，26 所国内院校和 13 所外语院校从总体上均注重教学能力发展主题和学术能力发展主题讲座的开展，说明这些院校对教师的教学能力和学术能力较为注重。同时，职业生涯主题、师德师风主题、身心健康主题、资源分享主题、新教师培训主题和助教培训主题讲座开展较少。

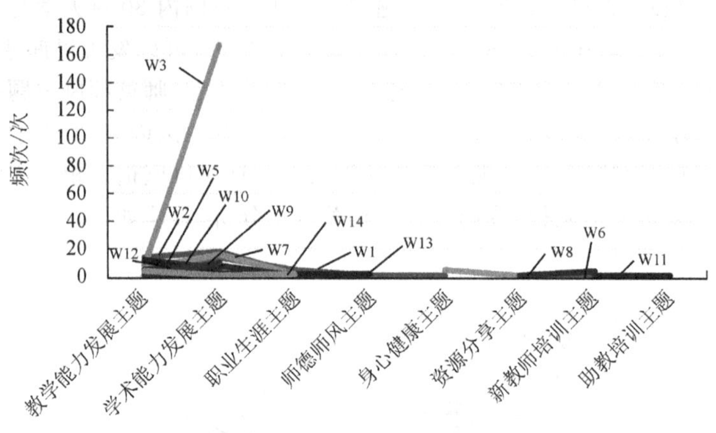

图 3-2　13 所外语院校讲座主题分布图

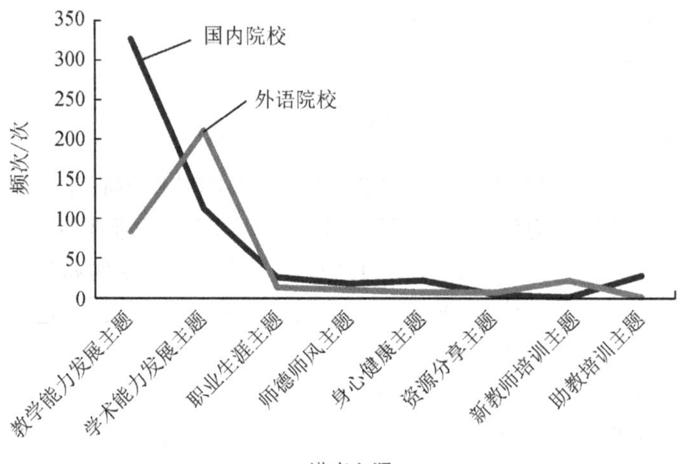

图 3-3　26 所国内院校与 13 所外语院校讲座主题对比图

针对职业生涯类、师德师风类、身心健康类以及新教师培训等主题讲座活动，尽管整体开展的情况不容乐观，但却具有较强的意义，符合大学教师专业能力发展的现实需求。有研究表明，29.64%的高校教师对自己近 5～10 年的职业生涯“认真规划，目标明确”，55.88%的教师“简单考虑过，目标不太明确”①。从现实情况来看，大部分大学教师对自身的职业生涯发展并不明确，而且每个职业生涯阶段教师面临的需求并不相同，难免会对自身的专业发展产生困惑，所以职业生涯主题讲

① 庞海芍，何玫，刘卫民. 大学教师职业生涯规划研究[J]. 中国青年研究，2009(06)：55-58.

座的开展十分必要。大学教师的师德师风直接影响着学生“三观”的养成，对学生的成长具有示范带动作用。新教师培训主题讲座可以使新入职教师迅速了解并适应学校情况。身心健康主题讲座的开展，不仅能够使教师了解生理健康问题，亦可以使教师积极调适心理。因此，上述主题的讲座活动需要予以关注与重视。

3.2.2　教学能力发展主题

1. 国内院校教学能力发展主题分析

围绕教学能力发展主题，如图 3－4 所示，国内院校教师发展中心开展的讲座主要分为教学理念、教学方法、教学改革、课程、教学设计、师生沟通、课程思政、创新教育、教学示范、人才培养、教师素养、教学评价、教学研究、促进学生学习和教学技术等（见附录 3－1）。其中，教学方法、教学理念和教学技术频次最高。

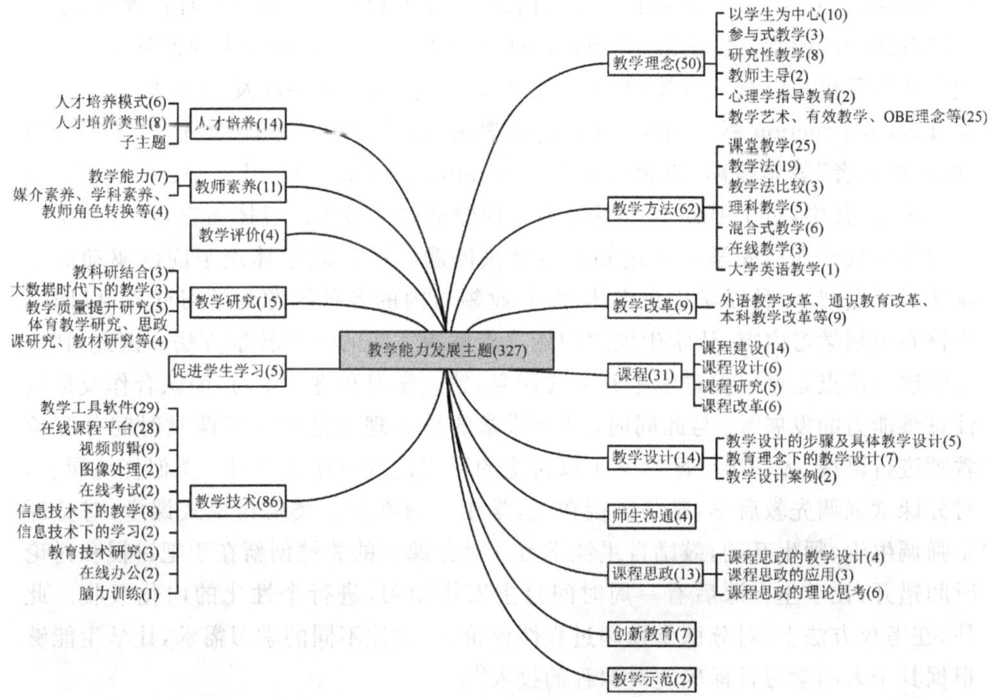

图 3－4　国内院校教学能力发展主题

在教学理念方面，以学生为中心的教学理念得到了学者们的广泛关注，主要包括以学生为中心的教学创新、问题驱动式的互动教学、研究性教学、参与式教学、心理学指导教育、教育艺术、有效教学等。事实上，体现以学生为中心理念的教育、教学思想古已有之，随着信息技术、心理和教育科学的发展，高等教育大众化进程的推进，人们开始重新重视以学生为中心。以学生为中心，即以学生的学习和发展为中心，实现从以“教”为中心向以“学”为中心转变，从“传授模式”向“学习模式”转变，从而提高学生的学习质量，使学生在知识、能力和素质上获得全面提升[①]。一般而言，以学生为中心的本科教学改革理念包括三个方面：以学生发展为中心、以学生学习为中心、以学习效果为中心。首先，以学生发展为中心即以学生当前发展状态为基础，以促进学生发展为目的；其次，以学生学习为中心就是明确教是手段、学是目的，不能把手段当目的，要以学生学习为目的，而教学只是帮助学生有效学习的手段；最后，以学习效果为中心即是要明确“学”是手段，“学到”（即效果）才是目的。关注学习效果，要随时为学习提供反馈，帮助学生及时调整学习，帮助教师及时调整教学。关注学习效果，不仅是为了保障目标实现，还要为学习与教学提供及时反馈，以确保学生能够有效学习，教师能够有效教学[②]。

在教学方法方面，首先课堂教学得到的关注最多，主要有课堂教学组织、教师如何授课、课堂互动、课堂中的语言表达、如何在课程教学中开展过程性评价、基于新课改理念的课堂创新实践、如何把握课程的难易程度、调动学生的课堂参与度和大学课堂危机与应对策略等；其次就是教学法，教学法主要涉及 PBL 项目化教学法、Peer instruction 教学方法、讨论式教学法、数量方法对分课堂、输出式学习与“图形组织者”教学策略、案例选择和 Teaching Methods Used in American Universities。其中，对于 PBL 教学法和对分课堂的关注最多。具体而言，PBL 教学法不像传统教学那样先学习理论知识再解决问题。PBL 教学体现了问题驱动的专业学习特点，是一种以学生为主体，以专业领域内的各种问题为学习起点，以问题为核心规划学习内容，让学生围绕问题寻求解决方案的一种教学方法。因此，PBL 教学法的优点是可以促进学生开放式探究，独立学习和终身学习，团队合作及批判性思维能力的发展[③]。与此同时，对分课堂的核心理念是把一半课堂时间分配给教师进行讲授，另一半分配给学生以讨论的形式进行交互式学习。类似传统课堂，对分课堂强调先教后学，教师讲授在先，学生学习在后。类似讨论式课堂，对分课堂强调生生、师生互动，鼓励自主性学习。对分课堂的关键创新在于把讲授和讨论时间错开，让学生在课后有一周时间自主安排学习，进行个性化的内化吸收。此外，在考核方法上，对分课堂强调过程性评价，并关注不同的学习需求，让学生能够根据其个人的学习目标确定对课程的投入[④]。

在教学改革方面，普遍关注大学教学研究发展趋势与教学改革、大数据学习分

---

① 刘献君.论“以学生为中心”[J].高等教育研究，2012(08)：1－6.

② 赵炬明，高筱卉.关于实施“以学生为中心”的本科教学改革的思考[J].中国高教研究，2017(08)：36－40.

③ SRINIVASAN M，夏颖，顾鸣敏.PBL 教学法与 CBL 教学法的比较：基于两种教学法的转换在临床课程学习上的效果分析[J].复旦教育论坛，2009(05)：88－91.

④ 张学新.对分课堂：大学课堂教学改革的新探索[J].复旦教育论坛，2014(05)：5－10.

析驱动下的教学改革、通识教育改革、本科教育教学改革、互联网环境下的文学教学改革与实践、面向能力培养的教学方法改革以及教学模式改革等。其中，利用教育数据挖掘技术和学习分析技术，构建教育领域相关模型，探索教育变量之间的相关关系，为教育教学决策提供有效支持将成为未来教育的发展趋势①。大数据学习分析对个性化学习中的教师、学生和教育管理者等利益相关者均产生积极的影响；大数据对实现个性化学习的价值体现在五个方面，即完善个性化的学习者档案、分析预测个性化的学习行为、优化个性化的教育决策、改善个性化的学习评估、提供个性化的学习反馈及建议②。此外，在教学改革研究方面主要涉及如何将教科研结合、教材研究、思政课研究、大数据时代下的教学和教学质量提升研究等。

教学技术方面主要包括教学工具软件、在线课程平台、视频剪辑、图像处理、在线考试、信息技术下的教学、信息技术下的学习、在线办公、教育技术研究和脑力训练。其中，对于教学工具软件和在线课程平台主题分享的较多。教学工具软件主要包括 PPT、Word、Excel、雨课堂、TronClass 和微助教，其中对于 PPT 的分享较多，主要涉及 PPT 的制作与设计。

在课程方面上，对于课程建设的探讨最多，且主要集中于在线课程建设、工科实践课程建设、一流课程建设和通识课建设等方面。尤其在课程思政层面，学者们探讨了课程思政下的教学设计、课程思政的理论思考和课程思政的应用；在线平台建设方面主要涉及微课、慕课和在线课程建设。

在促进学生学习方面，主要探讨的是促进学生学习的方法，如如何构建以培养学生能力为核心的教学模式、如何促进学生的主动学习和深度学习、如何培养学生的学习积极性和如何培养学生深层次学习等。

此外，讲座主题还包括创新教育，什么是创新教育、如何培养学生的创新思维和创新能力得到了广泛关注；在教师素养层面，主要注重教师教学能力、评价素养、学科素养、在线组织考试素养等。

2. 外语院校教学能力发展主题分析

如图 3-5 所示，外语院校教师发展中心的教学能力发展主题的讲座主要分为教学理念、教学方法、教学研究、教学改革、教学提升、教学组织、课程、教材和教学技术九个方面(见附录 3-2)。其中，对于教学方法类的讲座，举办频次最高。

---

① 徐鹏，王以宁，刘艳华，等. 大数据视角分析学习变革：美国《通过教育数据挖掘和学习分析促进教与学》报告解读及启示[J]. 远程教育杂志，2013(06)：11-17.

② 杨雪，姜强，赵蔚. 大数据学习分析支持个性化学习研究：技术回归教育本质[J]. 现代远距离教育，2016(04)：71-78.

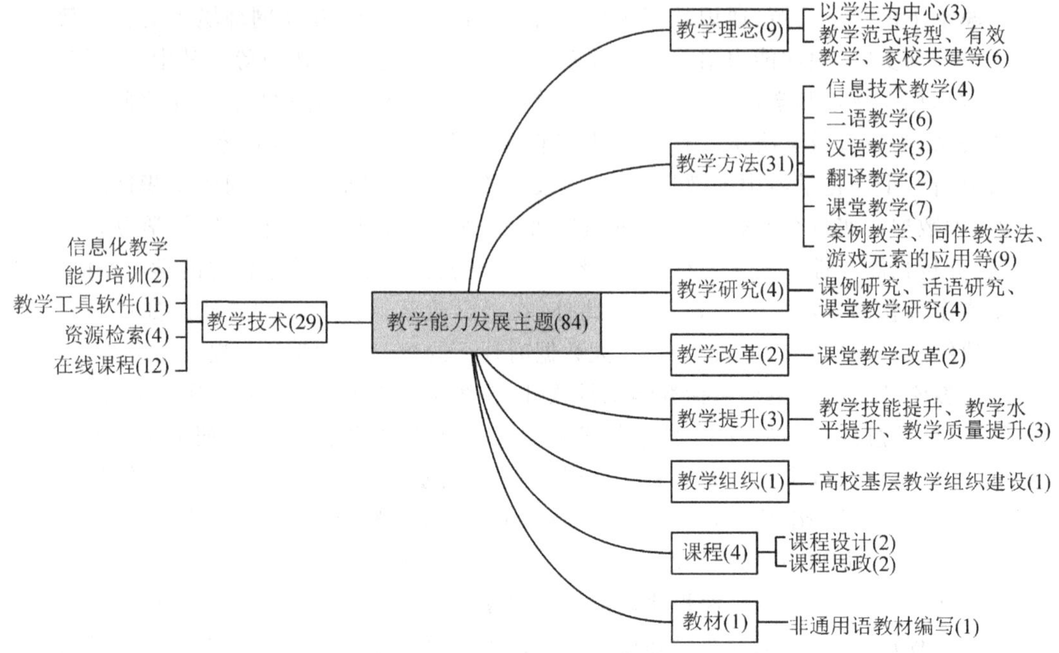

图 3－5 外语院校教学能力发展主题

在教学方法方面，课堂教学得到的关注较多，主要是关注如何开展课堂教学、如何说课、如何进行课堂设计和课堂组织。围绕二语教学，主要关注了小语种教学，如日语、西班牙语、非通用语教学方法，同时还关注了语法教学、英语写作教学等。

在教学技术方面，主要分为信息化教学能力培训、教学工具软件、资源检索和在线课程。其中，开展次数最多的为教学工具软件和在线课程。教学工具软件类讲座包括教程汇总、PPT 制作、电子白板、思维导图、Prezi、翻译教学软件和雨课堂的使用。

在教学理念方面，以学生为中心的教学理念同样出现的频次较高，并重视将以学生为中心的教学理念逐渐深入外语课程教学的改革之中；在教学改革方面，广义上的教学改革和狭义上的教学改革(课堂教学改革)均有涉及；在教学研究方面，注重课堂教学的研究，同时还有对“课例研究”和“话语研究”的探讨；在教学提升方面，注重提升教师教学技能、教学水平和教学质量；在教学组织方面，注重对高校基层教学组织，即教研组的关注。

从以上的分析中可以看出，国内院校和外语院校存在着共同和不同之处。其中，它们的共同之处在于：国内院校和外语院校讲座的开展都注重教学理念和教学方法的普及，都注重教学改革、课程和教学技术。在教学理念中，国内院校和外语院校都普及了以学生为中心的教学理念和有效教学理念等；在教学方法上，国内院校和外语院校都注重课堂教学上的教学方法应用；在课程上，国内院校和外语院校都注重课程设计和课程思政；在教学技术上，国内院校和外语院校都注重信息化教学技能的培训、教学工具软件的学习和在线课程的制作等。

它们的不同之处在于：首先，从次主题开展上看，外语院校的主题涵盖面小于国内院校。国内院校教师发展中心在开展讲座时，在教学能力发展主题中还关注了教学设计、师生沟通、创新教育、教学示范、人才培养、教师素养、教学评价、教学研究和促进学生学习等较为微观和聚焦的主题；而外语院校教师发展中心开展讲座时注重教学提升、教学组织和教材等。其次，虽然国内院校发展中心和外语院校教师发展中心都举办过教学改革主题的讲座，但是二者的侧重点不尽相同。国内院校教师发展中心开展教学改革讲座时侧重于宏观改革，而外语院校教师发展中心开展教学改革讲座时更加侧重于微观改革，强调外语课堂教学改革等。

3.2.3　学术能力发展主题

1. 国内院校学术能力发展主题分析

国内院校教师发展中心学术能力发展讲座的主题如图 3-6 所示，主要包括论文撰写、论文发表、研究方法、教科研协同、教师专业发展、学生发展、高等教育、教

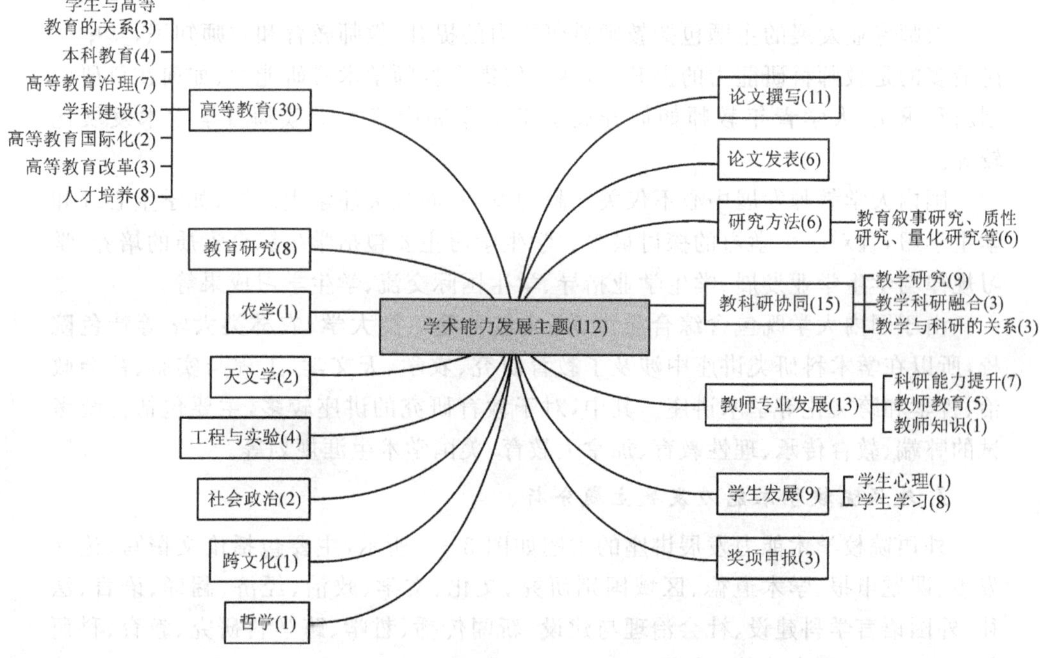

图 3-6　国内院校学术能力发展主题

育研究、农学、天文学、工程与实验、社会政治、跨文化、哲学、奖项申报和研究工具等(见附录 3-3)。国内大学教师发展中心举办了以结果为导向的学术科研类讲座,学术科研类讲座偏重于支持服务,具体指向如何撰写论文、如何发表论文和如何申报奖项,同时对研究方法,如教育叙事研究、量化研究、质性研究、行动研究和比较研究方法等进行了交流探讨。除去以结果为导向的学术科研类讲座外,多重视以学术交流为导向的专题讲座,其中频次较高的讲座主题为高等教育层面的学术探讨,然后偏重于教科研协同和教师专业发展等方面。

高等教育类主题讲座主要包括学生与高等教育的关系、本科教育、高等教育治理、学科建设、高等教育国际化、高等教育改革、人才培养,其中探讨最多的是人才培养和高等教育治理。人才培养主题包括培育一流科学研究人才、人才培养体系建设、创新人才培养、人才成长之要素、引导学生从中国现代文学认识社会与人性、能力测评和 MTI 人才培养模式等。高等教育治理主题包括中国大学的战略与规划、研究型大学的管理、大学治理现代化、美国高等教育的组织形式、教学管理体制、高校教学管理研究和中国大学评价等。

关于教科研协同类讲座的主题主要包括教学研究、教学科研融合和教学与科研的关系。其中,对于教学研究的探讨最多,主要是分析如何利用教学去做科研,如大学英语教学研究课题设计、一线教师如何开展教学研究之管见、写作教学研究和教学学术等。

教师专业发展的主题包括教师科研能力的提升、教师教育和教师知识,其中探讨最多的是教师科研能力的提升,包括如何提升教师学术科研能力、如何在科研中创新和求实、大学青年教师如何开展学术工作和中美大学教师教学学术发展比较等。

国内大学教师发展中心不仅关注教师发展,而且关注学生发展,如学生心理和学生学习,且对学生学习的探讨最多。学生学习主要包括学生综合素质的培养、学习规律与学生学业发展、学生学业指导、学生国际交流、学生学习成果等。

由于国内大学既包含综合类大学,又包含理工类大学、农林类大学等特色院校,所以在学术科研类讲座中涉及了教育研究、农学、天文学、工程与实验、社会政治、哲学和跨文化等学术讲座。其中,对于教育研究的讲座较多,主要包括传统考试的弊端、教育传承、理性教育、加拿大教育、美国学术生涯规划等。

2. 外语院校学术能力发展主题分析

外语院校学术能力发展讲座的主题如图 3-7 所示,主要包括论文撰写、论文发表、课题申报、学术道德、区域国别研究、文化、文学、政治、经济、翻译、语言、法律、外国语言学科建设、社会治理与建设、新闻传播、哲学、跨学科研究、教育、科研能力提升和研究方法等(见附录 3-4)。

学术科研离不开论文的写作、论文的发表和课题的申报,外语院校在学术科研

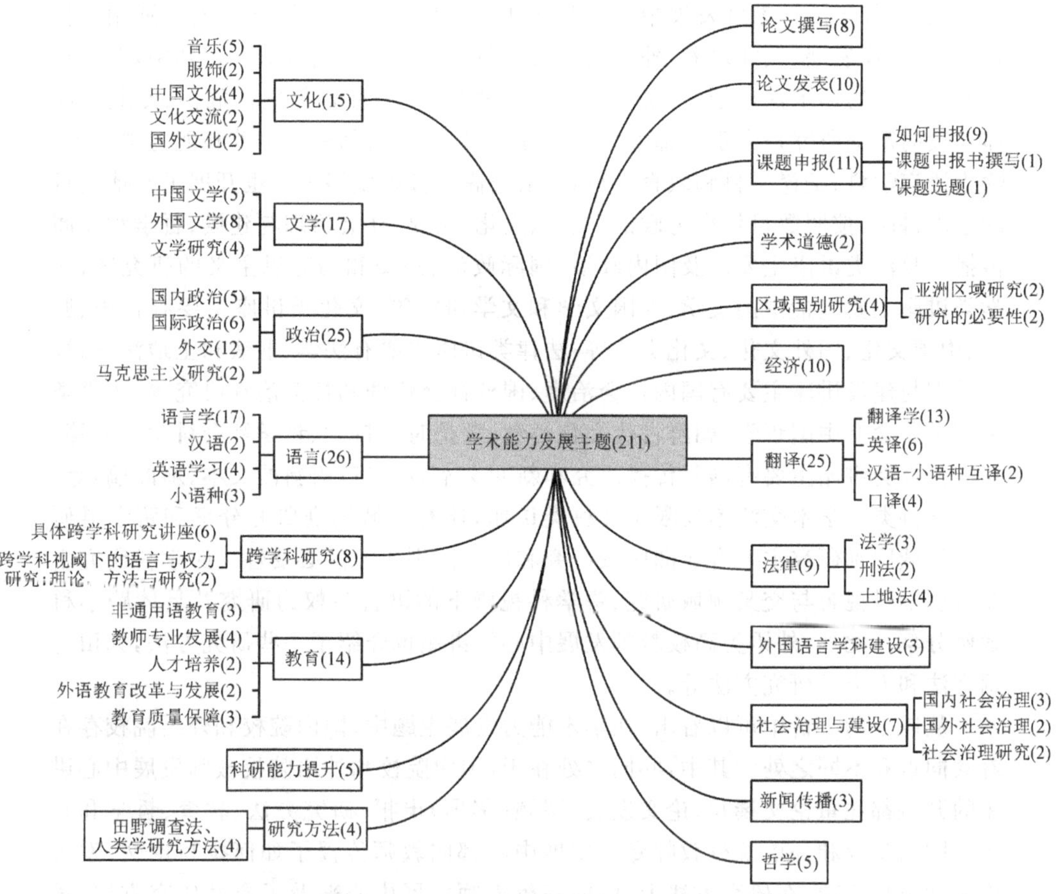

图 3-7　外语院校学术能力发展主题

类的讲座中或多或少地涉猎了这三个方面的内容，传授给教师如何写论文、如何发表论文以及课题申报的注意事项和经验等。除去以结果为导向的学术科研类讲座，外语院校也开展了以学术交流为导向的学术科研类讲座。

以外语院校的特色——语言和翻译来讲，语言类讲座注重对语言学、汉语、小语种和英语学习的探讨，其中探讨最多的是语言学类的讲座，例如，语言测评研究、话语研究、词典汇编智能时代的语料库、语言的功能分类、自然语言和应用语言学的探讨等。

翻译类的讲座主要包括翻译学、英译、口译和汉语-小语种互译的讲座，其中对于翻译学的讲座数量最多，包括翻译概念及本质、语料库翻译学与认知翻译学的融合与发展、应用翻译研究的学科坚守、翻译理论的构建、翻译研究者治学基础、翻译过程研究、翻译史研究的原则、翻译研究选题和方法等。

此外，外语院校教师发展中心同时开展了教育类学术讲座，主要有非通用语教育、教师专业发展、人才培养、外语教育改革与发展和教育质量保障。其中，对于教师专业发展的学术探讨较多，主要包括外语教师（小语种教师生存危机、专业共同体建设的辩证研究）、大学教师发展的国际趋势、高校教师素质培养和能力提升等。除去语言学科、翻译学科和教育学科，外语类高校教师发展中心也开展了其他文科的学术讲座，按照数量依次为政治、文学、文化、法律、社会治理与建设、哲学和新闻传播。政治类讲座主要涉及国内政治、国际政治、外交和马克思主义的研究等；文学类讲座主要包括中国文学、外国文学和文学研究等；文化类讲座主要有音乐、服饰、中国文化、国外文化、文化交流等；法律类讲座主要有法学、刑法和土地法等；社会治理与建设讲座主要有国内社会治理、国外社会治理和社会治理研究等；哲学类讲座主要含有中国哲学、朝鲜古代文化哲学、歌德时间哲学、哲学社会科学研究等；新闻传播类讲座主要有国际传播研究和新闻文本研究（口语新闻文本、新闻稿）等。

学科类的学术交流不局限于文科类讲座，还有区域国别研究分享和跨学科研究。区域国别研究主要有亚洲区域研究和区域国别研究的必要性。跨学科研究主要有多学科视野与交叉领域研究、跨学科视阈下的语言与权力研究及具体跨学科案例分享。此外，外语类高校教师发展中心的讲座也介绍了一些研究方法，如田野调查法和人类学研究方法等。

从以上的分析中可以看出，在学术能力发展主题中，国内院校和外语院校存在着共同点和不同之处。其中，共同之处在于，国内院校和外语院校教师发展中心讲座的开展都注重论文撰写、论文发表、课题（奖项）申报、研究方法、教育、哲学和政治。国内院校和外语院校教师专业发展中心都向教师传授了如何撰写论文、发表论文和申报奖项；在研究方法上，国内院校教师发展中心普及了质性研究方法、量化研究方法和教育叙事研究，外语院校教师发展中心普及了田野调查法和人类学研究方法；在教育类的讲座上，国内院校对于高等教育类讲座举办的较多，外语院校注重非通用语教育、外语教育质量的改革与发展和教学质量保障等。此外，国内院校和外语院校都举办了政治类和哲学类的学术讲座。

不同之处在于，由于院校性质的不同，举办的讲座性质也不同。国内院校学术类讲座偏向于理工类，如天文学类、农学类和工程与实验类；外语院校学术讲座偏向于人文社科和语言类，如法律、翻译、语言学等，充分体现了院校特色。

3.2.4 职业生涯主题

国内院校教师发展中心职业生涯类讲座主题包括教师职业发展、教师礼仪、教师成长、教师队伍建设、教师评价和教师角色转变（见附录 3－5）。教师成长的专题讲座主要包括教师科研成长、教学成长、教科研成长、青年教师成长、专业成长以及普通话能力提升等。其中，对于青年教师的成长关注最多，包括青年教师成长之路、青年教师的人文素养、青年教师的发展和青年教师的使命等。

如图 3-8 所示，外语类高校教师发展中心开展的职业生涯类讲座主要有青年教师成长、访学与公派介绍、辅导员成长、教师招聘、教师国际化和应用型院校教师专业化（见附录 3-6）。其中，对于访学与公派介绍和青年教师成长探讨较多。访学与公派介绍主要包括教师公派出国研修项目政策宣讲、难忘的美国访学-学习篇、访问学者研修经验分享会和德国高等教育系统介绍；青年教师成长主要包括青年教师职业发展漫谈、青年教师成长的时间表与路线图、非通用语种青年教师的成长与发展、教师的博学与魅力和人才应当如何相处。

从以上的分析中可以看出，国内院校和外语院校教师发展中心职业生涯类讲座的主题都注重教师成长，国内院校不仅关注教师成长，包括教师的科研成长、教学成长和青年教师成长，同时也会注重教师的职业发展、教师队伍建设和教师礼仪等；外语院校注重于青年教师成长和辅导员成长，注重教师的国际化，着力促进教师的专业发展。

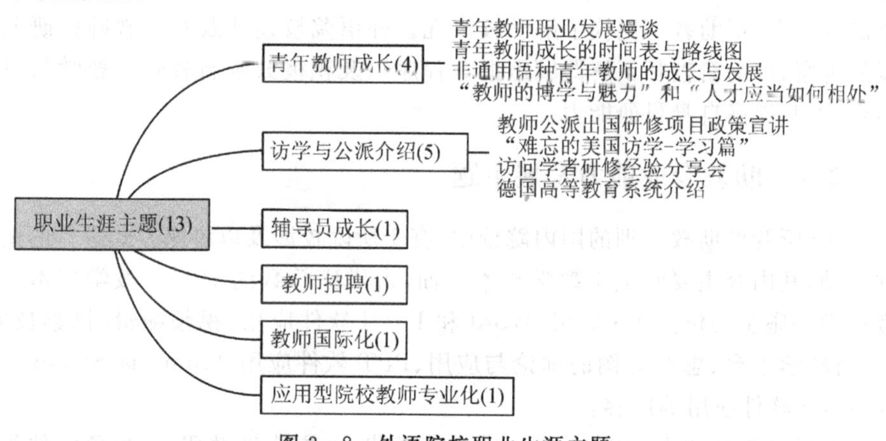

图 3-8　外语院校职业生涯主题

3.2.5　师德师风主题

国内院校教师发展中心师德师风类讲座的主题主要包括师德建设、教师队伍建设、师德素养、思想政治教育和师生关系。其中，对于师德素养和思想政治教育的探讨较多。师德素养主要包括新时代下高校教师师德培养、师德形象与沟通礼仪、做“四有”好老师和高校教师教学礼仪。思想政治教育主要包括学习和弘扬社会主义核心价值观、教书育人与课程思政、德育概念分析与德育实效提高以及黄大年同志先进事迹报告会等。

外语院校教师发展中心师德师风类讲座的主题主要包括思政教育类、人文素养提升、师德建设和教师成长。其中，思政教育类的讲座最多，涉及思政教育、“四有"好老师、学习贯彻十九大精神和"不忘初心，牢记使命"主题教育等。

3.2.6 新教师发展主题

国内院校新教师专业发展主题讲座内容包括教育教学改革与教学研究教学方法创新、新教师适应培训、教育技术培训与辅导三大板块，以全方位提升教师对教育教学的热爱、对职业素养的凝练、对课堂教学的掌控、对学生学业的关注，提升教师学术能力发展。与之相应，在新教师专业发展的讲座方面，外语院校开展的活动也较多，包括教学能力发展类、职业生涯类、师德师风类、资源共享类和学术能力发展类。

外语院校开展教学能力发展类活动主要注重教师教学理念和教学技术的发展，在理念方面注重教学管理以及关注教师专项技能的培养，同样对信息化背景下教师信息技术以及数据获取与分析能力关注较多。职业生涯类活动旨在帮助新教师更好地进行职业生涯规划。资源共享类活动也是旨在向新教师介绍学校文化、规章制度建设，帮助教师更快了解学校情况。外语院校还涉及对新教师科研能力发展的讲座，帮助新教师了解课题申报等程序以及积极鼓励新教师将教学与科研相结合，不断提高自身科研能力。

3.2.7 助教专业能力发展主题

在 10 所开展助教培训的国内院校中，有 1 所院校涉及以讲座方式进行的助教培训活动，其内容主要侧重于教学技术方面，占讲座总数的 79%。教学技术类的助教培训讲座主要包括 PS 应用、Word 和 Excel 软件应用、视频编辑、摄影技能、Bb 网络教学平台、思维导图的理论与应用、PPT 软件应用、Camtasia Studio 微课制作、Prezi 软件应用等内容。

关于助教工作职责的讲座，邀请学生助教代表，围绕助教职责、角色定位等展开，分条缕析地梳理了助教工作的四点禁忌、五点心得、工作流程的六个步骤以及应该思考的八个问题；关于小组汇报实用技巧的讲座，通常包含"什么是完美的小组汇报""怎样炼成完美的小组汇报"以及"助教应该做什么"三个模块；还有少部分助教培训类讲座涉及关于助教"构建高效的移动办公环境"的主题以及以经验交流分享为目的的优秀助教座谈会。优秀助教座谈会主要由优秀助教代表分享对助教职责的理解，一起讨论优秀助教应具备的能力；对助教工作中遇到的困难及解决方案进行分享和探讨，并为学校即将开展的系列助教培训活动提供建议。

在 15 所外语院校中，有 1 所院校开展了助教专业能力发展类讲座，涉及"高校机关行政管理的技巧与艺术"内容。在"组织目标达成与团队竞争力提升——做好高校机关行政管理的技巧与艺术"讲座中，主讲人结合自己的工作经验，以生动、丰富的案例为大家讲解了行政管理工作中常见的问题和应对方法。通过"适势""观势”“形势”“顺势”“乘势”“造势”六个环节的讲解，全方位分析如何在工作中增强自身素质，掌握有效的管理技巧和艺术，提高团队协作能力，做好服务工作。

总体而言，国内院校和外语院校针对助教专业能力发展主题讲座的开展情况差异较大，国内院校的研究生助教培训管理制度较完善，培训内容较丰富，而外语院校对助教培训的关注甚少，内容也不够丰富。目前国内院校更注重提升助教的教学技术能力，还关注助教的工作职责、办公理念、小组汇报实用技巧、优秀助教经验交流等内容。外语院校也应该借鉴国内院校的助教培训制度，建立自己的助教培训体系，突显助教制度在缓解师资力量不足、提高参教研究生综合素质、为高校培养后备师资力量等方面的优势。

3.2.8　身心健康主题

国内院校身心健康类的讲座主要包括教师心理、声音保护、体育运动和职业病防治。其中，对于教师心理和声音保护的分享较多。教师心理主要涉及压力管理、焦虑和心理调整，声音保护主要是教会教师科学用嗓和科学发声。

外语院校身心健康类的讲座主要有声音保护、女性关怀、教师心理压力和教师职业病这四类。声音是教师教学工作开展的基础，因此声音保护类讲座开展次数相对较多；由于外语院校女教师较多，外语院校同时也关心着女性教师的身心健康。

3.3　讲座模式的个案分析

3.3.1　“青椒”论坛

N5大学教师发展中心邀请来自不同学院的骨干教师举办了“青椒”(谐音“青年教师”)论坛，该论坛共举办了19场。该论坛的主要内容有：骨干教师结合当下教师关心的热点问题与青年教师进行项目分享与讨论，如外语学院教师教学发展分中心建设研究、临床学院青年教师教学能力培养与发展研究政管院教发分中心的建设情况；骨干教师结合自身一线教学实践与扎实的专业背景知识与在座青年教师进行跨学科、多融合、深交互的教学交流，具体包括“分析化学”课程学生学习评价方法的建立、“配对理论与市场设计”课程教学体系设计、“世界近代史”课程中的研究性教学模式初探、大类人才培养模式下“会计学”课程教学方法的改革与创新、虚拟模拟教学应用于护理本科生“选科实习”综合考核的研究与探索；骨干教师就其所承担项目的进展情况，与在座青年教师们进行深入的跨学科交流讨论。

3.3.2 师元讲堂

N21 大学教师发展中心邀请来自国内外大学的教授、博士生导师举办了“师元讲堂”，主要内容有：介绍了学术研究的两种基本方法，如质性研究方法和大型跨国教育比较的研究方法；注重教师专业发展，如教师教育改革与体系建设、师德修养与教师队伍建设和教师的个性化成长；注重课堂教学的研究，诸如课程教学改革与创新人才培养和教学范式的转变；注重对国外教育体系的介绍与研究，诸如加拿大教育体系介绍、美国 21 世纪州立高等教育转型十大趋势和美国研究生教育结构优化转型；注重对教师的身心健康，诸如如何平衡教师的幸福和成功、大学教师精神健康导向的职业追求与人生幸福。此外，也开展了学术讲座，诸如计算机测验的发展趋势、基础教育改革发展的形势分析和政策走向等。

3.3.3 教与学讲坛

N4 大学教师发展中心邀请国内外教学专家和一线教师举办了“教与学讲坛”的系列讲座。该讲坛的主要内容有：注重青年教师的成长，针对“青年教师的成长之路”这一主题举办了 10 次讲座；注重课程思政，例如，对接一流本科课程育人目标的课程思政建设——以外语学科为例，课程思政理念与实施路径探索——以地理学类课程为例，春风化雨、润物无声：课程思政的路径设计 ——以“设计与制造II”课程为例，高校课程思政及其教学设计的探究与实践，一线教师如何在专业教育课程中融入课程思政；注重课程建设，例如，如何建设国家一流课程、如何建设工科实践课程、如何建设在线课程、如何建设大学基础课等；注重课程建设的同时，也注重教学的提升，例如，技术时代下如何开展教学、在实验课上如何采用混合式教学、教学设计能力的提升、如何将自己的研究主题融入教学大纲、如何在教学中应用输出式学习与“图形组织者”教学策略、如何在教学中突出重点和形象化难点等。

3.4 讲座模式的改革策略

3.4.1 讲座主题的序列化与协同化

大学的讲座活动，在学校层面通常以大学教师专业发展中心为主导，且其他职能部门也会组织相关讲座活动，诸如科研处、研究生院等组织的学术讲座，教务处、信息技术中心以及图书馆等组织的专业讲座；院系层面组织的讲座数量、频次更高。但就目前的情况而言，大学的讲座活动缺乏一个整体安排与统筹协调，讲座活动的辐射面较窄，且呈现出零散化的特点。因此，我们需要形成序列化的讲座主题，定期展开、循环展开，以凸显讲座的主题性与影响力。我们可以考虑以类似讲坛的方式，将相关讲座主题予以凸显。同时，校级与院系间的讲座信息需要共享，并能够拓宽讲座的服务对象，助力大学学术氛围与专业学习氛围的营造，并切实地服务于大学教师专业发展的现实需求。

3.4.2　讲座内容的专业性与趋向性

讲座模式的主题需要以教学与科研或学术为主，需要注重专业的前瞻性与改革的趋向性。具体而言，学科学术性讲座可以重在学术视野的拓展、学术火花的碰撞、学术智慧的共享等，可以以学科专业为主，逐步形成跨学科的学术讲座机制，这有利于大学教师的学术能力发展；教学专业性讲座可以突出教学理念的更新、教学技术的切磋、教学经验的分享等，服务于大学教师教学能力的持续发展，并指向日常教学活动的实践创新；职业生涯类讲座可以突出师德修养、心理健康以及生涯规划等方面，尤其是需要对青年教师群体进行有针对性的专业引领与激励。

3.4.3　讲座形式的针对性与互动性

讲座模式具有灵活性与及时性等特征，但也容易产生综合泛化现象。在大学不同层级、不同类型的讲座活动中，讲座的受众对象往往具有较强的针对性，使受众面往往具有一定的局限性。同时，讲座活动的互动性较弱，理念层面的影响较大、实践层面的支持较弱。因此，讲座模式需要注重针对性与互动性，切实提升大学教师专业能力发展。在校院不同层面开展讲座活动时，需要将针对性与互动性有机结合，提升讲座活动的专业学习效能。尤其是随着网络信息技术平台的支持，线上与线下相结合的讲座形式，能够面向更大的群体，实现时空转换中的指导交流与思想碰撞。

第 4 章　有指导的培训模式及策略

扎实开展高校教师培训是实践新时代教师队伍建设精神的本质要求，也是当前高校师资队伍建设的一项重要任务，这对提高教师整体素质、促进高等教育改革和发展具有战略意义[①]。在教育新常态下，高校教师培训工作在理念、模式、方法、评价等维度都要与时俱进。然而，随着高等教育大众化的进程加快，高等教育事业的跨越式发展和高等教育体制改革的持续深入，高等学校的师资培训工作正面临新的挑战，当下师资队伍的质量已不能满足教育发展的需要，很多高校培训教师在实践中面临现实困境，在培训理念上重视理论讲授而忽视技术传授；在培训模式上侧重专业发展而忽视师德建设；在培训方法上重视集体学习而忽视个别需求；在培训评价上侧重形式本身而忽视内容本质[②]。因此，我们需要重视对高校教师培训工作的科学指导与支持服务。从某种意义上说，做好高校师资培训工作，关系到高校师资队伍的教学水平的提升，关系到高校人才培养质量的提升，关系到大学生的成长成才，关系到千家万户的切身利益，关系到高校的科学发展，关系到国家和民族的未来[③]。

4.1　对大学教师培训工作的理性思考

4.1.1　大学教师培训的价值意义

1. 体现了新时代教师队伍建设精神的本质要求

2010 年，《国家中长期教育改革和发展规划纲要（2010—2020 年）》明确提出：“严格教师资质，提升教师素质，努力造就一支师德高尚、业务精湛、结构合理、充满活力的高素质专业化教师队伍。”[④]2018 年，中共中央、国务院印发的《关于全面深

---

① 管培俊，吕杰，徐金明. 当前高校教师队伍建设与发展的主要趋势：新时期中国高等学校教师培训之一[J]. 中国高等教育，2001(02)：26 - 29.

② 马莉. 教育新常态下高校教师培训：价值意义、实践困境与实现径路[J]. 黑龙江高教研究，2019(10)：98 - 101.

③ 刘丽. 实践哲学视阈下的我国高校师资培训模式探析[J]. 湖南社会科学，2014(04)：236 - 238.

④ 国家中长期教育改革和发展规划纲要（2010—2020 年）[EB/OL]. [2010 - 07 - 09](2021 - 11 - 1). http://www.moe.gov.cn/jyb_xwfb/s6052/moe_838/201008/t20100802_93704.html.

化新时代教师队伍建设改革的意见》是新中国成立以来党中央出台的第一个专门面向教师队伍建设的文件，其中指出："全面提高高等学校教师质量，建设一支高素质创新型的教师队伍。着力提高教师专业能力，推进高等教育内涵式发展。搭建校级教师发展平台，组织研修活动，开展教学研究与指导，推进教学改革与创新。"[①]2021年，教育部等六部门印发的《关于加强新时代高校教师队伍建设改革的指导意见》明确指出："以习近平新时代中国特色社会主义思想为指导，落实立德树人根本任务，聚焦高校内涵式发展，以强化高校教师思想政治素质和师德师风建设为首要任务，以提高教师专业素质能力为关键，以推进人事制度改革为突破口，遵循教育规律和教师成长发展规律，为提高人才培养质量、增强科研创新能力、服务国家经济社会发展提供坚强的师资保障。"落实到大学教师培训工作，需要重视以下几个方面：第一，常态化推进师德培育涵养，将各类师德规范纳入新教师岗前培训和在职教师全员培训必修内容。创新师德教育方式，通过榜样引领、情景体验、实践教育、师生互动等形式，激发教师涵养师德的内生动力。第二，健全教师发展体系，完善教师发展培训制度、保障制度、激励制度和督导制度，营造有利于教师可持续发展的良性环境。第三，积极应对新科技对人才培养的挑战，提升教师运用信息技术改进教学的能力。第四，鼓励支持高校教师进行国内外访学研修，参与国际交流合作。第五，统筹教师研修、职业发展咨询、教育教学指导、学术发展、学习资源服务等职责，建实建强教师发展中心等平台，健全教师发展组织体系[②]。

2. 体现了高等教育高质量发展的内在要求

高等教育高质量发展的关键仍然在于优质的师资队伍，高校教师专业能力的可持续发展，是高等教育事业发展的内在要求。事实上，教育质量是高等教育发展的核心问题，也是高等教育大众化的生命线，而加强教师队伍建设是切实保证教育质量好坏的首要因素。当前，为积极适应高等教育的发展，保证教育质量，高等学校需要有计划地补充一定数量的新教师，与此同时，要加强对在职教师尤其是新补充到高校教师队伍中的教师的培养培训工作，不断提高教师队伍的整体素质[③]。与此同时，在新时代的背景下，由于社会对高水平人才，特别是敢于创新、善于创新、综合素质高的学生的迫切需求，也使高校教师的发展与综合素质能力必然备受

① 关于全面深化新时代教师队伍建设改革的意见[EB/OL].[2018-01-31](2021-11-01). http://www.gov.cn/xinwen/2018-01/31/content_5262659.html? from=timeline.

② 教育部等六部门关于加强新时代高校教师队伍建设改革的指导意见[EB/OL].[2021-01-04](2021-11-01). http://www.moe.gov.cn/srcsite/A10/s7151/202101/t20210108_509152.html.

③ 管培俊，吕杰，徐金明. 高校教师培训工作的思考和展望：新时期中国高等学校教师培训之三[J]. 中国高等教育，2001(05)：33-36.

关注[①]。《国家中长期教育改革和发展规划纲要(2010—2020年)》中就指出,要"提高教师业务水平。完善培养培训体系,做好培养培训规划,优化队伍结构,提高教师专业水平和教学能力"。基于此,扎实开展高校教师培训,丰富培训内容与方式,创新培训形式与方法,有助于激发高校教师的学习培训积极性和热情,推动培训目标的更好实现,切实提升高校教师教学技术、能力与素质,推动高校教育资源的有机汇聚与协同整合,进而推进高校日常教学和学生管理工作的更好开展,共同推动高校教育质量提升[②]。立足高校教师发展中心的支持服务工作,我们需要做实、做好、做细教师培训,探寻有效的培训模式及策略,从而更好地促进大学教师的专业能力发展,这就能够抓住高校教育质量提升的"牛鼻子",实现高校教育质量的稳步提升,促进高等教育的高质量发展。

3. 体现了大学教师专业发展的客观要求

实施关注教师专业发展的培训,既是高等教育事业的整体发展需要,也是广大教师的个人发展需要。在社会高速发展的今天,知识经济的日新月异对高校教师专业素质提出了相当高的要求。大学教师要满足社会的外在要求和自我实现的内在需要,就必须依靠专业发展,走"专家型""学者型"教师之路。这些需求不可能仅凭教师的自我学习来实现,必须通过组织培训的方式,完善专业知识,优化专业结构,保持专业知识与技术的不断更新[③]。事实上,大学教师专业发展归根是自主发展,但需要强有力的外部支持服务,需要在专业知识、经验、技能等方面实现专业共享,并营造出良好的学习氛围或学术群体,从而最终实现对大学教师的专业引领与支持服务。就当前高校教师培训工作而言,"单纯的学历教育以及单一的培训已无法满足教师发展的需要"[④]。立足大学教师专业发展的现实需要,扎实、高效地开展教师培训工作,有助于促进大学教师的专业成长。良好的师资培训工作,不仅有利于形成良好的专业学习群体,促进教师间的对话、交流与切磋,而且能够不断激发大学教师专业发展的内在活力,切实满足其教学与科研工作的现实需求,促进高层次教科研成果的产出。

4.1.2 大学教师培训的概念界定

美国研究学者雷德蒙·诺伊认为:"培训就是指领导者组织有计划的任务来帮助职员继续学习,提高其与实际工作相关的能力、技能等活动,是实现智力资本用

---

① 程建华,荣文婷,赵琳. 高校教师发展与综合素质能力培训机制研究[J]. 黑龙江高教研究,2017(01):94-96.

② 马莉. 教育新常态下高校教师培训:价值意义、实践困境与实现径路[J]. 黑龙江高教研究,2019,37(10):98-101.

③ 陈久奎,刘敏. 论我国高校教师专业发展及其培训[J]. 高等教育研究,2012(11):49-53.

④ 赵亮. 我国高校教师培训问题研究[D]. 西安:陕西师范大学,2013.

途的必要途径。”欧洲学者乔治・韦斯特认为：“培训工作是为了保证岗位中个体与组织有效率地工作，对员工提高技能、工作经验、知识等方面的过程，实质其实是对员工学习过程的管理。”[①]英国官方的培训委员会给培训下的定义是：“通过正式的、有组织的或有指导的方式，而不是一般监督、工作革新或经验，获得与工作要求相关的知识和技能的过程。”[②]

大学教师培训一般可以分为两个层面：一个层面是广义的教师培训，是指教师的职前培训和在职培训；另一个层面是狭义的教师培训，是专指教师在职培训[③]。所谓教师培训是指为了弥补教师现有绩效水平与组织内部需要和组织外部环境变化发展需求而产生的差距，进行的一种再次学习。组织通过系统化、连续性的学习安排，促进教师专业技能、教学水平、知识更新和人格发展的进一步提升。对于教师而言，培训不仅可以使其知识、能力得到提高，还可以充分实现自身的价值，对工作的满意度大幅提升，并且对学校的责任感和归属感也有一定的加强。对于学校来讲，教师培训工作不仅提升了教师个人的水平，同时也使学校教师队伍的整体素质得到提升，更成为提升学校竞争实力的法宝之一[④]。

综上所述，大学教师培训就是指根据高校自身发展的目标，结合外部环境的变化，通过对大学教师进行再学习、再实践等手段，有组织、有计划、系统性地进行的持续不断的活动[⑤]。大学教师培训工作的目的就是要求教师通过知识技能的学习、能力的培养而激发他们的主动性，使他们的工作态度更积极，进而实现教师自身价值，提高教学质量，提高学校绩效。尤其需要指出的是，青年教师是高校重要的学术人力资源，他们在工作中能否较好地承担职业所赋予的责任是高校可持续发展的重要因素。在我国高校教师培训中，青年教师的培训是非常重要的一部分内容，业已形成了岗前培训、在职攻读学位、单科进修等多种形式的培训体系。在21世纪，面对变化的高等教育环境以及青年教师自身成长的诉求，注重青年教师的发展，创造激励性的成长环境，提供多种形式的支持、帮助、咨询和指导，无论是对青年教师的培养，还是对高校教育质量的提高都具有重要的现实意义[⑥]。

---

① 彭在萍. 新时期我国高校教师培训研究[J]. 教育与职业，2013(20)：60 - 61.

② 黄健. 助理培训师[M]. 北京：中国劳动和社会保障出版社，2008：3.

③ 布鲁克菲尔德. 大学教师的技巧[M]. 周心红，洪宁，译. 杭州：浙江大学出版社，2005.

④ 赵亮. 我国高校教师培训问题研究[D]. 西安：陕西师范大学，2013.

⑤ 国家教育发展与政策中心. 发达国家教育改革的动向和趋势(第一集)[M]. 北京：人民教育出版社，1987.

⑥ 吴庆华，郭丽君. 从培训走向发展：高校青年教师培养的转变[J]. 高等工程教育研究，2013(04)：141 - 144.

4.1.3 国内外大学教师培养培训体系研究

1. 国外教师发展培训体系的建设情况

美国是地方分权式教育行政的典型，由于市场经济的充分发展、高等教育分权的领导体制以及高等学校自治的传统，形成了竞争开放的高等教育体制，联邦政府并不直接负责高等教育及教师队伍建设。但自立国以来，联邦政府对高等教育的干预从未间断过。这种干预，主要是通过立法拨款和科研拨款来实现的。如1962年联邦政府通过的国防教育法、高等教育设施法、卫生专业教育资助法等法令，大大加强了与国家利益直接密切相关的学科专业及其教师队伍的建设[①]。与此同时，20世纪70年代也是美国大学教师发展与培训机构创建的黄金期，据统计，美国的研究型大学75%以上都建立了教学促进与培训中心之类的组织[②]。1962年，全美第一所高校教师专业发展培训机构——学习和教学研究中心，在密歇根大学成立。中心隶属于教务长办公室，以提升密歇根大学的教学质量，营造适合多元化背景学生的学习环境为目标，提供着全校教学研究和教学实践活动的支持与帮助，为全校各阶段的教师提供专业发展的资源平台。哈佛大学于1976年建立教学中心——"哈佛丹佛斯中心"，是"博克教学和学习中心"的前身，现已成为世界高校教师发展机构的标杆，同时它也是美国受资助最多的教师发展中心之一。在培训形式上，美国高校普遍设立了短期、长期高等学校师资培训班。既有全日制，也有非全日制；既有脱产培训，又有业余时间培训；既有系统学习，又有专题研究；既有学术假，又有专题研讨会；既有校外进修，又有校内培训。通过科研合作，鼓励教师走出校门参加各种学术交流活动，构建了开放型的高校教师培训网络，尤其是美国高校以项目制为载体来倡导高校教师的自我发展。如美国大学协会开展的"未来教师培训计划"正是为了将博士研究生培养成为能胜任高校教学工作的人，其措施是在读的大学博士生到学院去进行教学观察与交流，"由学院教授指导博士生如何教学生"、"如何适应新的发展中的教学方法与技术"，以期积累高校教学工作经验以及了解大学教师"真实工作"，为他们未来选择教师职业创造一个好开端[③]。

英国早期的大学教师培训并没有统一的、成体系的规划，主要通过学术休假和进修提高两种形式来获得发展。20世纪60年代后，随着英国的教育模式从精英教育转向大众化教育，对于大学教师的要求也逐渐从重"量"转向提"质"，即从扩张教师数量，转向注重教师的教学质量、教学水平、教学能力的提升。随后，英国各高

---

① 管培俊，吕杰，徐金明.当前高校教师队伍建设与发展的主要趋势：新时期中国高等学校教师培训之一[J].中国高等教育，2001(02)：26-29.

② 罗丹，徐洁.美国大学教师发展研究：以八所著名大学为例[J].教育与考试，2007(03)：89-93.

③ 刘凤英，韩玉启，糜海燕.美国高校教师培训与管理的借鉴意义[J].江苏高教，2007(05)：142-144.

校纷纷成立大学教师发展中心，建立教师培训、培养制度。21 世纪后，英国政府对于教师的重视与日俱增，拨巨款支持大学建设教学卓越中心。目前，大多数英国大学都成立了承担教师发展的专门组织[①]。事实上，英国大学教师培训项目种类多样，表现为培训课程种类繁多以及培训目标层次分明。英国大学教师培训项目除教学技能培训外，还有学历教育和教师自我职业规划。英国大学结合自身客观实际发展需要和教师发展规划需要，安排了各具特色的发展项目。英国大学教师发展中心为教师提供了许多与教学及自身发展相关的课程内容。例如，伦敦大学教师培训计划项目就很全面、丰富，而且所有项目都面向学校内全体教职工，具体内容可概括为五个层面：一是教师科研能力项目，旨在提高教师的学术研究能力；二是教师教学能力项目，包括入职培训、电子学习课程、个人效率和工作技能；三是教师一般技能发展项目，包括平等培训课程、健康与安全训练课程、IT 训练课程等；四是专项技能培训项目，包括评价、财务系统培习、管理发展等课程；五是教师个人发展项目，包括职业发展讲座、个人发展计划、管理发展课程等[②]。

随着社会发展，人才需求的不断增长，日本在 20 世纪六七十年代迎来大学生人数的快速增长时期，日本大学的入学率从 10%上升到 35%。到了 20 世纪 80 年代，美国的教师发展理念传入日本，大学教师发展工作逐渐开展起来，奠定了日本教师发展工作的基础[③]。20 世纪 90 年代，日本文部省制定相关法令，通过政策来推动大学教师发展机构化、制度化建设。随后，日本大学教师发展中心（大学教师专业发展组织）陆续成立，注重教学学术、课程和教学发展、学术发展和社会服务，将日本的教师发展工作法律化、制度化，推进教师发展工作的本土化。具体到培训形式，日本的师资培训研修形式可谓多种多样，总体上分为三大类，即行政研修、自主研修和校内研修。其中，行政研修包含的种类最为繁多，自主研修是一种新兴发展起来的和对现代化网络充分利用的研修形式，校内研修是采用最为广泛的一种研修方式。同时，在日本师资培训体系的构建过程当中，也创建了一个实用性非常强的培训过程模式，主要包括合作计划、咨询活动、调查研究和信息交流等环节，这种模式尤其在一些专门性的培训工作中发挥了巨大的作用[④]。

随着欧洲博洛尼亚进程的不断发展，欧洲高等教育区内展开了日益广泛的交流与合作，德国高校教师培训和继续教育也在变革中前进。德国高校教师进修具有双重功能：一方面是将高等教育领域的最低标准与认证制度（德国从 1998 年开

---

① 吴薇，陈春梅. 英国大学教师发展中心的特点及启示：以伦敦学院大学、伦敦皇家学院和牛津大学为例[J]. 高教探索，2014(03)：53 - 57，64.

② 周兴国. 英国高校教师专业培训特点及对我国的启示[J]. 河南教育(中旬)，2011(11)：54 - 55.

③ 郭婧. 英国大学教师发展的经验及启示：以诺丁汉大学为例[J]. 黑龙江高教研究，2013(11)：44 - 47.

④ 刘双喜，单小艳，郑越. 日本在职教师培训模式及其启示[J]. 黑龙江高教研究，2014(02)：47 - 49.

始实行，欧洲部分国家更早些）结合起来，另一方面教师进修本身也是质量发展的表现，是认证过程中的一项质量标准①。同时，德国教师教育的突出特点在于注重教师的全程培养，注重教师执教能力的培养。德国各州的法律条令中都明确规定培训是每一个在职教师的责任，在职教师参加培训一般都是强制性的，并计入教师的工作量②。

法国是中央集权式教育行政的典型，为了克服这种管理体制所造成的整齐划一、生硬僵化及官僚主义、缺乏自主自治等弊端，以适应国际竞争和新形势发展的需要，法国实行了一系列改革。首先是在体制结构方面推行分权和放权，即把一直由国家把持的一些权力分配给地方当局，把集中于中央行政部门的部分权力下放给一些公务员；其次是进行了全国督导体制改革，如设立了直接向总统负责的"科学、文化和职业公共高等学校国家评估委员会"，改进了国家对高等教育的管理和质量监控等。

综上所述，世界各国为了保证高校教师的基本素质，以适应现代科学技术、经济和社会的发展对高等教育的要求，纷纷采取措施，具体包括：第一，提高教师聘用标准，主要选拔具有博士学位和硕士学位的人担任高校教师，使高校教师队伍中高学历教师的比例不断上升；第二，通过各种途径和方式对高校教师进行教育科学的专门训练，使高校教师掌握教育理论和教育技能；第三，建立教师进修提高的保障机制，为高校教师的倍训与提高创造和提供基本条件；第四，国家加强对高等教育和高校教师队伍建设的支持与干预。以上这几方面构成了高校教师队伍建设和发展的主要趋势③。

2. 我国教师发展培训体系的建设情况

在不同的历史时期，我国高等教育发展均把高水平师资的培养作为重要的工作任务，大学教师培训体系不断发展和完善。我国大学教师的培训与提高，主要是非学历教育，其主要目的是使教师真正具备履行岗位职责所必需的知识和能力，并为担任高一级职务打好基础。在近半个世纪的大学教师培训实践中，我国开展了多种多样、内容不同、目的不同、行之有效的培训，并在实践中根据高校教师队伍建设的需要不断地改进和完善，较好地满足了各个历史时期广大高校教师的培训需求，促进了高校教师队伍整体水平的提高④。

---

① 比洛-施拉姆，刘杰，秦琳．德国大学教师发展：培训与继续教育[J]．北京大学教育评论，2014(02)：2－12,189.

② 黄蕾．波特竞争五力模型下德国高校教师培训研究及对中国的启示[D]．天津：天津大学，2010.

③ 管培俊，吕杰，徐金明．当前高校教师队伍建设与发展的主要趋势：新时期中国高等学校教师培训之一[J]．中国高等教育，2001(02)：26－29.

④ 管培俊，吕杰，徐金明．我国高校教师培训工作及其评价：新时期中国高等学校教师培训工作之二[J]．中国高等教育，2001(Z1)：40－43.

1985 年，教育部依托北京师范大学和武汉大学建立了两个国家级师资培训中心，负责组织协调落实全国高校教师培训年度计划，并承担部分高、中级教师的培训任务。1986 年，教育部利用世界银行贷款在直属的六所师范大学设立了六大区高校师资培训中心，各省、自治区、直辖市也相继建立了省级培训中心，从而形成了在教育部领导下，以两个国家级培训中心为核心，六大区培训中心参与组织协调，省级中心、重点高校和一些重点学科为培训基地的高校教师培训网络体系①。20 世纪 90 年代以来，综合性大学介入了教师教育专业，打破了传统的封闭式的师范教育模式，教师选拔与培养逐渐走向开放。为适应开放的教师培训时代，从国家层面设计和实施了教师资格认定制度，高校教师培训在形成网络体系的基础上正在向法制化方向迈进。这一阶段以 1994 年实施的《中华人民共和国教师法》为标志。该法律第二章明确规定，教师有“参加进修或者其他方式的培训”的权利和“不断提高思想政治觉悟和教育教学业务水平”的义务。1996 年，教育部颁布的《高等学校教师培训工作规程》，不仅明确了高校教师培训工作的指导思想和指导原则，也规定了培训的组织与职责、主要形式、考核与管理以及保障与有关待遇等方面的问题。1997 年《高等学校教师岗前培训暂行细则》等政策法规的出台，使培训作为高校教师提高的主要方式已经得到了制度上的有力保障②。经过多年的发展，我国高校教师培养体系正在由“在教育部领导下，以两个国家级培训中心为核心，六大区培训中心参与组织协调，省级中心、重点高校和一些重点学科为培训基地的高校教师培训网络体系”的体制模式向“政府宏观调控，高校自主组织培训”的模式转变③。

4.1.4　国外教师培训模式借鉴

美国大学教师专业发展培训中心已经非常专业化和系统化。尽管大学的类型存在差别，但其教师培训中心在组织结构上主要有四种模式：第一，集中化的教学中心。此模式在各种类型的大学中都有，在研究型的综合大学中更为常见。集中化的教学中心是美国大学教师培训的主流模式，有实力的综合大学均以此模式来进行本校的教师培训，如哈佛大学戴瑞克·伯克教学中心、麻省理工学院教学实验室、斯坦福大学教学中心、范德堡大学教学中心、普林斯顿大学麦格劳教学中心、康奈尔大学优秀教学中心、密歇根大学学习与教学研究中心、华盛顿大学教育发展与研究中心、纽约大学优秀教学中心等。第二，单个教师负责的培训中心。这类中心

---

① 唐习华，李骏. 高校教师常态化培训机制建设中的问题与对策[J]. 江苏高教，2014(02)：103 - 104.

② 潘懋元，罗丹. 高校教师发展简论[J]. 中国大学教学，2007(01)：5 - 8.

③ 王中相. 高校教师培训制度改革中各利益主体的关系分析[J]. 华南师范大学学报(社会科学版)，2011(04)：157 - 159.

通常只安排一个教师负责,有的中心甚至没有实体机构或办公场所,也没有配备其他行政辅助人员。这种模式在小型的文理学院最为常见,个别综合大学也采取这种模式。第三,支持教师培训的咨询委员会。这种模式的教师培训是由一个咨询委员会来组织的,而且委员会没有主任,此模式在文理学院比较常见,在许多方面与单个教师负责培训模式有相似之处。另一个相似的模式就是"项目和服务交流",此模式在社区学院最为普遍。这些模式随着时间推移,可能会升格为更为正式的组织。第四,大学系统的办公室。顾名思义,这种培训模式被大型的州立大学系统所采用,如加州大学系统和佐治亚州大学系统。大学系统的办公室负责协调系统内不同校园的培训中心或其他教师培训项目①。具体到美国大学层面,以哈佛大学为例,它是美国高校进行教师专业发展培训的先行者,其戴瑞克·伯克教学中心(Harvard Derek Bok Center for Teaching and Learning)被誉为具有世界领先水平的高校培训机构之一,得到各国高校的学习效仿。在戴瑞克·伯克教学中心面向教师的培训项目中,包括了"新教师学院""新生教学圆桌会议"和"通识教育"等十余项内容,都是围绕教师课程知识和教学技能的提升而展开的。同时引导教师树立"以学生为中心"的理念,如戴瑞克·伯克教学中心专门制作了一些关于如何在课堂中处理学生群体在种族和文化等方面差异性以及学生身份认同问题的录像。此外,戴瑞克·伯克教学中心始终将培训新教师掌握一些重要科技工具作为工作重点之一,如在面向教师的具体培训项目中就有专门介绍如何在课程中使用多媒体的内容,通过组织工作坊和研讨会等活动,促使教师把现代科技和多媒体技术创造性地应用在课堂教学中,促使教师关注互联网和社交网络给教学带来的变革,以及数码技术和电子读物对学生学习的影响。此外,戴瑞克·伯克教学中心还注重引导教师对学生的学习过程及效果进行动态的评价②。

英国大学教师发展中心的主要培训内容包括教与学、教学方法和技术手段、教研服务、在职培训、职业发展、新员工的入职导入培训等,采用讲授、研讨、工作坊、演示、模仿、参观、自主学习、一对一咨询、小组讨论、影片、微课教学等方式,培训时间从 2 小时至 1 周不等,通常开学前学校安排新入职人员集中进行 1 周培训,各高校根据实际自行安排。每年培训的内容根据教职员工的反馈信息进行调整,帮助教师通过自我反思、自我评估,提高自主发展能力。例如,杜伦大学学术研究中心构建了多样化的资源平台,建立起庞大的学习资源库和国家层面的高等教育协会在线学习资源。同时,英国大学教师发展中心开展了校际合作和区域结盟,杜伦大

① 李欣,严文蕃,谢新水.美国高校教师专业发展培训的"协统时代":多重释义与实践策略[J].教师教育研究,2013(01):81-85,96.

② 李欣,刘亮,谢新水."协统者时代"美国高校教师的专业发展培训:以哈佛大学戴瑞克·伯克教学中心为例[J].高校教育管理,2014,8(04):55-60.

学、纽卡斯尔大学、桑德兰大学、诺森比亚大学、提赛德大学结成东北五校联盟(Northeast Universities)，开展资源共享、教师发展项目共建，相互交流、共同成长。东北五校联盟每年举行一次年会，2014 年会议主题是“跨越界线——全球化就业”(Broadening Horizons-The Global Graduate)，共同商讨教学和教师发展中的问题①。

芬兰赫尔辛基大学的教师培训与发展部门隶属于人力资源与法律事务部，由校长办公室管理，位于学校的中心管理层，其职责包括：支持教师发展，设计与实施教师培训项目，开展与教师培训相关的合作事宜，进行教育统计，促进学院间合作等。组织的培训课程分为三个阶段：第一阶段为基础课程，约持续 4 到 6 个月。教师通过课程了解高等教育的教学和研究，学习基本的教学计划制订、教学指导及教学评价。第二阶段为高级课程，为期一年，除理论学习外，还包含短期的实习课程。教师应用在课程中所学到的教学知识，对自己的教学实践进行反思和改进。第三阶段的培训为期两年，在该课程中，教师将要开展自身工作及工作之外的实践，并讲行高等教育研究。此外，院系也对内部的教学行为进行定期的自我评估。从整个学院或系的角度出发，对教学计划、教学实施和教学评价进行全面的调查，所有评价报告中提出的当前大学发展所面临的挑战会体现在大学下一战略规划的筹备中，这一系列措施将对大学教师的教学能力提升和个人发展的影响的评估与学院及大学的战略发展紧密联系在一起，使教师发展切实成为学校与院系战略规划的一部分②。

印度大学教师发展中心的主要目标是为高校教师在学科、技术等方面提供适当的专业发展和知识更新的机会，向高校教师传授知识社会中教学的价值、动机和技能。其中，建立于 1947 年的印度大学教师发展中心(Academic Staff College，ASC)，旨在促进教师的专业发展和个人成长，提高高等教育的质量，在教师的专业发展和教育质量之间建立起一个至关重要的联系。中心目前开设了 3 种不同类型的项目，分别针对不同层次和类型的高校教师，具体为：入职培训项目是针对所有讲师层次的新入职者的持续四周的培训项目；补习课程是针对在职教师、研究人员、博士后的持续三周的培训项目；暑期项目、短期课程、互动项目等都是短期培训活动，大多针对领导人员或教育研究人员③。

---

① 徐华.英国高校教师发展校本研究及启示：以英国杜伦大学为例[J].职业技术教育，2014，35(29)：93 - 96.

② 范怡红，柯丹云.芬兰大学教师发展研究：基丁赫尔辛基大学的案例分析[J].新疆师范大学学报(哲学社会科学版)，2012(05)：79 - 86.

③ 王文礼.致力于大学教师的成长：印度大学教师发展中心的运行机制和培训模式[J].外国教育研究，2016(05)：69 - 80.

4.2 培训模式的主题归类分析

4.2.1 培训主题的维度分布

1. 国内院校培训主题的维度分布情况

如图 4－1 所示，国内院校开展教师培训更加偏重教学能力发展主题、新教师培训主题，分别占培训总数的 60%、18%；助教培训主题、职业生涯主题、学术能力发展主题、师德师风主题次之，分别占培训总数的 6%、4%、3%、2%；身心健康主题、思政教育主题、资源分享主题及其他，分别占培训总数的 0.8%、0.5%、0.7%、0.8%。总体而言，国内院校培训主题仍然突出教学能力发展的主线，这是大学教师专业发展的主要服务内容，也符合教师专业发展中心的功能地位。新教师培训的内涵与后续的主题分类有一定的重合，但仍然能够体现出大学青年教师专业发展支持服务的必要性与紧迫性。助教培训、职业生涯培训、学术能力培训、师德师风培训的频次尽管不高，但也基本构成了大学教师培训工作的基本内容。可见，大学教师专业能力发展的支持服务，在紧扣专业能力主线的基础上，也应该回应大学

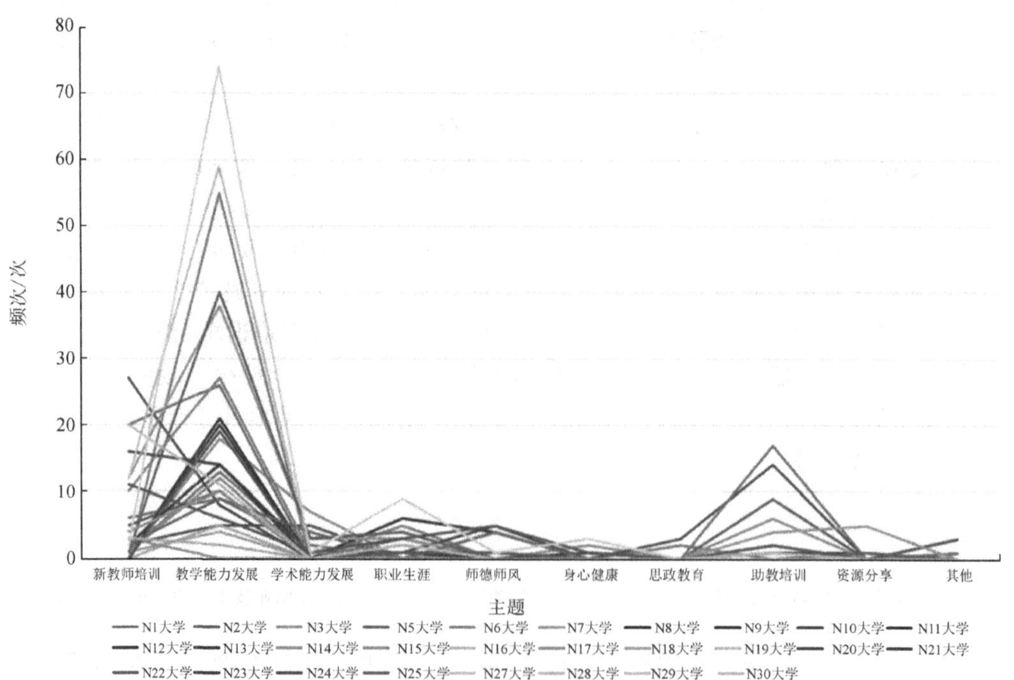

图 4－1　28 所国内院校培训主题的维度分布情况

教师专业发展的各类现实需要。

2. 外语院校培训主题的维度分布情况

如图 4-2 所示，外语院校开展教师培训更加偏重教学能力发展主题、新教师培训主题，分别占培训总数的 36%、32%；学术能力发展主题、语言类主题次之，分别占培训总数的 7%、7%；师德师风、职业生涯、身心健康、辅导员培训、高校管理培训主题较少，分别占培训总数的 3%、3%、1%、3%、1%。

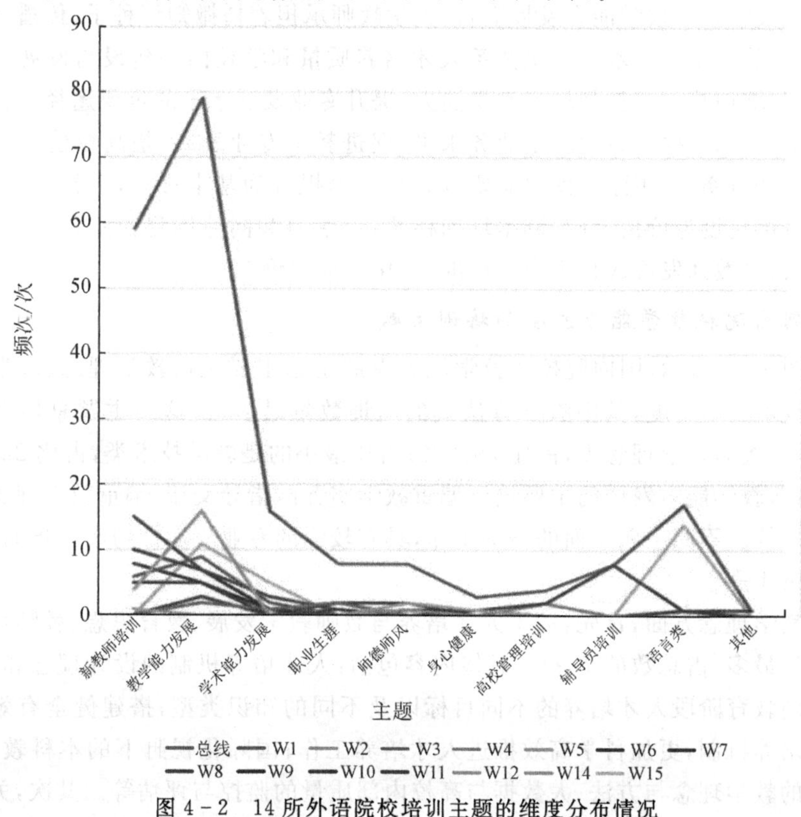

图 4-2　14 所外语院校培训主题的维度分布情况

总体而言，国内院校和外语院校在培训主题层面基本一致，略有差异。首先，高度重视教学能力发展这一主题的培训，所占比重均超过 30%，说明学校均将教师的教学能力作为教师专业发展的主要能力，更重视教师在教学理念、方法、技术方面的成长和进步。其次，新教师培训的数量也较高，新教师入职培训是高校师资管理的重要阶段，新教师入职后要快速实现角色转变，胜任岗位需求，而入职培训是其关键环节。这是因为系统化的培训对新教师的专业成长起着至关重要的作用，对教师队伍整体素养的提升也有很大的作用。最后，学术能力发展、职业生涯、师德师风、身心健康方面的培训数量均较少。国内院校和外语院校都应着重加强这几个方面的培训，促进教师多方面的发展。其中，国内院校没有外语院校所开设的高校管理培训、辅导员培训以及语言类的培训，而外语院校则相对缺乏国内院校开设的思政教育、助教培训、资源分享等主题的培训，国内院校和外语院校今后均需要注重实现培训内容的全面化。

4.2.2 教学能力发展主题

对于大学教师教学能力发展而言，大学教师承担着播撒知识种子、传播知识力量的重任，其教学业务水平直接关系人才培养质量和学校内涵建设与发展。与此同时，教师培训是高校教师培养教学能力、提升专业发展水平的重要途径。积极探索教师培训模式，提高教师教学业务水平，促进教师专业发展，是高校建设与发展的重要工作任务[①]。因此，我们需要以教育素养提升为基本目标，更新培训理念；以教师道德建设为价值旨归，调整培训模式；以学习共同体构建为实践方向，创新培训方法；以教师发展成长为衡量标准，优化培训评价[②]。

1. 国内院校教学能力发展的培训主题

如图 4－3 所示，国内院校的教学能力发展主题主要包括教学理念、教学方法和教学技术三个维度，其中教学方法类的培训数量最多，占这一主题总培训量的 51.5%；其次为教学理念类，占比 26.2%；占比最小的是教学技术类，占比 22.3%。总体而言，教学能力发展的主题培训偏重教学实务的指导交流、偏重教学理念的更新与分享等。不同主题层面的培训工作，具有较强的专业现实性与改革指向性，具体见附录 4－1。

在教学理念方面，首先，关于人才培养与教师教学发展、教育思想、教师精神的培训数量最多，占总数的 7.9%，具体内容包括：人才培养机制的设计理念和方法；分析不同教育阶段人才培养的不同目标以及不同的知识类型；搭建健全有效的创新人才培养机制，更加科学高效推进人才培养工作；国际化视野下的本科教育、现代大学的教学理念与方法、大数据与高校内部质量的监控与评估等。其次，关于教学改革趋势、课程体系的结构和目标的培训数量较多，占总数的 5.9%，具体包括高等教育存在的问题与矛盾、人才培养体系建设、内部质量保障体系建设等。最后，课程思政类的培训也逐渐受到各大院校的重视，培训数量占总数的 3.9%，主要内容包括：介绍“课程思政”建设的背景，以及其在课程育人和教学质量提升中的意义；通过“课程思政”优秀案例分析，梳理归纳“课程思政”教学目标的确立、教学

---

① 刘卫萍，王培光，况晓慢．以教师专业发展为主旨的高校教师培训模式[J]．河北大学学报（哲学社会科学版），2014，39(02)：137－140．

② 马莉．教育新常态下高校教师培训：价值意义、实践困境与实现径路[J]．黑龙江高教研究，2019，37(10)：98－101．

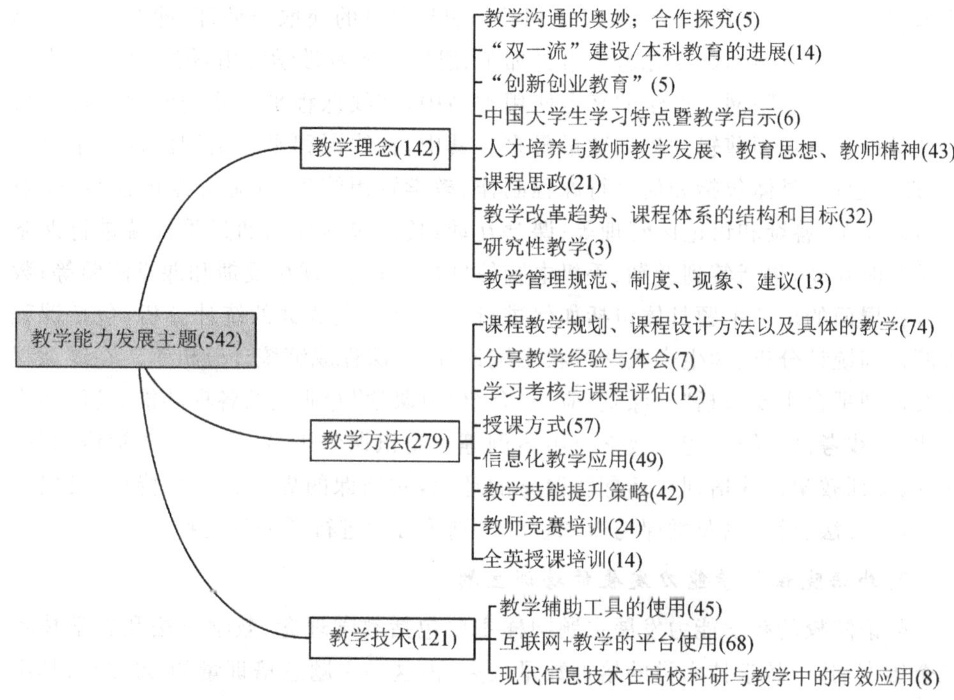

图 4-3　国内院校教学能力发展主题

设计和实施策略等基本原则，结合学科特色分析如何挖掘课程和教学方式中蕴含的思想政治教育资源；从常见问题入手，分析解剖“课程思政”建设的重点和难点问题，反思教师提升“课程思政”意识和能力的途径等。

在教学方法方面，首先，课程教学规划、课程设计方法以及具体的教学方面的培训最多，占总数的 13.7%，具体培训内容包括：课程介绍、重点解析、作业解答、案例补充、深入扩展、学生演示等几个角度；教师要树立为学生发展服务的理念；教师应在知识要点、教案设计、PPT 设计、讲解设计、肢体语言和板书上着力，不断提高课堂效果；围绕“目标导向”来开展教学过程，从课的导入、课的展开、课的结束、课的评估中不断反思、不断改进。其次，授课方式类的培训也较多，占总数的 10.5%，主要包括混合式教学、启发式教学、探究性教学。如理解翻转课堂教学的理念，掌握翻转课堂教学的流程；能够基于学科特点重构教学内容，设计教学活动，开展有效翻转课堂教学；能够基于学科及课程内容特点自主设计、制作教学微视频。最后，信息化教学应用、教学技能提升策略类的培训也受到了各院校的重视，分别占培训总数的 9.0%和 7.7%，具体内容包括：常见直播课堂平台介绍；直播课堂教学的组织与管理、教学设计、资源建设、教学互动技巧、线上学习评价等。

教学技术类的培训主要包括教学辅助工具的使用、互联网＋教学的平台使用两大方面，其中教学辅助工具的使用类型中，多媒体课件的使用培训数量最多，具体内容包括 PPT 美化，典型的 PPT 风格，PPT 素材的获取与处理，课堂演示文稿的设计、制作与优化，数字化教学素材加工、思维导图及教学应用，信息化教学设计综合案例等。互联网＋教学的平台使用类型中，在线课程平台使用专项培训和慕课教学设计与视频剪辑的培训数量最多。其中，在线课程平台培训的内容主要包括：课程建设，具体包括如何进行课程制作、教学资源管理、作业和题库建设、作业与习题发布、答疑和讨论区管理等；课堂互动，具体包括如何通过手机端进行课堂教学实时互动，包括签到考勤、手机电脑信息投屏共享、现场反馈和课堂测验等；数据分析层面的培训主题具体包括如何进行教学过程大数据的统计分析，包括课程资源访问统计分析、学生个人学习状态统计分析、课程成绩统计分析等。在线课程涉及培训平台主要包括“雨课堂”应用（介绍“雨课堂”专业版的各项功能、具体操作方法、在线考试系统功能及教学应用案例等）、腾讯课堂平台、智慧云课堂培训等。此外，慕课教学设计培训包括翻转课堂的理念，对微课的界定、分类、特点、发展趋势、教学方法、设计以及微课与微课程的区别等方面进行了分享阐释。

2. 外语院校教学能力发展的培训主题

外语院校的教学能力发展主题同样主要包括教学理念、教学方法和教学技术三个维度，其中教学技术类的培训数量最多，占这一主题总培训量的 39.2%；其次为教学方法类，占比 36.7%；占比最小的是教学理念类，占比 24.1%。尽管培训主题与国内院校的教学能力发展主题基本保持一致，但是在具体的培训内容方面仍然存在着差异，具体见附录 4－2。

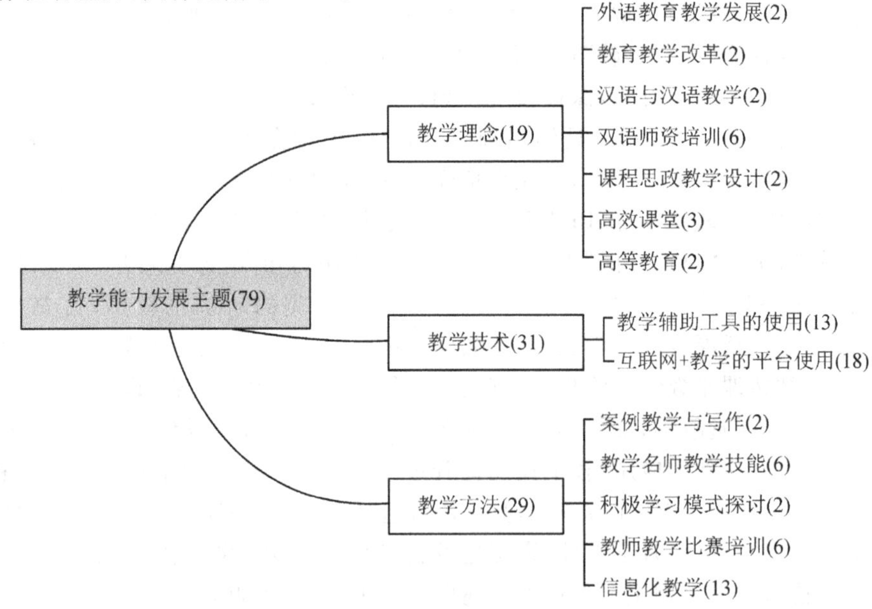

图 4－4 外语院校教学能力发展主题

在教学理念方面，培训比较侧重教师的双语教学能力，数量占培训总数的 7.6%，内容包括教案的编写、课程的设计以及教学反思方面的培训。同时，如何进行高效课堂也得到了重视，如在培训中提到好课应达到三种境界，即信息传达、情感交感和人课合一，高效课堂的设置应从课前准备、课堂进行、课后反思和课堂管理四方面进行。

在教学方法类型中，教师教学能力发展中心重视教师信息化教学能力的培养，数量占培训总数的 16.5%，如在线教学的技能培训、微课的设计制作等。后疫情时代，线上线下的融合教育显得格外重要，因此各院校应加强教师线上教学能力的培养。同时，教师的教学比赛也是提升教师教学能力的重要方式之一。因此，应重视对教师教学比赛的培训，对教师的教学基本功进行训练，通过参赛教师课堂教学展示及教学反思、专家指导、互动交流等方式进行培训。

教学技术类的培训主要分为教学辅助工具的使用以及互联网＋教学的平台使用两大类。在教学辅助工具的使用类的培训中，关于多媒体教学软件的培训数量最多，不仅可以帮助教师更加熟悉地运用学校数字化教学资源，提高教学效果，也可以加强教师之间的沟通协作和资源共享，提高办公效率和工作质量。在互联网＋教学的平台使用这一类型中，更加重视对教师信息化教学软件使用的培训，教师通过信息化教学软件使用的培训，掌握网上备课、在线教学操作、教学组织的技术，同时平台可以通过记录学生的学习过程性数据，使教师及时掌握学生学习进度。可见，通过打造线上线下混合式教学模式，可最终使教师高效地使用系统从事教学活动。

4.2.3　学术能力发展主题

作为专业人员，大学教师从事的是具有学术性质的专业活动，要胜任这种具有学术性质的专业工作，必须具备一定的学术能力。学术能力是大学教师专业成长的核心内容，也是大学发展的关键所在。大学教师的学术能力首先是学术研究能力，包括研究者自身的学术思维能力、运用学术研究方法的能力和掌握学术规范的能力；其次是学术性教学能力，即以学术研究成果为内容，以培养学生独立、自主、创新、选择和反思批判能力为核心目的的教学方式①。与之相对应，大学教师培训工作需要紧扣学术研究与教学研究两个主线，促进大学教师学术能力发展，服务于人才培养与科学研究工作。

1. 国内院校学术能力发展的培训主题

如图 4－5 所示，国内院校的学术能力发展主题主要包括高校的管理及发展和

① 桑元峰，何菊玲. 大学教师学术能力新论[J]. 陕西师范大学学报（哲学社会科学版），2014(04)：134－139.

教师学术能力提升两个维度，其中教师学术能力提升的培训数量最多，占这一主题总培训量的 75.0%；其次为高校的管理及发展，占比 25.0%。具体见附录 4－3。

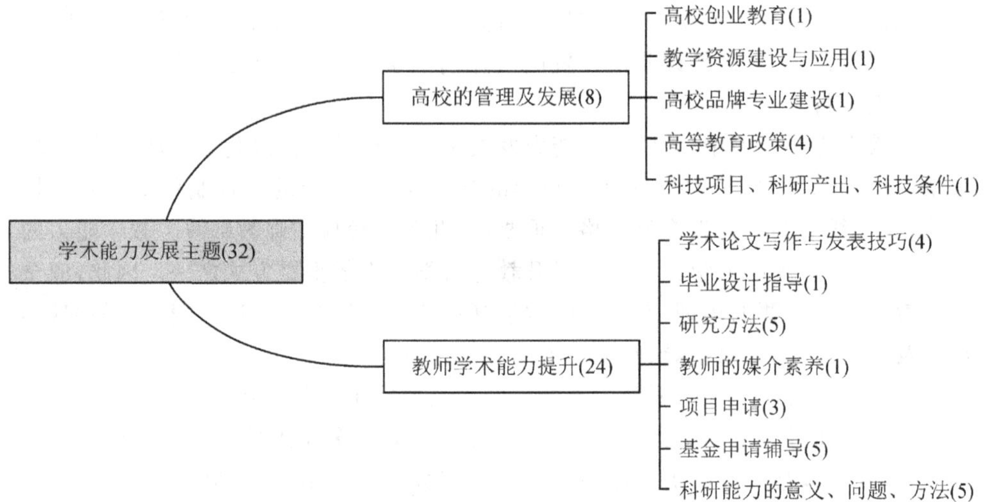

图 4－5　国内院校学术能力发展主题

教师学术能力提升类的培训中，基金申请辅导，科研能力的意义、问题、方法，研究方法的数量较多，均占总数的 15.6%，内容包括：涉及问卷设计与统计分析、ESI&InCites 数据库指导；基金申请操作问题，基金申请政策、方向、选题和材料、具体操作步骤、财务规范、注意事项撰写问题；教学研究中容易出现的问题，以及如何选题、如何选择研究方法、如何总结凝练教学成果等。

在高校的管理及发展类中，高等教育政策方面的培训数量最多，占总数的 12.5%，内容包括教育教学理念、学科前沿问题、科研成果转化、科研团队构建、当前高等教育研究的两个热点领域（即高等教育质量提升与高等教育治理现代化）。

2. 外语院校学术能力发展的培训主题

外语院校的学术能力发展主题主要包括外语教师科研创新力提升和区域国别重要问题等七个维度（见附录 4－4）。其中，学术科研类的培训比较重视对区域国别重要问题的研究和探讨，培训数量占总数的 28.6%，如欧洲非通用语教师多元实践与研究的培训活动，关注二战后的世界格局和世界各大国采取的外交举措，中意两国战后经济发展情况，中意正式建立外交关系的过程，解读中意建交对中意两国合作发展和友好交流的促进作用等，且关注了小语种教师的专业发展。同时，外语教师科研创新力提升也得到了重视，同样占培训总数的 28.6%，如个别院校采用了一种教师发展“朋辈教育”的新模式，项目实行导师制，采用“结对子”的方式，实行导师和学员“1＋1”培养模式。总之，外语院校学术能力发展的培训旨在加强师资队伍的国际化建设、提升外语教师的教学科研能力、推动外语教师的专业素质拓展。

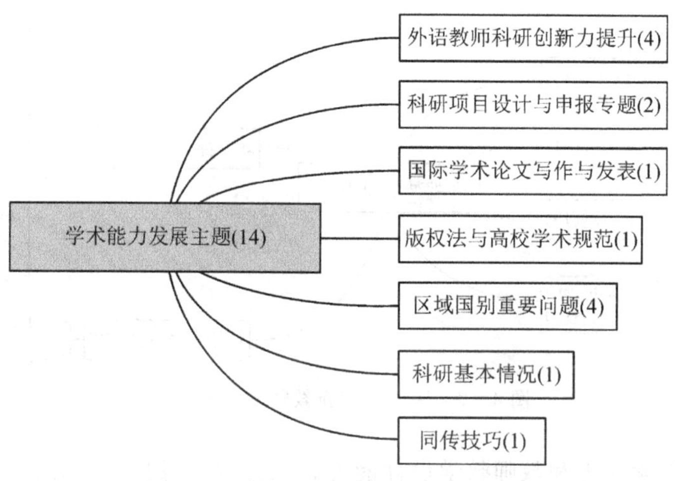

图 4－6　外语院校学术能力发展主题

总体而言，在大学教师学术能力发展这一主题中，国内院校和外语院校都比较重视教师个人学术能力的发展情况，如为教师提供学术论文的写作与发表、项目设计与申报等方面的培训。区别之处在于，外语院校根据其学校特色，关注到小语种教师的专业发展，设置了关于区域国别问题的学术研究。此外，国内院校不仅关注到教师个人学术方面的提升，并且让教师注重学校教育政策方面的研究，这是外语院校应着重加强的方面，通过高校教育政策的特点以及高校教育方面具体的法规政策的学习与培训，大学教师能了解和掌握当前的教育现状和热点问题，从而为大学教师指明了发展的方向。

4.2.4　新教师培训主题

1. 国内院校新教师的培训主题

如图 4－7 所示，国内院校新教师培训活动类型主要包括教学能力发展、师德师风、学术能力发展、资源分享、职业生涯以及身心健康这六个主题。其中，教学能力发展主题下开展的活动最多，多关注教师专项能力和专项技能的提升与发展，注重教师实操能力如教学试讲与展示；职业生涯发展主题多关注教师职业发展规划，在新教师入职之时帮助新教师科学规划教学生涯；师德师风主题注重新教师个人修养的培养，同时将师德师风建设与教师修养发展相结合。具体见附录 4－7。

第一，针对新教师群体的专业发展特点，围绕教学能力发展开展的培训活动主要包括课堂示范与观摩、专项技能、专项能力、教学实操、教学模式与方法、教学管理、教学反思、课程、交流活动等九个方面，重在解决新教师入职存在的各种问题以及帮助新教师明确教学目的、向新教师传递教学经验等，使教师快速融入教育教学活动中去。围绕聚焦性的专项能力培训，旨在提高新教师的教学能力、在线教学能

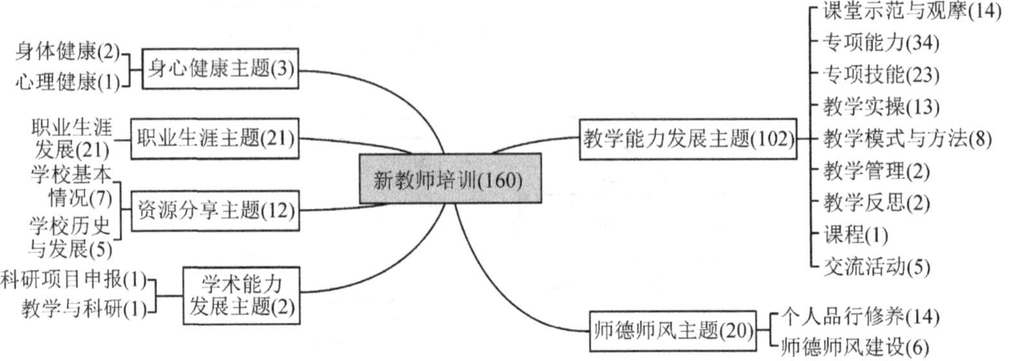

图 4－7　国内院校新教师的培训主题

力以及信息教学能力和教师教学设计能力。在新教师专项技能方面，多注重新教师基本教学技能以及帮助其进行教学准备。教学模式与方法多对新教师进行包括翻转课堂和同伴教学法等教学方法的培训，来促进新教师对课堂教学的把握。除此之外，围绕教学能力发展开展的培训活动还关注到新教师课堂示范与观摩、教学实操等方面。

第二，学术能力发展主题活动包括科研项目申报和教学与科研两个方面。科研项目申报旨在通过使新教师了解申请国家社科基金等程序与过程；教学与科研方面，希望新教师将教学与科研相结合，促进自身全面发展。

第三，职业生涯类活动主要是促进新教师职业生涯发展，先是通过对人才政策说明使新教师对本校有一定了解，然后通过对新教师不同的包括职业技能、职业能力以及职业发展规划对其进行系统培训，尤其是对青年教师更加注重多方面培训，使新教师明晰自身职业生涯规划。

第四，在师德师风建设方面，主要将师德师风建设与教师发展结合。师德师风类讲座主题包括个人品行修养和师德师风建设两个方面，其中新教师个人品行修养类活动开设最多，这一类活动多通过如“做党和人民满意的好老师”等主题教育来进行。

第五，资源分享主题主要包括学校基本情况和学校历史与发展两个方面，学校基本情况方面主要是介绍学校基本政策、制度及部门、设施、图书馆资源与服务、教职工成长平台与资源；在学校历史与发展中主要涉及讲解学校发展历程与校史等活动。

第六，在身心健康主题这一维度，包括关注新教师身体健康和心理健康两个方面，在新教师开展教育教学活动之前，如可通过讲座活动使教师认识到保护嗓子的重要性。在关注教师身体健康的同时还关注到教师的心理健康，对新教师进行心理辅导，疏解新教师的疑虑。

2. 外语院校新教师的培训主题

外语院校新教师培训活动主要包括教学能力发展、身心健康、资源分享、职业生涯、师德师风、学术能力发展这六个主题(见附录 4－8)。具体而言:第一,新教师教学能力培训主题活动主要涉及教学方法与模式、教学反思、专项技能和课程四个类型的活动,具体包括信息化环境下对教师信息化与教育技术技能的培养,以及PPT 制作与使用;课程方面涉及课程设计与课程建设以及教师需要学习的高等教育系列课程。第二,在学术能力发展主题维度,包括科研管理、教师科研能力发展以及课题申报三个类型,主要介绍了有关科研基地管理等相关设施与建设,帮助新教师明晰如何进行课题申报,同时通过开展"科研专项"活动促进新教师自身科研能力发展。第三,职业生涯主题维度包括新教师专业发展以及教师职业生涯发展两个维度,将教师职业与专业发展紧密结合起来,解决新教师面临的各类问题,帮助新教师实现职业角色转变,做好职业规划,加强职业认同与组织认同,从而实现职业目标。第四,在身心健康主题维度,校外活动多以团队项目为主,通过团队运动使教师保持健康的身体;校内活动关注女性教师身心健康发展以及教师嗓音保护,除此之外还关注教师心理健康。第五,在师德师风主题这一维度,有传统与文化、师德师风建设两个类别的活动。在此类培训中,多注重对新教师介绍学校传统与文化、传递学校精神以及通过培训等促进新时代师德师风建设。第六,资源分享主题的重点是介绍学校的基本情况,学校发展与未来,向新教师介绍学校各部门、图书馆、人事以及科研等基本情况,帮助教师迅速融入教育教学新环境。

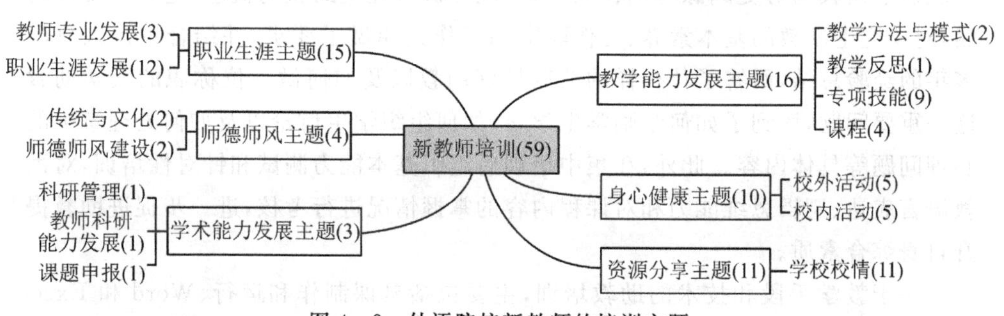

图 4－8　外语院校新教师的培训主题

4.2.5　助教培训主题

1. 国内院校助教的培训主题

如图 4－9 所示,只有部分国内院校以培训的方式开展助教培训活动,内容主要围绕助教的理念与能力提升和教学手段与技术这两个主题进行,分别占总数的27.6%和 24.1%。具体见附录 4－9。

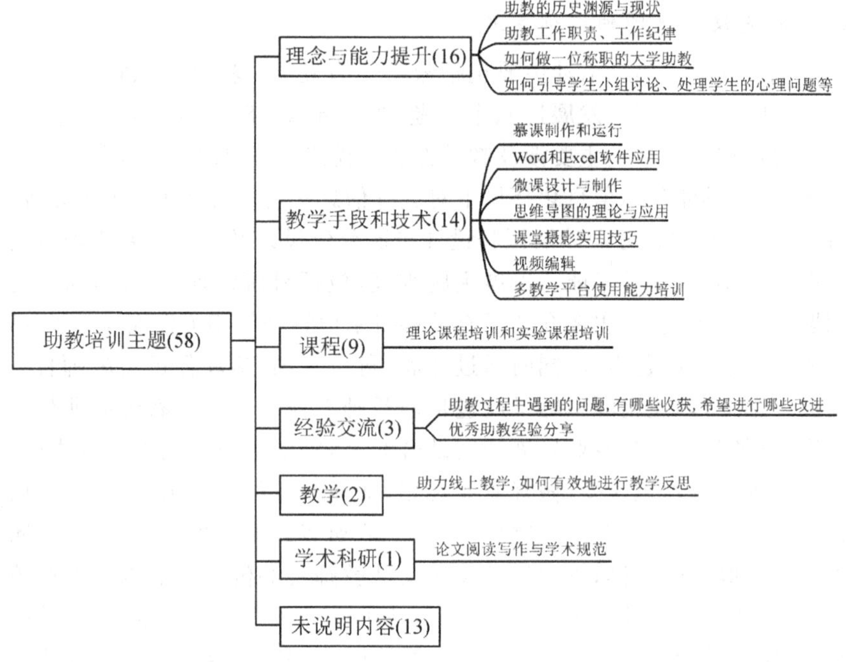

图 4－9　国内院校助教的培训主题

关于助教理念与能力提升的培训，强调研究生助教的目标达成与能力提升，一般从讲解助教的历史渊源与现状入手，系统分析研究生助教的概念、定位和工作内涵，对研究生助教的基本素养、工作职责和工作纪律做了要求，并结合主讲人自己多年的经验总结，回答了什么样的助教是好助教以及如何做一位称职的大学助教这一重要问题，谈到了如何激励学生学习、如何组织学生讨论以及如何处理学生的心理问题等具体内容。此外，在集中培训后组织基本能力测试和针对性培训，对助教语言表达、逻辑思维能力和对课程内容的掌握情况进行考核，进一步促进助教提升自身综合素质。

关于教学手段和技术的助教培训，主要包括慕课制作和运行、Word 和 Excel 软件应用、微课设计与制作、思维导图的理论与应用、课堂摄影实用技巧、视频编辑以及多教学平台使用能力培训等内容，使助教把相关的技术更好地运用到教学中去，注重提高助教的教学技术能力。

课程类培训主要以 N11 大学为代表，他们的新进助教培训会按课程类型分组，包括两场理论课程(包括兼有理论和实验内容的课程)培训会和一场实验课程培训会。同时，邀请优秀助教进行关于“助教基本工作内容”和“如何更好地‘助’与‘教’”的经验分享活动。

关于教学主题的助教培训，主要是在新冠疫情期间根据在线教学工作需要，对研究生助教培训工作进行调整，通过培训助力线上教学。同时，还有主题为“教学反思”的助教竞赛，结合教学理念、课程设计和教学实施等环节，指导参赛选手如何有效地进行教学反思。

关于学术科研主题的培训，主要围绕论文阅读写作与学术规范进行，包括学术资源检索、论文选题、文献阅读、论文撰写及选刊投稿的方法与技巧，以及论文写作工具的使用方法等内容。

2. 外语院校助教的培训主题

如图 4－10 所示，外语院校开展的助教培训主题有青年教师助讲培养、班主任队伍建设、慕课平台课程管理经验分享、ERP 实验课程及新考核方案培训和课堂教学观摩等几个方面，每个主题各占培训总数的 20.0%。可见，外语院校中的助教培训活动开展的并不多，而且内容相对单薄。具体见附录 4－10。

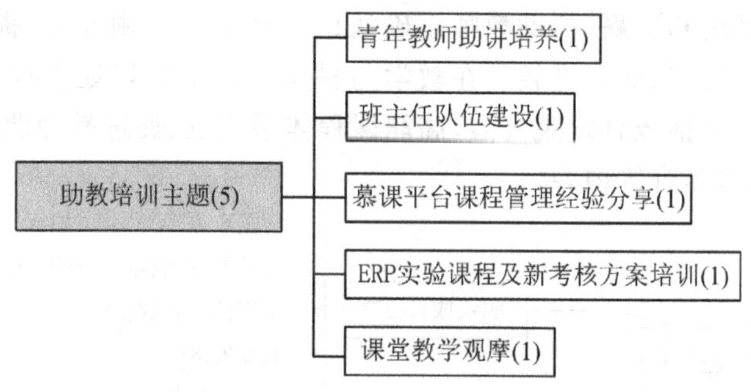

图 4－10　外语院校助教的培训主题

在慕课平台课程管理经验分享培训中，对采用线上线下混合式教学的课程助教进行了在线课程管理培训。学生代表以自己管理的“外国文学名作赏析”在线课程为例，现场登录中国大学慕课后台系统，为在场的学生及老师直观演示了如何操作系统中的各个板块，并且分享了自己在操作过程中经常遇到的问题及解决方案。在 ERP 实验课程及新考核方案培训会中，主要包括 ERP 课程新考试标准培训及 ERP 课程研讨和 ERP 课程新助教老师培训两部分内容。在课堂教学观摩培训中，主要包括校“教学十佳”、课程教学模式创新实验区课程、精品在线开放课程，面向全校教师开展教学观摩月活动，青年助讲培养教师必须完成听课任务等内容。通过教学观摩、教学交流等活动，充分发挥优秀教师、示范课程在提高教师教学能力中的引领作用，促进课堂教学质量提升。

综上所述，国内院校助教培训的开展情况较为成熟，助教培训内容更加丰富多样，重点关注了助教的理念与能力提升和将教学手段与技术更好地运用到助教工作中去，强调优秀助教的经验交流与分享，同时个别院校还分别设置理论课程培训和实验课程培训。外语院校对助教培训的关注整体上相对缺乏，培训内容也较为单一，没有充分发挥助教在教学工作中的重要作用。因此，外语院校应该积极开展助教培训活动，加强助教培训体系建设，包括建立研究生助教培训管理制度、精简培训内容、丰富培训方式等。同时，各院系也应该重视助教培训，为助教工作提供多层次的个性化支持，完善相应的考核制度。

4.2.6 职业生涯主题

1. 国内院校职业生涯的培训主题

如图 4-11 所示，职业生涯类的培训主要包括职业成长和教学管理两个方面（见附录 4-5），其中职业成长所占的比重更大，主要包括职业发展的历程、经验与成长体会以及专业发展两个维度，分别占培训总数的 42.3%、19.0%。职业发展的历程、经验与成长体会的内容包括专业领域内的教学与科研感悟、如何在科研和教学之间实现平衡和双赢、帮助教师正确认识什么是教师领导力、提供理论工具、介绍人际沟通技巧，从而促进教师在教学与科研工作中更好地发挥自身领导力的作用。专业发展包括教育宏观发展、高职课程体系建设、促进教师课堂教学能力提升、专业教学能力提升等内容。

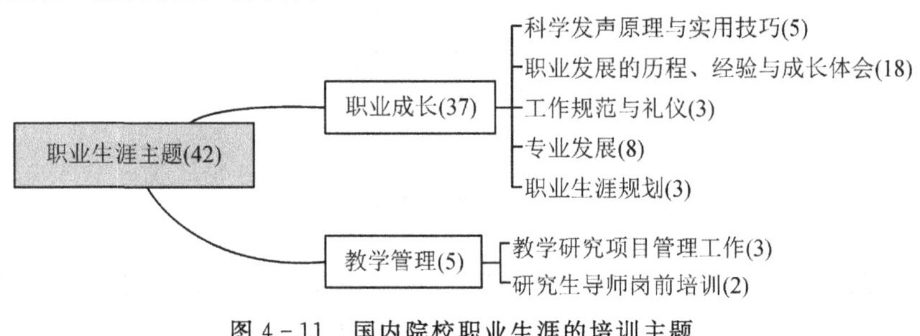

图 4-11 国内院校职业生涯的培训主题

2. 外语院校职业生涯的培训主题

如图 4-12 所示，外语院校职业生涯类的培训主要是关于教师职业成长的问题解惑，帮助教师转变教育观念，把握高校工作的特点与规律，解决教师成长过程中的困惑，处理好高校工作中的几个关系，引导中青年职工要道德为基、能力为本，不忘初心、创造人生，从而全面提升教师队伍的整体素质，为实现全面建成世界知名高水平大学提供坚实的师资队伍保障（见附录 4-6）。

事实上，在职业生涯这一主题中，国内院校和外语院校都涵盖了职业成长这一培训类型。不同的是，国内院校除了对教师进行职业生涯规划、专业成长问题的解惑之外，还关注到教师科学发声的培训，训练教师声音的形象气质，让教师的声音体现出形象大方、清晰、从容、富有交流诚意、学术作风严谨、值得信赖的气质。除此之外，国内院校还组织了工作规范和礼仪类的培训，规范和礼仪能够提升教师个

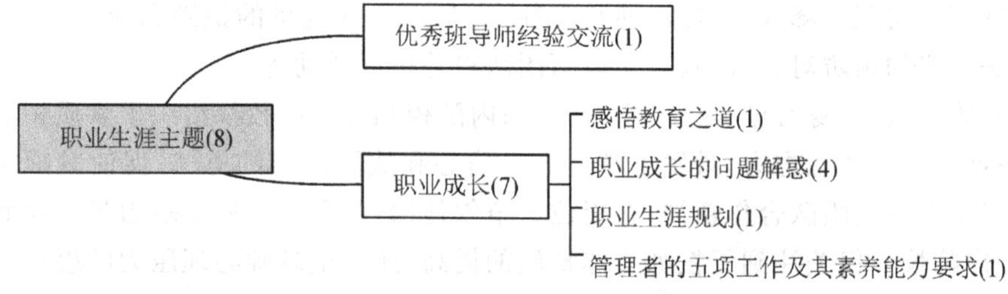

图 4－12　外语院校职业生涯的培训主题

人的精神面貌、文化素养和审美水平等。

4.2.7　师德师风主题

1. 国内院校师德师风的培训主题

国内院校师德师风类的培训，主要以职业道德和专业伦理教育为主要内容，说明各院校都非常强调教师要清楚和熟悉工作行为规范和职业道德准则，因为教师的职业道德不仅约束着教师的个人行为，同时对学生健康成长及整个社会风气都具有重要影响。培训从道德规范、行为准则和情操品质方面讲解了师德师风的基本内涵，诠释了其规范对象包含教师、教育管理工作者、教辅人员等一切教育工作者，为践行师德师风树立了基本准则。同时，培训也回顾了我国尊师重教的悠久传统，分别从爱国守法、爱岗敬业、关爱学生、教书育人、为人师表、终身学习等六个方面解释教师职业道德。

2. 外语院校师德师风的培训主题

外语院校师德师风类的培训，主要以师德修养为主要内容，将培育和践行社会主义核心价值观融入其中；在思想政治工作会议精神的培训中，主要为中青年教师解读了党的十九大报告以及全国高校思想政治工作会议精神的重点内容；在谈到高校思想政治工作如何适应新时代新变化新要求时，认为教师要做到认识新使命、明确新方位、适应新变化、树立新理念。

国内院校和外语院校在师德师风这一主题方面的培训内容相似，都涉及了弘扬师德风尚的培训。弘扬道德情操，是好老师践行教育使命的核心品质。不断加强自身的道德修养是高校教师必备的自律行为，是践行立德树人的体现。但是，国内院校和外语院校对此类培训的数量整体较少，二者都应加强此方面培训工作的力度。

4.2.8　身心健康主题

国内院校和外语院校在身心健康类方面的培训活动较少，关注到了教师的形象与礼仪、心理素养、素质拓展、声音形象等方面的培训，其中心理素养类的培训包括心理调适与压力释放、人际沟通与交往、大学生心理危机的识别和应对、女大学生违法犯罪的预防对策，以及青年教师团队户外拓展活动等。

总体而言，在身心健康这一主题中，国内院校和外语院校都组织了素质拓展活动，锻炼了教师的意志力，激发了教师的自信心和战胜困难的勇气，促使教师在教学和工作中发扬团队合作精神，在岗位上争创佳绩，为学校发展贡献力量。除此之外，国内院校不仅关注到了教师身体素质的提高，还注重教师心理压力的缓解。教师的心理压力会影响教师的情绪，而教师的情绪又会直接影响教师的教学效能。因此，帮助教师疏解压力，使之转化为教师专业进步、成长的动力，从而提升教师的教学效能，是学校必须关注的重要问题。

4.2.9 思政教育主题

国内院校和外语院校在思政教育类方面的培训较少，主要包括革命斗争历史和课程思政建设两方面的培训内容。一方面帮助教师了解早期革命斗争的历史，提高师德素养和教师风范；另一方面通过现场教学的形式，让教师们在教学改革和教学研究方面产生更多创意，丰富教学方法，提高教学效果。更重要的是，通过寻访革命遗址，充分挖掘和阐发红色文化，激活红色基因，弘扬革命精神，老师们需要真正将课程思政带到课堂中，在课堂教学中与教学知识紧密联系起来，并将育人融入知识的讲解中，从专业特点上思考如何做好课程思政。

事实上，对教师进行思政教育主题的培训，能有效推动学校课程思政教育教学改革工作，对教师实际的课程思政教学工作具有指导意义，促使教师在“思政课程”“课程思政”教学改革和创新中发挥积极作用。因此，我们应着重关注和加强思政教育主题的培训工作。

4.2.10 其他主题

学校资源简介类的培训主要包括学校政策制定落实、教师培训项目设计、教师教学发展中心建设、学校的建校背景、校训以及学校公共资源的使用等内容。校情是学校的表现和发展形态，校训体现了一所学校的办学理念和价值追求，校史是学校一种宝贵的文化教育资源，可见，资源分享主题的培训能够帮助教师深入了解学校历史、把握学校校情、理解学校核心文化精神。

做好高校管理人员的培训与开发工作，解决管理人员培训中出现的问题，是高校各项工作顺利开展的坚实基础，其中，教学管理是高校教学工作的重要组成部分，是影响教学质量的一个不可忽视的因素。然而，高校管理主题培训的数量较少，且大部分都是关于科学管理方面的培训。国内院校缺乏对高校管理人员的培训，外语院校组织的培训数量也很少，导致高校管理人员的整体水平不是很高。因此，各高校应明确培训目标、针对性设计培训内容、设置培训效果评估，从而促进高校管理人员培训效果的最大化。

国内院校和外语院校都应加强对辅导员的培训，辅导员培训主要包括岗前培训（包括学校的概况、文化历史、规章制度的了解）、职业能力的培养（如如何开展大学生思想政治工作）、政治素质培养（解读思政最新文件、领悟思政最新精神）以及情绪管理（掌握以情促思规律、移情能力与体察他人）几个方面。辅导员队伍是目前大学生思想政治工作的主力军，在学校人才培养中发挥了积极的、不可替代的作用。建设一支高素质的专职辅导员队伍，是做好学生工作的重要保证。因此，学校应让一些学生工作经验丰富的专家对辅导员进行培训，从而提高辅导员的工作能力。教育部发布的《普通高等学校辅导员培训规划（2013—2017 年）》明确规定高校要加强辅导员系统培训，每年开展不少于 4 次的校级培训，积极选送辅导员参加校外培训。

对于语言类的培训，主要以英语培训为主，占语言类培训总数的 82%。英语培训以日常生活用语为主要内容，如包括天气、节日、旅行等主题的内容，提高了教师的外语技能和水平。外语院校因其学校特色，开展语言类主题的培训，主要目的是使各种语言类教师的学科素养得到提升。而国内大学更重视学校综合方面的发展，并未专门设置语言类主题的培训。但是，外语院校对语言类主题的培训相较于其他主题，数量还是较少，且开设的内容具有局限性，大多针对英语教师，对小语种教师的培训较少。因此，外语院校应加强教师的学科意识和能力，根据不同语种的特点组织相应专业培训工作。

4.3　培训模式的个案分析

4.3.1　N2 大学青年教师培训课程

1. 活动介绍

N2 大学青年教师教学培训项目是教师教学发展中心和人事部联合组织的项目，主要围绕教学理念和具体的教学方法展开，期望能为教师搭建分享、讨论教学的平台。N2 大学青年教师培训课程融合先进的教育教学理念，通过结构化的研修活动，帮助青年教师切实提升课堂教学能力。

2. 培训内容

（1）N2 大学本科人才培养。活动内容围绕教育使命与人才培养目标、新挑战与本科教改思路、未来工作重点三个方面展开。大学的核心使命是培养人才，立德树人的根本、以学生成长为中心这些是不变的，但是世界在变、中国在变、学生也在变，未来的人才需要卓越的个人素质，因此我们的教学理念、教学内容、学习方式、评价标准都需要做出相应的改变。在新挑战与本科教改思路方面，积极推进一系列的教学改革，以学生成长为中心，改革的三个关键词是融合、跨学科和自主选择。未来工作重点内容主要包括四个方面：面向未来发展，持续完善培养体系；使命驱动，促进学生全面发展；提升身份意识，促进教师教学投入；落实责任，持续加强教学管理。

(2)创新创业教育。相关培训主要从提升高校人才培养与社会需求的契合度这个角度来进行，从企业招聘人才的角度分析了好的企业需要大学毕业生具备的能力，认为高校教育主要注重培养学生的学科知识能力，但是核心通用能力和组织职务能力的培养还不够。核心通用能力主要包括心理能量、思维能力、语言表达能力、人格魅力、执行能力、领导能力等。

(3)学习考核与课程评估。相关培训系统介绍了 N2 大学课程评估指标设计的思路和方法，如何围绕教学的改进来设计评估指标、如何通过课程评估数据来了解课程教学的情况，指出教师要进行从“以教为中心”到“以学为中心”的教学理念转变，还介绍了如何理解评估结果，以此来针对性调整教学活动，从而激发学生自主学习的积极性。

(4)互动式教学。培训以生动的实例，从获得感、成就感、愉悦感三个方面分享了五种与学生互动的方法，具体包括：给学生发简略版的讲义，这既能帮助学生理解知识脉络，还能让学生边听边记笔记；给学生发书目，让学生做报告；板书示范，让学生画图；让学生动手，在动手的过程中带出知识点，解释难点；“蹭”热点、花絮与段子，激发学生对所学内容的兴趣。

(5)如何上好一门课。在培训中，专家教授总结了多种授课模式，包括演讲式授课、演示型教学、翻转课堂教学、讨论型教学等，并强调课堂教学是教学的主要形式，一堂好课应该是深受学生欢迎的课。同时，“教无定法”，但还是有“一定之规”。

(6)信息化教学应用。培训老师从“以学生为中心的教学”为切入点，分享了“电路原理”课程不同方式的教学实践及效果。在讲座过程中，培训老师全程使用“雨课堂”，开展课件发送、小测验、弹幕、投稿等多种现场互动活动，让参与培训的老师直接体验“以学生为中心”的课堂教学。

(7)在线开放课程建设与应用。培训老师认为教育的变革是应对新时代挑战的必然。培训老师详细分享了自己所采用的绿幕抠像＋同步 PPT 合成拍摄模式以及使用讯飞听见进行语音识别来制作字幕的经验，还分享了利用零散时间、消灭论坛帖子零回复等与学生互动的经验。

除此之外，培训活动还包括 N2 大学本科教育发展之路、讲授式教学、混合式教学、课程思政与实践教学、科学发声原理与实用技巧、课程教学规划等主题，以及组织了教学观摩、教学沙龙、人才培养与教师教学发展等主题培训活动。

4.3.2　N11 大学师说堂系列培训

1. 培训背景

“师说堂”是由 N11 大学教务处教师教学发展中心打造的品牌活动，冠以韩愈《师说》之名，探究现代高校教育，致力于传播先进教学理念，提升教学能力，为所有热爱教学、置身教学前沿的老师提供持续、轻松、愉快的学习交流平台。

2. 培训内容

(1)积极教育与心理健康。培训老师以当代学生特点、青年期的发展任务为引入，结合大量真实例子，向在场师生讲述了如何激发学生学习兴趣、如何发掘和培育学生积极品质等几个方面的问题。针对当前大学生需要温度、需要尊重、需要引领的心理需求，提出了关怀、扬长避短、引领而不仅仅是评价等应对策略。培训老师认为，积极教育的理念应当是教育为辅，预防为主。教育并不只是对学生纠正错误、解决问题，而是要发掘学生的各种品质，引领学生成为有理想、有追求，有担当、有作为，有品质、有修养的大学生。

(2)大学“金课”的基本特征与设计。培训老师认为，要打造“金课”，需具备以下几点：第一，加强难度。大学课堂教学不仅应传承社会文化，更是具有创造性劳动本质属性的生命绽放过程。第二，加强深度。大学课堂教学的深度应触及事物本质，帮助学生形成自己的独特见解。第三，加强广度。教学设计的范围应具有无限宽广性，帮助学生拓宽视野，从不同视角、不同层面全面综合地看待问题，进行全景式、立体式的宇宙性大思维，形成新的创新思路。第四，加强高度。课堂教学的境界应高，不仅要提升学生原有的知识水平，更要帮助学生提升思想觉悟和精神修养。第五，加强强度。课堂教学应让学生在学习中体验到震撼的感觉。第六，加强温度。课堂教学应运用一切能感动学生的教学要素。

(3)混合式课程建设与教学应用专题培训。培训老师分析了翻转式课堂和混合式教学的不同：混合式教学是知识学习与知识运用的混合，是在线学习与面对面讲授的混合；翻转式课堂以学生为中心，学生在课前预习，课中讨论，课后学习，是混合式教学的特殊形式。教师应当转变教育理念，学会“思变”，输出真正有价值的东西，要做到：泛在化学习，跨越时空学习；个性化学习，因材施教；让学生学有所得、学有所用、学以致用。

(4)基于 SPOC 的混合式课程建设。培训老师认为，要完成 SPOC 形式的线上教学，教师们可以按“观看教学视频—完成测试—在线讨论—学习效果评估—收集问题—发布任务”的流程引导学生学习。SPOC 具有超越时空、学习灵活，随时检测学习效果、及时发现问题，师生交流与答疑经常化等诸多优点。SPOC 在运行中将学生的学习全过程记录下来生成学习数据，有助于教师进行数据管理和统计分析，了解并改善学生的学习行为和学习效果。

(5)轻量化智慧教学在课堂中的设计及应用。培训老师讲解了“雨课堂”这种轻量化智慧教学工具的特点，包括老师课前需要的准备工作、学生需要的参与过程、“雨课堂”能给老师和学生带来的益处等。

(6)青年教师教学竞赛赛前培训。培训老师认为，在准备一堂课前，要做好课前的大纲、教案、学情分析、内容组织和教学设计工作，并根据教学效果有机融合多媒体。在教学过程中，要注重与学生的互动以及与评委的眼神交流，整个互动内容和话题引入要自然而然。同时，专业课要能够反映学科进展，体现课堂教学的学术性和学科的前沿性。

除此之外，还包括混合式教学的理念、设计与实践，课堂教学创新模式的设计与实践，原位翻转课堂教学助力混合式金课建设，如何开展课程思政，如何理解通识教育等主题的培训活动。

4.3.3 N14 大学新教师培训

1. 培训背景

根据 N14 大学新教师培训方案，党委教师工作部(教师发展中心)现组织开展教学能力提升专题培训。活动为新教师培训的必修内容，请新入职教学科研岗教师、辅导员参加学习。

2. 培训内容

根据新入职教师培训安排，参加培训的新教师需进行教学试讲汇报。此活动既是新教师综合教学素养的展示，也是一个新教师与教学名师面对面学习、交流切磋的平台。具体如下：

第一，教学准备。请新教师就某一知识点准备 10 分钟的教学方案，建议结合青年教师导师制的实施情况，在导师指导下完成。教学方案应包括以下内容：课程一般信息、教学目标、教学内容、教学策略、教学过程、参考资料及学生阅读材料等。

第二，教学展示。新教师根据教案进行 10 分钟的教学汇报，然后专家提问与点评 5 分钟，并由专家对每位老师的试讲情况进行综合评价。

第三，新教师课堂观摩活动。为充分发挥教学名师的示范、引领作用，促进教学经验的交流、新教师教学能力的提升，结合教务部“教学观摩月”活动，组织新教师开展课堂观摩活动。

4.3.4 研究生助教培训

大学研究生兼任助教是研究生“三助”工作(助研、助教、助管)的重要组成部分。研究生助教是指研究生在完成学习任务的同时，为增加学识、提高技能，按照学校和院系的相关规定，受聘帮助主讲教师完成一门或几门课程的教学或教学辅助工作，并取得一定的报酬[①]。研究生助教制度在我国已走完 30 年的历程，在丰富国家人才储备、改善高校办学效益、缓解教师授课压力、提升研究生教学能力和提高学生课业质量等方面显现出一定的优势[②]。研究生助教培训工作已经在大部分高校得到了一定程度的重视，国内院校也逐步建立起研究生助教培训体系。其中，N10 和 N14 两所大学的助教培训体系相对来说比较完善，分别从 2012 年、2013 年开展助教培训工作，而且培训内容和形式较为丰富，成效显著。

首先，在助教培训工作的主要人员方面，N10 大学主要由教师教学发展中心人员、教务处人员和研究生院主持助教培训相关工作，而 N14 大学主要由教师发展中心人员、教育学部、校内外专家和老师、优秀学生助教来主持助教培训活动。

其次，在助教培训的内容上，N10 大学主要涵盖了开展研究生助教工作的历史沿革和优良传统，系统分析了研究生助教在批改作业和考卷、答疑、专题讲座和课堂讨论、实验课等方面的工作任务和职责要求；培训课内容包括职能部门领导讲动员话和培训教师报告视频，以及研究生助教教学手册和学校规章制度文件资料学习两大部分。N14 大学的助教培训涉及教学手段和技术、助教工作职责、论文阅读写作与学术规范、小组汇报实用技巧等主题，还有助教“构建高效的移动办公环境”讲座、助教学习风格工作坊、线上培训“助教园地”课程、助教经验分享交流会等丰富的内容。

再次，在助教培训的方式上，N10 大学主要有研究生助教线上线下培训班、研究生助教工作研讨会和通过视频会议的助教工作调研三种。培训班由职能部门领导动员讲话、培训报告、培训资料（研究生助教手册、研究生助教工作实施细则）及学习报告等四部分组成，从理念引领、政策解读、行动指南等方面全方位提升研究生做好助教工作的综合能力。

总的来说，N10 和 N14 两所大学的助教培训制度较为完善，可以成为其他国内院校进行借鉴的典型案例，但是我国国内院校的助教培训工作总体上发展较为缓慢。助教培训体系上还存在诸多问题，多数高校对助教职责的定义都只是辅助教学，尤其是课堂教学的管理方面，如小组的组建、课堂纪律的维持、课堂多媒体设施的使用等。允许助教在教师帮助下尝试进行教学的案例非常少，助教的管理也更多是在学校的“三助”系统中，且多数高校的助教培训只侧重一些课堂管理的技巧，因而其受训学员的反馈集中在建立沟通、批改作业、课程网站几个方面[③]。大

① 卢丽琼．浅析美国高校研究生助教制度及启示[J]．复旦教育论坛，2005(1)：62－65．

② 韩芳明，孙傅，董渊．基于研究生教学能力提升的助教制度改革探析[J]．学位与研究生教育，2020(01)：47－52．

③ 阚斌斌，林荣日．研究生助教培训工作运转状况研究[J]．学位与研究生教育，2018(12)：50－55．

多数高校的助教培训内容主要集中在通用技能及相关制度的普及上，各院系围绕具体学科和专业开展的个性化培训较少①。同时，每年的助教培训内容存在明显的重复，不具有创新性和发展性。所以，各高校应该充分认识到助教工作在研究生培养方面的意义和价值，培训内容除了辅助教学的技能性知识外，还应关注助教自身的专业理论和实践知识的学习；还要建立学校和院系之间多层次的培训体系，完善相应的评价制度，这对于促进本科教学质量、提高研究生培养水平以及为高校培养未来优秀师资力量均有着重要意义。

4.4 培训模式的改革策略

4.4.1 培训理念需要紧扣大学的高质量发展

无论是《中国教育现代化 2035》提出的"使高等教育的全球竞争力显著增强"，还是《中华人民共和国国民经济和社会发展第十四个五年规划和 2035 年远景目标纲要》提出的"建设高质量的高等教育体系"，都将高等教育的高质量发展摆在突出位置。就培训工作而言，需要注重全面提升人才培养质量，树立以学生为中心的理念，促进学生的个性化、多样化发展。面向大学教师的培训工作就是要促进大学教师在专业实践中实现"立德树人与专业教育相结合""思政教育与专业教育相结合""分层分类与精准培养相结合"，进而重视对教师的教学、科研能力和大学文化的全面培训，特别是在培训工作中将学校的战略目标、质量评价过程与教师的教学和科研结合起来②。教师培训的专业化是教师专业发展的基本前提，构建立体联动的学习型组织是教师培训的重要平台，增强主动服务的意识和能力、成为教师的同路人是教师培训机构的发展路向，使教师成为主动的探究者是有效能教师培训的共同信念③。总之，大学教师培训工作需要紧扣高质量发展的主基调，不断提高培训工作的实效性。

4.4.2 培训目标需要符合教师发展的改革趋向

大学教师培训目标的确立就是要服务于大学教师个体与群体的专业发展，符合大学教师专业发展的规律及特点。大学教师专业发展归根是自主发展，但需要有强有力的外部支持服务。因此，大学教师培训工作要服务于大学教师的教学、科

---

① 方芳，于国欢. 美国俄克拉荷马大学研究生助教管理制度及其启示[J]. 学位与研究生教育，2020(04)：67－72.

② 刘益春. 澳大利亚大学教师管理、培训的特点与启示[J]. 外国教育研究，2006(01)：73－75.

③ 赵明仁，周钧. 教师培训的理念更新与制度保障：首届"中国教师培训论坛"综述[J]. 教师教育研究，2007(03)：37－40.

研与社会服务活动，为其提供全面的专业支持服务，并促进其专业能力的持续性提升。在教师培训工作中，需要面向不同群体的教师开展有针对性的培训活动，新入职教师的岗前培训要注重提升其专业胜任力与组织认同感，中青年骨干教师培训要注重高层次教科研工作的技术支持与资源整合。同时，需要发挥团队优势，促进大学教师层面的专业引领、同伴互助，从而提供培训效能。例如，可以重点遴选和建设一批教学质量高、结构合理的教学团队，建立有效的团队合作机制，促进教学研讨和教学经验交流，开发教学资源，推进教学工作的老、中、青相结合，发扬传、帮、带作用，加强青年教师培养等①。

4.4.3　培训内容需要促进教师能力素养的持续提升

教师培训内容需要全面回应大学教师专业发展的现实诉求，持续提升其教学能力、学术能力及教学学术能力等。与此同时，过于重视教师培训内容的全面性，可能会造成培训活动的零散性和随意性。因此，大学教师培训内容不能支离破碎地、机械性地传递和教授，而要把教师需要获得的专业知识、专业技能、专业态度、专业能力和专业行为统合连贯起来，相互渗透，相得益彰。为此，教师培训内容要基于科学研究和实践探索，从教师工作与学习中需要解决的问题出发，统合设计主题式、结构化、多形态的培训课程，以便更加有效地支持和促进教师学习和专业发展②。

4.4.4　培训手段需要体现信息技术的互动便捷

以教育信息化带动教育现代化，是我国教育事业发展的战略选择。大学教师培训工作的改革与创新也需要重视教育信息化，重视现代信息技术的全面应用。大学教师培训工作需要深入贯彻落实《中共中央 国务院关于全面深化新时代教师队伍建设改革的意见》文件精神，推动教师主动适应信息化、人工智能等新技术变革，积极有效开展教育教学；启动“人工智能＋教师队伍建设行动”，推动人工智能支持教师治理、教师教育、教育教学、教育精准扶贫的新路径，推动教师更新观念、重塑角色、提升素养、增强能力；创新教育服务业态，建立数字教育资源共建共享机制，从而实现大学教师培训工作的“能级提升”。

---

① 刘宝存. 建设高水平教学团队 促进本科教学质量提高[J]. 中国高等教育，2007(05)：29－31.

② 余新. 教师培训内容的五大核心要素[J]. 北京教育学院学报，2012，26(04)：12－17.

第 5 章　有主题的工作坊模式及策略

5.1　对工作坊模式的理性思考

5.1.1　工作坊的溯源分析

工作坊,英文简称 workshop,最早可以追溯到 20 世纪初德国魏玛共和国时期的包豪斯学院(Staatliches Bauhaus)。包豪斯学院被誉为世界现代设计的发源地,是世界上第一所完全为发展设计教育而建立的学院,尽管该学院仅仅存在了 14 年,但却对设计教育产生了深远影响。为了适应现代社会对设计师的要求,包豪斯学院十分注重对学生综合能力与设计素质的培育,倡导"技术与艺术并重、理论与实践同步"的教育理念,学生的学习过程如"工厂学徒制",学生的身份是"学徒工"。在组织教学的过程中,担任艺术形式课程的教师称为"形式导师",负责教授理论课程,并引领专业的发展;而担任技术、手工艺制作课程的教师称为"工作室师傅",负责辅导实践教学。由于学生日常集中参加实际创作训练需要特定的场地——"工作坊",因此包豪斯学院的这种实践教学模式被视为"工作坊教学"的最初雏形[①]。在此之后,20 世纪 60 年代美国风景园林师劳伦斯·哈普林(Lawrence Halprin)将工作坊概念引入都市设计中,成为一种鼓励参与、创新以及找出对策的手法,使工作坊成为不同立场、族群的人思考、探讨和相互交流的一种方式。一般而言,工作坊是以一名在某个领域富有经验的主讲人为核心,10～20 名的小团体在该名主讲人的指导之下,通过活动、讨论、短讲等多种方式,共同探讨某个话题,并参与解决相关的实际问题或提出针对方案,是一种会议形式或工作形式。

事实上,工作坊涉及一个小的群体,该群体从事某个特定或专门领域、某个创造性项目或课题等的深入调查、研究、讨论或实际工作,参与者聚集在一起相互交流、分享经验和知识以便解决实际问题,它可以是一种简短而高强度的课程、专门的研讨会或者系列会议[②]。工作坊具有以下特点:第一,工作坊从人数上看是一个

---

① 郭朝晖. 工作坊教学:溯源、特征分析与应用[J]. 教育导刊,2015(05):82-84.

② 李明,仲伟合. 翻译工作坊教学探微[J]. 中国翻译,2010(04):32-36,95.

小群体；第二，活动领域为某个特定领域、项目或话题；第三，活动内容为调查、研究、讨论、比较或实际活动等；第四，活动的目的为相互交流，共同探讨，直至解决问题。由于工作坊模式具有较好的可操作性，于是人们将其广泛运用到各行各业[①]。

5.1.2 工作坊的特征分析

工作坊就是利用一种轻松有趣的互动方式，将由多人共同参与的活动（如对话、沟通、共同探讨、共同调查、共同分析问题、提出规划或行动方案等）串联起来，成为一个具有系统性的过程。由于其中有多人共同参与，工作坊也称参与式工作坊[②]。工作坊的角色有三种，分别为“参与者”、“专业者”和“促成者”。参加活动的人称为“参与者”；具有专业技能，对于进行讨论之专业主题直接助力者称为“专业者”；至于主持及协助工作坊进行的人则称为“促成者”[③]。

事实上，团体动力学是工作坊的理论依据，该理论由社会心理学家库尔特·勒温在1939年发表的《社会空间实验》中首次提出。勒温指出：“团体是一个不可分割的分析单位，是有着联系的个体间的一组关系。其成员不是孤立的个体存在，而是被组织到一个复杂的、相互依赖的系统之中。虽然团体的行动要看构成团体的成员本身，但已经建立起来的团体，其个体成员动机与团体目标几乎混为一体，所以，一般来说，通过引起社会团体变化而改变其个体要比直接改变个体容易得多。”工作坊模式正是创造了团体这个系统。在这个系统中，团体具备了个体成员所没有的那种动力特性。在一种民主式的领导下，团体成员通过观察、学习、体验、探讨，建立起新的团体价值标准，进而改变自我的价值标准，优化个体成员的心理环境，改变个体行为[④]。

就工作坊的运行及操作层面而言，工作坊基本的模式与架构是不变的。具体包括：第一，资讯的分享。将参与者所持有的资讯、讨论成果互相分享，让参与者能够在平等的立场下共同讨论、交换意见，进而凝聚意识。第二，小组讨论或研讨。主要利用分组讨论的方式，让参与者可以继续互相讨论。透过小组讨论的过程，让参与者之间可以互相交流意见、激荡脑力、共同创造。第三，全体表达意见。发表之前共同讨论出来的成果，和其他小组互相交流。随着各个小组的价值观与立场

---

① 黄越.工作坊教学模式下的大学教师角色：以翻译课堂教学为例[J].大学教育科学，2011(06)：56-60.

② KIRALY D. A social constructivist approach to translator education: empowerment from theory to practice[M]. Manchester: St. Jerome Publishing, 2000.

③ 左靖，董冰峰.工作坊[M].北京：新星出版社，2010：85.

④ 王雪华.工作坊模式在高校教学中的应用[J].当代教育论坛（管理研究），2011(08)：29-30.

的不同，利用客观的角度来分析事情，希望借此沟通协调的机会，共同思考出一个最适合的方向，延续伸展至之后的活动上①。

就工作坊的形式而言，一般包括以下两种基本情况：第一，单场工作坊，即选定一个固定主题，由导师和其他参与者进行分享。讨论结束后，一般会安排一些交流活动，但不会特别再单独组织一场同主题工作坊。第二，系列工作坊，一般指导师精心选择的一系列对心理咨询师或是参与者成长比较有益处的工作坊主题，进行系统的讨论、学习，数量一般在 2 场以上，即我们俗称的"连报"②。

5.1.3 面向教师专业发展的工作坊

工作坊教学模式产生后，在各领域得到了广泛应用，我国学者尝试将这种模式应用于教师培训方面。刘清堂等对教师工作坊中的用户行为投入、用户参与行为、知识共享行为及研修模式进行了量化和质性研究；黄庆玲等研究了教师工作坊在线讨论的现状及影响其讨论深度的因素；马晓能等对教师工作坊中知识交互的社会网络结构及其数量和质量进行了分析；李立君等从人类发展生态学的角度，揭示了教师工作坊网络研修活动中"重要他人"的作用和意义；还有学者对教师工作坊的团队组建、活动开展模式、组织形式、影响因素等进行了研究③。

事实上，基于工作坊的教师研修是顺应国际教师教育趋势，从"有效传递模式"转向"合作建构模式"的探索，是促进教师学习从"自上而下"的传递过程走向平等的对话、合作建构与智慧生成的过程，也是追求遵循国际教师教育倡导的教师学习的三大定律（即"越是扎根教师的内在需求越是有效""越是扎根教师的鲜活经验越是有效""越是扎根教师的实践反思越是有效"）的行动。基于此，我们需要更准确地把握教师的学习需求与专业发展需求，以更有针对性地为教师学习与发展提供专业支持④。

教师工作坊作为一种新的教师培训模式，在促进教师终身学习、提升教师综合素质等方面发挥着重要的作用⑤。教师工作坊或名师工作坊是一种参与式、互动式的合作方式，能够促进参与者在过程中积极展开沟通和对话、共同思考、共同调

---

① 左靖，董冰峰. 工作坊[M]. 北京：新星出版社，2010：86.

② 左靖，董冰峰. 工作坊[M]. 北京：新星出版社，2010：85.

③ 陆彩霞，姜媛，方平，等. 典型教师工作坊研修活动的特色分析与未来研究展望：基于北京市典型教师工作坊的实践研究[J]. 教育科学研究，2019(02)：87 - 92.

④ 李宝敏，宫玲玲. 基于工作坊的混合式研修中教师学习现状及支持对策研究[J]. 教师教育研究，2018(02)：49 - 58.

⑤ 陆彩霞，姜媛，方平，等. 典型教师工作坊研修活动的特色分析与未来研究展望：基于北京市典型教师工作坊的实践研究[J]. 教育科学研究，2019(02)：87 - 92.

查与分析、提出方案，并商议如何推动方案执行的一系列过程[①]。教师工作坊的目标就是为教师提供教学策略、教学技能和教学实践等方面的服务支持，其主题研修活动有着协作知识建构的本质，强调思想、观点、认知的持续共享、协商和改进过程，通过这样一种过程完成知识的传递和技能的传授[②]。

从教师专业发展的层面而言，教师工作坊具有学习共同体的核心特征——知识建构。社会建构主义学习理论认为，学习的过程就是针对具体问题对原有知识进行加工、重构和再创造的过程，该过程不仅是个体对学习内容的主动加工，更需要学习者开展协作互助[③]。然而，当前教师工作坊存在着诸多问题，如怎样的教师工作坊研修活动才是高效的、活动内容如何选择、组织形式有哪些、坊主与成员间的关系如何等[④]。

5.2　工作坊模式的现状分析

5.2.1　工作坊主题归类分析

教师工作坊为校际教师的协同研修提供了良好的平台，是促进教师专业发展的主要方式之一。如图5-1、图5-2所示，近五年国内院校共举办了398余次工作坊。总的来说，从折线图中可以看出，国内院校举办工作坊更加注重教学能力发展主题，占工作坊总数的77%；国内院校还举办了一些学术能力发展的主题、身心健康主题的工作坊和新教师工作坊，分别占工作坊总数的8%、5%、5%；助教培训主题和职业生涯主题的工作坊较少，分别占工作坊总数的2%、0.5%。

根据图5-3、图5-4可以看出，外语院校开展工作坊更加偏重教学能力发展主题和学术能力发展主题，分别占比65%、21%；新教师工作坊、职业生涯主题以及助教培训主题的工作坊较少，分别占比8%、3%、1%。

---

① 王倩娜，张锡娟，汪源源."工作坊"模式在风景园林设计与建造课程中的革新及应用[J].西南大学学报(自然科学版)，2020(07)：173-180.

② 刘清堂，张妮，朱姣姣.教师工作坊中协作知识建构的社会网络分析[J].中国远程教育，2018(11)：61-69，80.

③ 刘权纬，王兴辉，蒋红星.教师工作坊成员学习交互行为的社会网络分析[J].现代远距离教育，2019(03)：22-29.

④ 陆彩霞，姜媛，方平，等.典型教师工作坊研修活动的特色分析与未来研究展望：基于北京市典型教师工作坊的实践研究[J].教育科学研究，2019(02)：87-92.

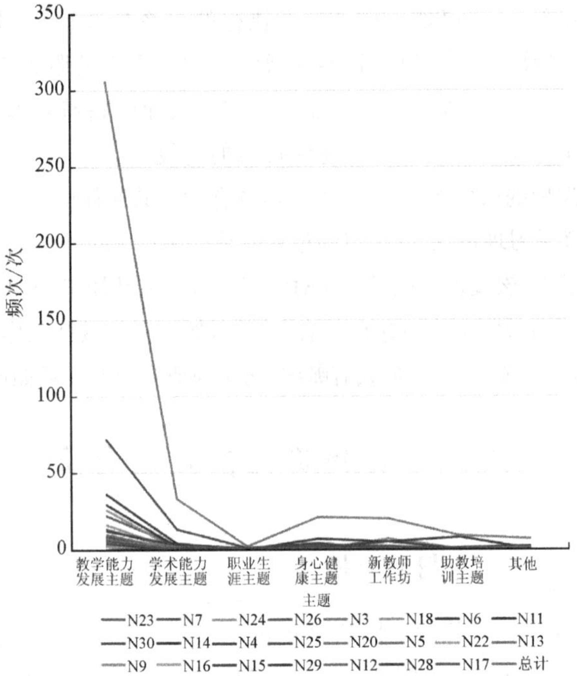

图 5-1 国内院校工作坊主题分布图(含总线)

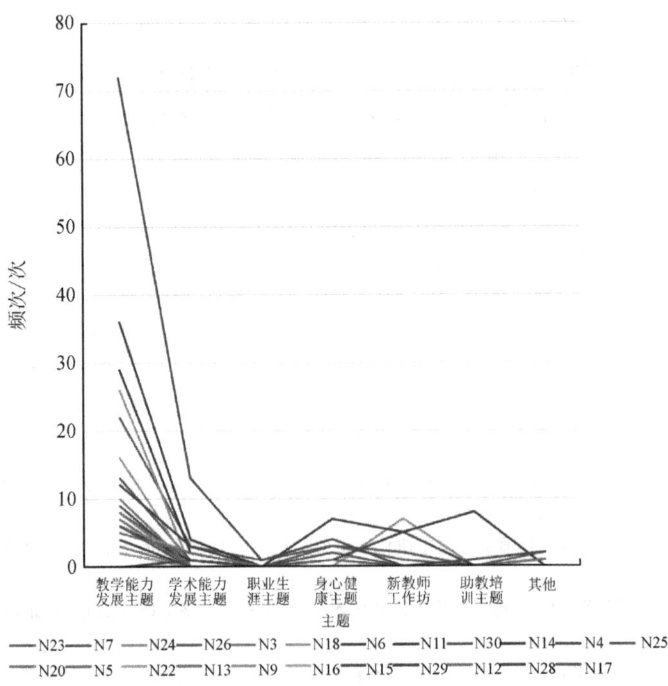

图 5-2 国内院校工作坊主题分布图

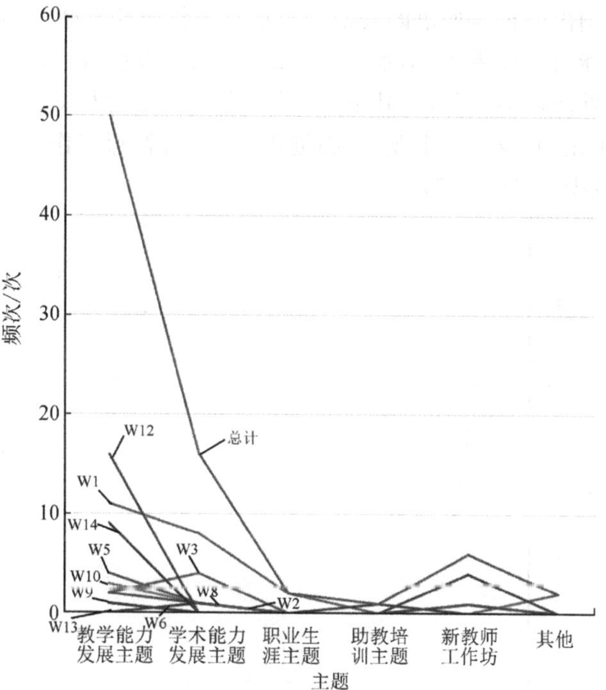

图 5-3　外语院校工作坊主题分布图(含总线)

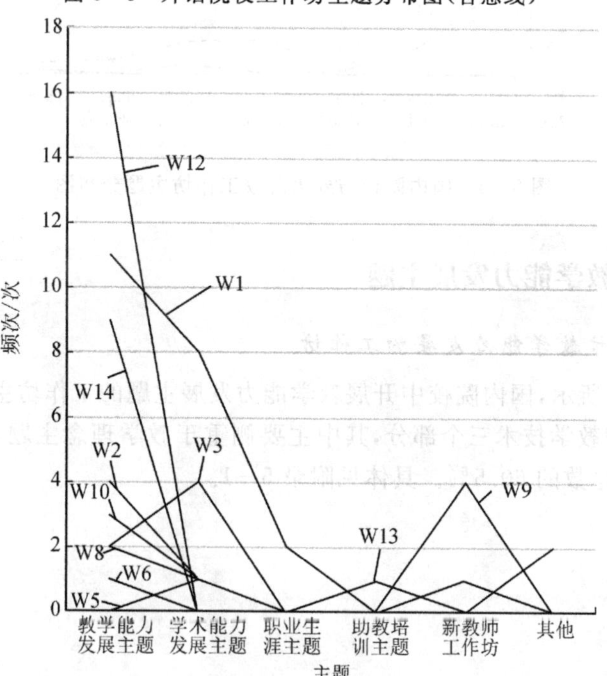

图 5-4　外语院校工作坊主题分布图

总体而言，国内院校与外语院校都较为重视工作坊的举办，六大主题的维度分布不均衡（教学能力发展主题、学术能力发展主题、职业生涯主题、身心健康主题、新教师工作坊、助教培训主题）。其中，教学能力发展主题与学术能力发展主题工作坊数量遥遥领先；职业生涯主题、身心健康主题、新教师工作坊和助教培训主题的工作坊数量较少（见图 5－5）。

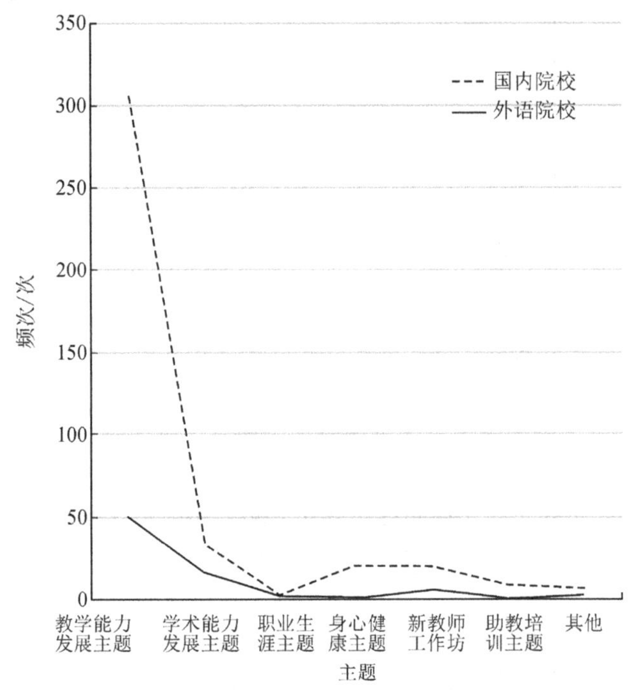

图 5－5 国内院校与外语院校工作坊主题分布图

5.2.2 教学能力发展主题

1. 国内院校教学能力发展的工作坊

如图 5－6 所示，国内院校中开展教学能力发展主题的工作坊主要包括教学理念、教学方法和教学技术三个部分，其中主要侧重于教学理念主题，占教学能力发展主题工作坊总数的 60.5％。具体见附录 5－1。

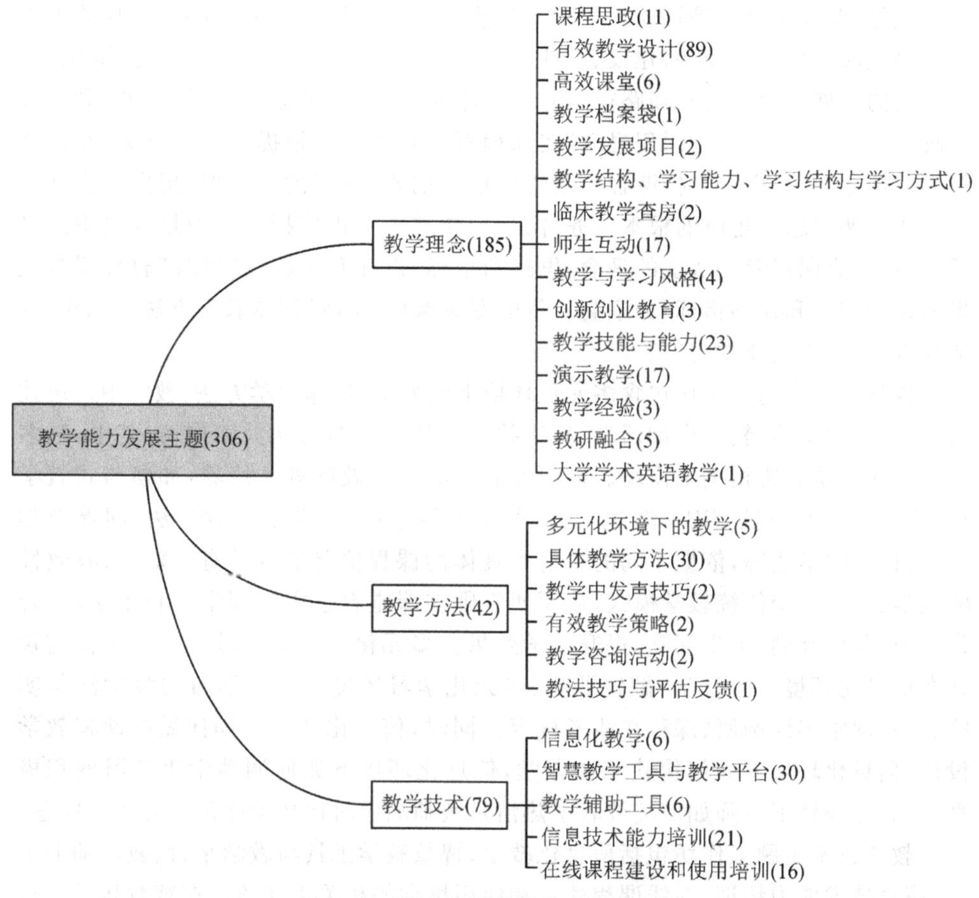

图 5－6　国内院校教学能力发展主题

教学理念主题的工作坊包含课程思政、有效教学设计、高效课堂、教学档案袋、教学发展项目、教学结构、临床教学查房、师生互动、教学与学习风格、创新创业教育、教学技能与能力、演示教学、教学经验、教研融合和大学学术英语教学。其中，最多的是有效教学设计相关工作坊，然后依次是教学技能与能力、演示教学、师生互动相关的工作坊。事实上，教师发展中心非常重视教学模式的探索以及教学和课程的设计，注重运用多种教学模式与教学设计方法，以求实现教学最优化，如BOPPPS有效教学模式、混合式教学模式、翻转教室教学设计、翻转课堂设计、多样化教学模式、基于目标群体的课程设计、“以学生为中心”的教学课程设计、成果导向教育评量理念与教学设计等。同时，教师发展中心也比较重视教师自身的教学技能与能力和师生之间的互动，着力提升教师的教学技能与能力，促进师生之间的有效互动，建立良好的师生关系。现今世界处于新媒体时代，知识来源丰富，教师要学会利用网络等高科技，并将其应用到教学之中，促进课堂互动，以实现有效课堂教学。

此外，课程思政也是目前教学中非常重要的一个理念。关于课程思政的工作坊主要从课程思政的发展、建设、设计、演练以及意义等方面开展。首先，围绕“课程思政的发展历程及其实践路径”，介绍了课程思政的发展脉络。其次，介绍“课程思政”建设的背景，理解“课程思政”在课程育人和教学质量提升中的意义，并通过对教育部印发的《高等学校课程思政建设指导纲要》的解读与梳理，指出应将立德树人作为课程思政建设的根本任务，寓价值塑造于知识传授和能力培养之中。最后，依据专业课程专业认证的理念、思路和指标，设计专业课程“思政”教育课堂效果的评测方法和评测指标，分享高质量的专业课程“思政”课堂教学方法和思路，打造高效专业“思政课堂”。

教学方法主题工作坊包含多元化环境下的教学、具体教学方法、教学中发声技巧、有效教学策略、教学咨询活动、教法技巧与评估反馈的相关工作坊，其中，最多的是具体教学方法相关工作坊。教师发展中心注重教师教法培养，如参与式教学法、积极学习教学法、PBL 教学法、服务学习教学法、主动学习教学法、同伴教学法、讨论式教学法等，依据不同的学情和具体的课程情况选取具有针对性、有效性的教学方法，改变传统教学模式，从而使教师在课堂教学中实现学生自主学习、合作学习、师生互动、生生互动，提升教学效果。多元化环境下的教学相关工作坊包括在信息化环境下的教学、翻转课程、多元化学习环境中主动学习的教学法与实践、翻转课堂实证调研、课程在线考核等。同时，信息化环境下如何做好课程教学设计，信息化环境下如何构建和谐课堂，信息化环境下如何调动学生学习的积极性，信息化环境下教师如何绽放教学热情是教师顺应时代环境必须要思考的问题。

教学技术主题工作坊包括信息化教学、智慧教学工具与教学平台、教学辅助工具、信息技术能力培训、在线课程建设和使用培训的相关工作坊。在智慧教学工具与教学平台工作坊中主要介绍了微助教、慕课、在线教学平台、混合式金课、智慧教室、雨课堂、基于“一平三端”智慧教学、学习通、课立方、蓝魔云班课、SPOC 课程、sakai 平台等软件平台的使用方法及在教学中的应用。教学辅助工具工作坊介绍了 Kahoot、WeChat、Padlet、移动教学工具、课堂教学工具、概念图、思维导图思维工具等的使用方法及在教学中的应用。信息技术能力培训工作坊包括手写电子板书、PPT 设计与制作、获取与剪辑教学视频资源、微课和慕课设计与制作、外语阅读课翻转视频制作的设计与方法等。通过学习使用智慧教学软件和教学平台、教学辅助软件以及对信息技术能力的培训，教师可以掌握课堂数据，及时掌握学生学习进度，开展教学互动，调取教学资源，高效地从事教学活动。

在线课程建设和使用培训工作坊包括在线课程与翻转课堂的建设、在线课程设计与制作实施、翻转课堂的设计与实施、翻转课堂赛前培训。为推动信息技术在教学中的应用，提高教师应用现代教育技术的能力和水平，开展“在线课程的设计与制作”工作坊，从实际操作层面入手，揭示在线课程制作的流程与步骤，运用多种信息技术，从视频录制到后期处理，从多媒体素材的采集、编辑到合成，逐步引导老师制作并发布自己的在线课程。从信息技术与教育教学深度融合角度出发，详细介绍了在线课程的起源、发展与现状，分别从国家层面、市场层面、学校层面、教师层面、学生层面分析了当前高校教师面临的在线课程建设方面的机遇与挑战。针对目前数学类在线课程建设的具体步骤，剖析了教学目标的确定，课程内容的选择，教学媒体的使用，学习支持与学习评价的方式，学习任务的分配，多媒体制作、课件制作与微视频制作的方法，习题库及平台选择等完整的在线课程制作流程。

信息化教学工作坊包括：现代化的科学技术创造未来的学习和教学环境；基于大数据分析驱动的学习行为与学习效果；运用科技促进高校教学，同辈教学与社交媒体，翻转课堂、新媒体技术助推高校思政课改革；虚拟现实技术在教学中的应用、现代教育技术在教学中的应用。

2. 外语院校教学能力发展的工作坊

外语院校同样开展了教学能力发展主题工作坊，如图 5－7 所示，教学能力发展主题工作坊主要包括教学理念、教学方法和教学技术三个部分，其中较为偏重教学理念与教学技术，均占教学能力发展主题工作坊总数的 40%。具体见附录 5－2。

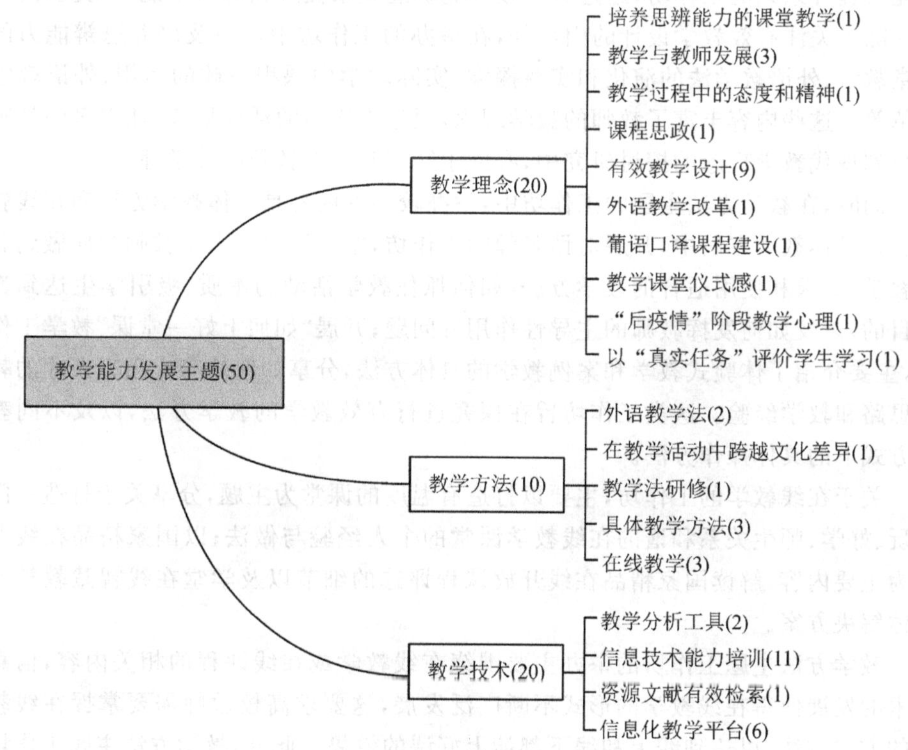

图 5－7　外语院校教学能力发展主题

教学理念的工作坊包括了培养思辨能力的课堂教学、教学与教师发展、教学过程中的态度和精神、课程思政、有效教学设计、外语教学改革、葡语口译课程建设、教学课堂仪式感、“后疫情”阶段教学心理、以“真实任务”评价学生学习。其中，最多的是有效教学设计相关工作坊，其次是教学与教师发展相关工作坊。

关于有效教学设计的工作坊，是以探究教学设计为主要内容，并且涉及的内容较为丰富。例如，“互联网＋”课程大纲和教学设计方案的展示聚焦于“互联网＋”课程的教学设计方法；基于学生特质的有效教学设计关注学习风格与创意教学策略的整合，旨在激发学生动机的有效讨论引导；混合式教学设计理念探讨如何以学习为主线设计混合式教学模式；从技术写作方面探讨英语技术写作课程的教学设计。这体现出在教学能力发展主题下对于教学设计的关注，开展关于教学设计内容的工作坊为教师在教学设计理念更新、设计方式方法等内容上提供了一个互相交流借鉴、探讨研究的平台。

在教学和教师发展方面，举办在线资源和课堂教学工作坊，从理论与实践两方面出发，以教师发展与育人角度进行教学经验的交流与探讨；围绕“课程/教学大纲设计和教学原则”“高校团队体验设计”“促进学生的学习参与和投入”等主题的工作坊；教师教学能力提升系列的工作坊，通过分享教学竞赛经验来促进教师教学能力的提升。

除了关注有效教学设计的内容外，在举办的工作坊中还涉及培养思辨能力的课堂教学、外语教学法的演化和实践探索、实际教学中课程思政的运用、外语教学改革等。这些内容丰富了教师的教学理念，通过工作坊的活动形式，让更多的教师参与到现代教学理念的探讨研究中，有助于转变和更新教师的教学理念。

同时，在教学方法主题的工作坊中，举办较多的内容是具体教学方法和在线教学。在具体教学方法中，开展对话名师的工作坊，主要探讨了大学教师如何做到有效教学、寻求和使用适合的教学方法，如何抓住教学活动的本质、吸引学生达到教学目的，以及如何发挥教师的主导性作用等问题；开展“如何上好一堂课”教学工作坊，主要介绍了体验式教学和案例教学的具体方法，分享如何培养应用型人才的教学思路和教学经验。这类工作坊旨在探究进行有效教学的教学方法，以及不同教学方式下的具体操作方法。

关于在线教学的工作坊，主要以打造有温度的课堂为主题，分享关于打造一门好玩、好学、师生关系和谐的在线教学课堂的个人经验与做法；以国家精品在线课程为主要内容，解读国家精品在线开放课程评选的细节以及学堂在线智慧教学的整体解决方案。

教学方法主题工作坊的举办主要围绕在线教学或在线课程的相关内容，信息技术的发展使得在线教学的形式不断广泛发展，这要求高校教师需要掌握在线教学的方式方法，以达到线上和线下都能上好课的效果。此外，教学方法主题工作坊在外语教学法、教学法研修方面也有所涉及。

在教学技术主题的工作坊中，举办最多的是关于信息技术能力培训和信息化教学平台的内容。在信息技术能力培训内容上，多是关于教学微视频录制和制作技巧，比如，围绕使用软件“Camtasia Studio”进行教学微视频录制及编辑方法而举办的工作坊、翻转课堂与教学微视频相结合的运用、线上课程教学设计、制作方式与技巧等，以及录播教室的使用方法和技巧、智慧课堂及虚拟桌面的介绍和使用技巧等相关内容。在信息化教学平台内容中，主要是针对一些教学平台展开的探究，例如，从课堂教学、翻转课堂、凌极同声传译、未来教室等四个方面展开，以促进外语混合教学；构建为学习者创造价值的协同实践育人平台，对实习资源进行很好的配置与管理；慕课制作中心为教师提供慕课制作的平台；智慧化课堂教学平台基于“学习通”将教学理念、平台、方法相结合促进教学。此外，教学技术主题工作坊还涉及教学分析工具和资源文献有效检索的信息技术等内容。

5.2.3　学术能力发展主题

1. 国内院校学术能力发展的工作坊

如图5－8所示，国内院校学术能力发展主题工作坊主要包括研究方法与分析工具、文献信息检索分析、教学与科研、英文学术写作与国际学术期刊发表、教师发展基金项目、教育实证研究、教学专题研修活动、工程教育、外语学院教师校本研修和语篇语义基础理论梳理（见附录5－3）。其中，最多的是教学与科研相关工作坊，接下来是文献信息检索分析和研究方法与分析工具相关工作坊。

教学与科研主题的工作坊分别从教学研究和科学研究两方面进行了探讨，同时也以教研融合的角度进行了探讨。在教学研究方面，包括开展教学研究推动教学创新、教学研究课题与方法、如何在教学研究中使用观察法、教学研究的选题和方案设计、从理解教学要素入手关注教学研究等内容。在科研方面，关注科研选题与设计、教学类科研以及如何将科研成果应用到教学中等内容。此外，还有教学学术研究，探讨以教学为核心的教学学术研究以及职前或者在职教师培训中课堂观察的重要作用。事实上，关于教研融合，将教学与科研相结合是一个发展的过程，主要涉及三个阶段：第一阶段，主要是博采他山之石，并将自己所学的教学理论应用于教学实践；第二阶段，可针对教学实践中的难题开展教学研究；第三阶段，则是将教学研究成果应用到教学实践中。基于此，有学者建议：一是将最新科研成果及时更新到教材内容中，增强教材前沿性；二是将前沿科学技术研究成果不断融入课堂教学中，深化教学内容；三是总结科研训练成果，用科研训练教学案例衔接科学研究与课程教学；四是深入挖掘科学问题，以科学问题为导向创造学习体验场景；五是不断积累科研数据，按需形成教学实验、实践、科研训练数据；六是与用人单位合作开展科学研究，营造全真实验环境，无缝衔接；七是以科研任务促进第二课堂人才培养，全面提高综合素质；八是引导学生积极参与前沿科学研究，培养拔尖创新能力。

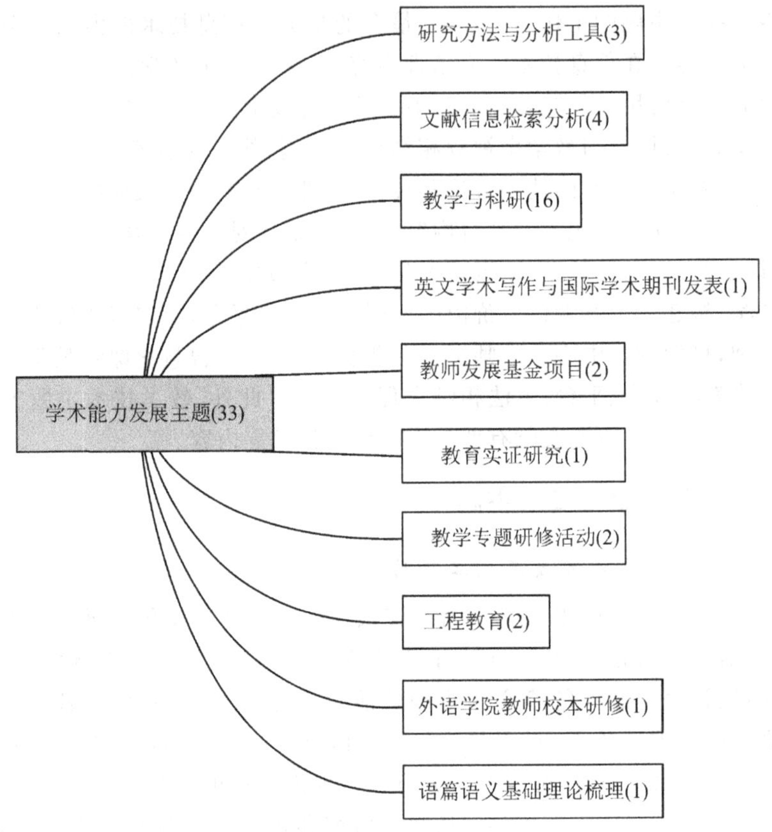

图 5-8　国内院校学术能力发展主题

文献信息检索分析主题的工作坊注重优质资源的查阅，从基础的如何有效查找和管理文献信息、学术文献检索与利用，到中英电子数据库的多方法文献全文获取、数据库检索运算符号介绍、文章选题技巧、学术文章投稿技巧、Bibexcel 生成关键词网络图及可视化呈现等多项内容，以及一些资源网站和公众号，如 TIRF 资源网站，上海语言学通讯、外语学术科研网、高教社外语等微信公众号。有专家指出，查阅文献时有几点需要注意，称为“四看”，一看主题目录，获得全貌性的了解；二看文献发表时间，了解最新研究热点；三看作者，发现在相关领域里有影响力的大咖；四看重要学术会议相关信息，如会议主题、主旨发言人等。

关于研究方法与分析工具工作坊，有质性研究方法工作坊和图尔明分析论证模型工作坊两类，质性研究方法工作坊围绕“质性研究中的选题”“质性资料收集的访谈方法”“扎根理论中质性资料编码分析”“质性研究中的叙事探究方法”“质性分析软件 Nvivo 的运用”和“质性研究论文写作与发表”六个专题进行了高强度的系统性学习，探讨了质性研究的本体论、认知论与方法论以及与量化研究的哲学关系，质性研究的基本范式以及常用的质性数据收集与分析方法，教育领域质性研究的常用研究设计及常见问题等内容。

教学专题研修活动工作坊从我国高等教育进入普及化时代切入主题，详细解读了我国高等教育的功能定位，强调了人才培养的核心地位。此外，从我国高校建设与发展历程着手，对我国“双一流”建设发展战略以及一流本科建设进行了阐释，突出了“以学生为中心”的教育教学发展趋势，并剖析了“以学生为中心”理论与实践的缘起、内涵及其在欧洲、美国和我国本科教学改革中的运用。

工程教育工作坊共举办过两次，第一次主题是“工程教育的跨部门合作：硕士培养和教师发展”。围绕本次工作坊主题，与会代表通过主题报告、集体和小组讨论、头脑风暴、专家问答等环节交流分享了德国、美国及奥地利等国的社会组织在工程教育的跨部门合作、硕士培养和教师发展等方面成功的经验和已建立起来的有效机制，并结合中国工程教育的现状探讨了发展及改革的方向。第二次主题为“教师发展与学生全球胜任力培养以及工程伦理教育”，通过主题报告、头脑风暴、专家问答等环节，就教师能力发展、学生素质培养和工程伦理教育等内容进行了充分的交流和探讨。

在英文学术写作与国际学术期刊发表工作坊中，首先介绍了学术国际化的八种方式，并一一分析了这八种方式的优势。随后详细介绍了了解国外学术刊物的方式，强调要重视国际论文的写作格式，应全面、深入、及时地修改投稿后的论文。同时，参加或主持国际合作项目是十分重要的，要与国际高水平学术团队或学者保持长期稳定的紧密合作。

教育实证研究工作坊分别围绕“定量研究(quantitative research)”“质性研究(qualitative research)”和“论文写作(paper writing)”三个主题展开，旨在以形成高水平教学学术学习成果为任务导向，帮助参加研修的教师系统学习掌握教育实证研究设计与实施的基本过程、数据分析与诠释中的基本规范和英文学术论文写作与投稿时的注意事项及基本原则，以便更好地厘清教育实证研究的基本思路，并选择合适的研究问题和研究策略，获得教学发展的持续动力。

2. 外语院校学术能力发展的工作坊

如图 5-9 所示，外语院校学术能力发展工作坊主要包括英语学术写作与国际学术期刊发表、英语教师专业发展、区域国别重要问题、研究方法与分析工具、科研项目设计与申报、“一流课程课程建设及申报”、文化融合探讨和国际秩序。其中，最多的是研究方法与分析工具相关工作坊，其次是英语教师专业发展和区域国别重要问题相关工作坊。具体见附录 5-4。

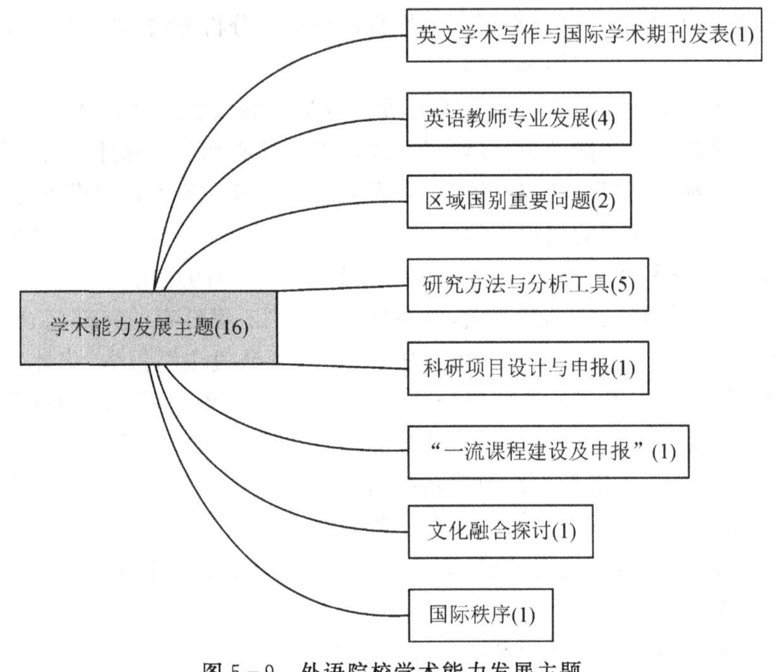

图 5－9　外语院校学术能力发展主题

关于研究方法与分析工具的工作坊有语料库、定量研究方法、质性研究方法和行动研究方法四类。具体而言：第一，语料库工作坊阐述了何为语料库和语料库语言学，以及语料库的缘起与发展，对语料库基本术语、设计、采样与平衡性、文本收集、标注等基本概念和原理进行了详细解释。随着计算机技术引入人文社会科学，语料库驱动语言研究与教学已逐步形成其独特范式，带给我们崭新的理论与应用视角，而各类语料库与检索分析工具的出现，则使同步观察和分析数千万语言事实成为现实。第二，定量研究方法工作坊从统计分析基本原理、如何科学抽样、问卷设计与数据分析三个方面详细讲解了研究问题与假设、变量类型与变量架构等核心概念，统计学主要评判标准和不同变量类型对应的常用数据分析方法；阐释了抽样的基本原理，主要随机抽样方法和非随机抽样方法，有效样本量的确定等；介绍了问卷设计的技巧、问卷设计中常见问题，以及常用 SPSS 统计分析软件数据分析方法，并对如何对问卷有效性、可靠性进行测量和正确的报告书写规范等内容进行了讲解。第三，质性研究方法工作坊从何为质性研究、质性研究中的数据收集、质性数据整理与分析、NVivo 质性分析软件应用四个方面展开课程，以社会科学研究三大哲学范式为切入点，阐述了质性研究的理论基础，并通过丰富的数据示例详细讲解了质性研究中常用的多种数据收集方法，如田野观察、课堂观摩、访谈、教学日志/反思、课堂录音/录像等；聚焦质性数据整理和分析方法，着重介绍了国际质性研究领域最新的数据编码方法；同时，通过实际案例介绍了质性分析软件 NVivo11 的使用方法。第四，行动研究方法工作坊指出，行动研究是一种行动者自我觉醒地对其自我、对自我之行动历程、对自己的行动在什么社会位置情景和关系派络与社会环境结构之下进行、对自己的行动产生什么影响所进行的自主探究。行动研究发起于每日教育工作中所产生的实际问题，促进教师反映出个人行动的意识与潜意识，协助教师行动以便能发展个人知识，改善教育系统中教师的工作环境，有力地支持教师及教师团体开展教学研究。

关于英语教师专业发展的系列工作坊，深入探讨了四个学术问题，分别是：语言教育的生态学和对话学观点；基于项目和基于地点的学习——移动技术的重新思考；为学习和教学提供了便利、从生态对话和分布式角度重新思考语言教育、启用移动功能的新学习空间；可扩展多样性的学习。

有外语院校举办了两期“国别与区域问题研究方法工作坊”，第一期分享了如何做好国别与区域研究、如何写作高质量的学术论文，强调论文选题的前沿性、理论与问题的结合以及第一手材料的运用；第二期从学术论文的选题、格式、具体写作要求等角度谈编辑是如何选稿以及编辑选稿时关注的问题等。同时，在每期工作坊都会有专家依次对当次工作坊征集的论文进行细致点评，分析每篇论文在选题以及材料收集方面的优点，着重从论文的标题、内容、思路、格式等方面指出写作中存在的问题，并提出修改意见及建议。

在英语学术写作与国际学术期刊发表工作坊中，外国教授以如何做学术研究与如何发表学术期刊论文为主题，围绕“academic research：understanding histories and contexts”（学术研究：了解历史和背景）、“qualitative studies：relevance and scholarly merit”（定性研究：相关性和学术成就）、“publishing in academic journals”（学术期刊发表）三个部分展开。同时，在相关工作坊活动中，专家结合自身的教学科研经历与感悟，阐述了一篇高质量的学术论文是如何开题构思、开展研究以及投稿期刊的。

“一流课程建设及申报”工作坊对教育部《关于一流本科课程建设的实施意见》进行了解读，分析了国家一流课程认定的“两性一度”，细致介绍了国家一流课程认定时的推荐方式、材料要求、评选现状等情况。基于文件要求，又从评审专家角度剖析了对国家一流课程进行认定时的评审指标。最后，以一些实际申报案例为例，重点分析了线上线下混合式课程在建设和申报过程中所遇到的问题。

在文化融合探讨工作坊中，基于中美戏剧，中外学者讨论了关于《戏如人生——Disgraced 与美国文化融合》的学术对话。

此外，科研项目设计与申报工作坊围绕“选题”以及“研究设计与申报书的填写”两大方面进行交流，强调有质量的教改研究就是有学术含量的教改研究。在国际秩序工作坊中分析了印度在国际秩序变革中的角色，探讨了美国的兴起和衰落对国际秩序的影响。

5.2.4 职业生涯主题

就已有的研究资料而言，30 所国内院校中只有 2 所院校开展了职业生涯主题工作坊，15 所外语院校中只有 1 所院校开展了职业生涯主题工作坊。可见，国内院校与外语院校对教师职业意识的关注和重视还远远不够。教师职业生涯规划方面的专业支持服务十分匮乏，王燕丽在对 100 位教师的调研中，超过 85％的教师并没有明确的职业生涯规划，对自己的职业发展方向不明确，多数教师不能明晰个人能力特点与缺陷①。还有研究表明，仅占 29.64％的高校教师对自己近 5～10 年的职业生涯"认真规划，目标明确"，55.88％的高校教师只是"简单考虑过，目标不太明确"②。

事实上，职业生涯规划确立一个人职业发展的方向与目标，没有规划，谈不上自主的发展；没有自主的发展，更谈不上适应和满足国家、社会、高校以及个人发展的要求。首先，大学教师的职业生涯规划有助于激发教师的专业活力。教师的职业生涯规划是以大学教师的专业能力和专业水平为基础的个人成长规划，良好的职业规划能够帮助大学教师更好地结合个人能力和资源，对专业发展和职位晋升进行合理的筹划，进而有效提高大学教师的工作积极性，以激发教师的专业活力。其次，大学教师的职业生涯规划有助于实现个人价值与社会价值的统一。开展职业生涯规划，使得大学教师能够从个人的实际情况出发，帮助大学教师充分发挥个人的专业能力，立足岗位，不断探索创新，不断进行专业素养的提升，为社会创造价值，建立个人发展与社会服务之间的平衡点，以确保实现个人价值与社会价值的统一。因此，大学教师专业能力发展的支持服务工作，需要重视职业生涯规范方面的指导与交流，促进其可持续的专业发展。

5.2.5 身心健康主题

30 所国内院校中，有 7 所院校开展了身心健康主题工作坊，主要包括身体健康、心理健康和女性教师专题三类，其中主要侧重于身体健康主题，占身心健康主题工作坊总数的 62％；15 所外语院校中，有 1 所院校开展了身心健康主题工作坊，主要关注教师在教学中的科学用嗓。

在身体健康主题的工作坊中，最为关注的是教师在教学中的科学用嗓，包括科学使用嗓音的方法、吐字发声和表达的总体要求、"说话式唱法"声乐发声技巧以及让声音减负等。既讲解了播音发声的理论知识，也结合例证提供具体实用的训练

① 王燕丽.基于教师职业生涯规划的教师评价与激励机制：以江西省高校为例[J].襄阳职业技术学院学报，2021，20(02)：17－20，48.

② 庞海芍，何玫，刘卫民.大学教师职业生涯规划研究[J].中国青年研究，2009(06)：55－58.

方法，以帮助教师改善和美化语音发声，全面提高用声能力，保护嗓子健康，养成良好的职业用声习惯，同时，使语言表达更具感染力和表现力。同时，从神经生物学角度阐释声音从神经到肌肉的输出过程并指出错误发声带来的危害，并邀请现场的老师进行声音的“解剖”，示范发声训练方法。

身体健康主题工作坊还有关于急救技术、太极拳健身、健康管理和形体训练的工作坊。急救技术工作坊的举办旨在为教师普及生命体征的正确测量、常见急救现场的救护方法及心肺复苏的理论知识和实际操作等，以促进教师的全面发展。太极拳健身工作坊从太极拳的理论与实践两个层面，分享如何进行自我健康管理、提升身体素质，以更好地投入工作和生活之中。自我健康管理工作坊首先介绍了关于教师健康的基本概念，然后用“处方”的方式，亲身示范、具体讲解“如何运动”。形体训练工作坊从环境感知体验、身体拉伸练习、基本体态练习、基本舞姿体验、身体放松练习五个方面，与教师分享如何进行自我形体训练，塑造优美的体态，提升个人气质。

心理健康主题工作坊关注到高校教师自身压力的管理与疏导、教师情绪管理与人际沟通、体验式教学心理健康教育以及如何进行有效冥想。教师情绪管理与人际沟通工作坊采用团体辅导方式，通过积极应用心理学理念，协助教师运用个人资源，运用团体动力，转化压力引起的情绪，使之以积极乐观的心态面对生活、面对工作，提升个人幸福感。体验式教学心理健康教育工作坊介绍了体验式教学的理论，并围绕心理健康教育这一主题来进行体验式教学的理论培训。冥想工作坊中主要包括呼吸调节、放松训练、冥想训练三个方面的内容。“冥想与生活”工作坊包含怎样进行正确的呼吸，注意力、专注力的训练，大脑的改变，以及自我体验四个部分。工作坊通过课件的演示和亲自示范引导老师们进行练习，以调动在座每一位老师的积极性，丰富生动、富有实效的学习内容让老师们学习到了何为冥想以及如何进行有效的冥想。

此外，国内院校还举办了女性教师专题工作坊，关注到了女性教师的身心健康。女性教师专题工作坊内容包含理念更新和美丽新视野与美丽秘诀两个部分，在理念更新中着重介绍了新时期女性教师美丽的真正内涵与误区和新时期女性教师的自信教学与有效课堂；在美丽新视野与美丽秘诀中分享了女性教师自我形象设计的理念、原则和窍门，淡妆装扮的原则和窍门，以及服饰搭配的原则和窍门。

综上所述，从数量上来看，国内院校与外语院校举办的身心健康主题工作坊整体数量不多。从主题上来看，国内院校和外语院校都关注到了教师的身体健康，此外，相较于外语院校而言，国内院校还关注到了教师的心理健康以及女性教师的专属主题。事实上，“由于教学任务、科研压力较重，很多高校教师的身体健康每况愈下。从教师所患疾病的既往史分析，具有职业特征的咽喉炎、失眠、胃病、腰腿痛、头痛等发病率极高，对教师的健康造成很大影响。心血管疾病的发病率也高于其他人群。"[①]同时,"据某项对高校教师精神状况检测的调查统计发现:被调查对象中约有33%的高校教师存在不同程度的心理障碍,我国普通人群心理障碍发生率在20%左右。62.5%的教师觉得精神压力很大;81.7%的教师总感觉心身劳累不堪。有些教师在处理恋爱婚姻、人际交往等问题时,表现出自卑气馁、烦恼困惑、心情郁闷、冷漠无情等症状,与同事关系紧张、爱发脾气、焦虑程度偏高,有的甚至走上绝路。"[②]基于此,相当部分的院校关注到了大学教师的身体健康,举办相应的工作坊来改善和提高教师的身体与心理健康水平。

5.2.6 新教师工作坊

30所国内院校中,有5所院校开展了新教师工作坊,主要包括教学能力、科研能力和教师角色三类,其中主要侧重于新教师教学能力主题,占新教师工作坊总数的90%;15所外语院校中,有3所院校开展了新教师工作坊,主要包括教学能力、科研能力和教师自我成长三类,其中主要侧重于新教师教学能力主题,占新教师工作坊总数的67%。

新教师教学能力工作坊可分为课堂教学、教学设计、教学技能、教学基础四个方面:首先,在课堂教学方面,新进教师进行了研讨与交流,分享了BOPPPS教学案例分享与实践,历届国培优秀学员还分享了信息化环境下课堂教学创新经验与成果以及探讨了信息化环境下新入职教师课堂教学常遇问题及策略;介绍了微格教学法,通过微格教学工作坊培训,新进教师们可以及时发现自己教学中容易出现或忽视的问题,有针对性地学习导入、讲解、语言规范、提问、结束、板书和PPT设计等教学技巧。其次,教学设计工作坊是教学能力主题工作坊中数量最多的,旨在开展有效教学设计与实施。例如,"有效教学"工作坊采用小班互动式和体验式教学模式,围绕有效教学理念及O-AMAS有效教学模型开展,包括高等教育有效教学理论和有效学习理论、有效教学特征及教学模型、反向教学设计、有效激活、多元学习、有效测评、课堂总结和课堂组织管理等内容。教学设计工作坊中也提出了许多教学设计理念,包括融合学生的需求、以学生为中心、成果导向等,根据课程性质和班额大小灵活选择并设计与之相适应的课堂学习活动,并分析学情,制定教学目标的方法以及教学策略和教学媒体的选择。再次,关于教学技能的工作坊,主要采用参与式、体验式学习的方法,学员在专业的教学促进者——引导员(facilitator)带领下以小组为单位学习研讨,设计以学习者为中心的教学。通过三次迷你课程授课,深入理解参与式学习理论并实施参与式课堂的教学互动,同时给予和接纳同

---

① 章海风,陆红梅,孙建波.高校教师的健康状况调查及改善措施[J].扬州大学烹饪学报,2010,27(02):37-39.

② 王进.新时期加强高校教师心理健康教育的几点思考[J].大家,2010(08):147.

行反馈，学会有效倾听，在实践反思中，切实提高教学实践能力。最后，关于教学基础的工作坊，应国家对高校“立德树人、教书育人”和建设世界一流师资队伍的要求，精心设计了大学教学基础、课程思政、教学质量、学生学习分析、教与学讲坛、微格教学和在线教学平台操作培训等内容。通过教学理论学习和教学实践锻炼，融入课程思政和师德师风的思考，帮助新教师在教学理念、教学方法和教学策略等方面获得提升。

在“怎样成长为一名优秀的大学教师”工作坊中，从“学生为什么需要教师?”及“新教师的角色转变”引入，提出教师不仅要有专业的知识结构、驾驭学科的能力，还要为人师表，起到榜样作用。新教师是教师职业的起点，新教师应在教学的信念、内容、勤勉、一致性、教学情境、师生关系和学术工作等方面不断学习和思考，形成自己对教学的理解。

新教师科研工作坊以“教师课堂研究与论文发表”为题，从如何理解教学研究、为什么开展教学研究、如何进行教学研究、如何发表教学研究论文等四个方面向教师们分享了经历与感悟。此外，还向教师阐明“为什么做科研”“科研项目管理流程”“项目申报常见问题”，介绍了各级各类科研项目申报的时间节点、关键要求和注意事项，并鼓励教师申报科研项目。

总体而言，从数量上来看，国内院校与外语院校举办的新教师工作坊数量都较少。从主题上来看，国内院校和外语院校都更加注重教学能力的发展。事实上，新教师是教师队伍的生力军、主力军，是促进学校、学生发展不可或缺的中坚力量。有研究表明，新教师的成长周期大约需要 2～3 年，充分利用这段时间，全面提高新教师的专业素质，形成教师自己的教学风格，是提升教师教学能力的一项重要内容①。

5.2.7　助教培训主题

30 所国内院校中，有 2 所院校以工作坊的形式开展了助教培训活动，主要包括学习风格、摄影技能、教学技能和理念四类，其内容主要侧重于助教学习风格方面，占助教培训工作坊总数的 44%；15 所外语院校中，还没有高校以工作坊的形式展开助教培训工作。

助教学习风格工作坊首先通过学习风格测评了解自己倾向的学习风格类型，探讨每种学习风格的学习特点和差异，然后再深入探讨学习风格类型的稳定性及影响因素、学习风格与教学之间的关系等问题。

关于摄影技能主题的工作坊，有助教摄影技能工作坊和助教课堂录像技能工作坊两类。助教摄影技能工作坊的内容涵盖了摄影的基本概念、摄影器材、助教摄

① 孙方晓. 论新教师教学设计能力的提升[J]. 当代教育科学，2014(16)：54 - 55.

影实用技巧、后期处理手段以及如何提高摄影水平等方面。在助教课堂录像技能工作坊中，主讲人从设备保护、开关机方法、白平衡的使用及视频模式四个方面介绍了摄影机的基本操作方法，并进行了相应的演示。同时结合不同的课堂录像视频，讲解了课堂拍摄中要“拍什么”“怎么拍”，且还以自身的拍摄经历为出发点，介绍了拍摄时的常见问题及处理方法。

在“如何扮演好助教教学协助者的角色”工作坊中，邀请了其他高校教学发展中心人员进行讲述，该校教学发展中心人员以该大学的助教制度和职责为例，介绍了身为一门课程的教学助理，应该要扮演何种角色，自己工作的基本目标是什么，应具备哪些基本任职技巧等，以及在整个教学过程中可能会遭遇的问题和挑战，面对各种问题又该如何成功执行教学协助工作等。

在助教教学技能主题的工作坊中，助教积极踊跃报名，被录取的助教认真完成了工作坊作业，并积极参与小组与大组活动，学习了有效教学设计的方法、了解了学生的多样性，并在教学实践中提高了自己的教学技能。

基于此，高等院校应该借鉴国内外优秀的助教培训体系，逐步建立起符合自身特点的助教培训制度，设定助教培养的目标，丰富助教培训的内容，做到理论课程和实践课程兼顾，同时要注意助教培训形式的多样化，除发布助教手册、开设工作坊、研讨会等常见的培训方式外，还应开展必修模块和选修模块相结合，线下培训和线上自学相结合，理论知识和实际操作相结合的培训活动。

5.3 工作坊的个案分析

5.3.1 W1 大学英语语音工作坊

W1 大学英语语音工作坊是教师发展中心配合学校一流学科建设、支持教职工国际化能力提升的重要举措。语言表达思想，语音映射气质。一流的外语学科是学校的中坚力量，纯正的语音语调是学校的鲜明标志，扎实的英语功底是学校的优秀传统。学校正致力于健全教职工培训、考核和晋升制度，提高教师终身学习的能力和自我发展的动力，努力创建一流的国际化师资队伍和管理队伍。

英语语音工作坊定期(每学期)举办，旨在强化英语语音学习的基本内容，如英语的音素与音节结构、话语节律、语调特点与种类、句子重音和语调在信息表达中的作用等。专家教师将多年来英语语音的学习方法、研究经验和心得倾囊相授，与大家共同探索英语语音之美，以此提升教职工英文水平，延续学校英语学习传统，形成良好的英语语言学习氛围。

5.3.2　N23 大学教师教学成长社群

N23 大学教师教学成长社群是以该校教师教学发展中心为依托，在全校范围内构建的“以教师成长为核心”的教师分享型学习社群。该社群旨在针对大学处于不同职业生涯阶段教师的现实需求，通过资源共享、经验交流与平等对话等方式，促进彼此教学技能、教学智慧与教学精神的整体提升，加快教学文化的构建，引领大家从“从事教学”步入“享受教学”的境界。同时，教师教学成长社群根据教师自身特长及需求分为教学工具与技术组、课程与教学设计组、教研与教学转化组、教学创新指导组四个小组，有针对性促进教学提升。

N23 大学教师教学成长社群的宗旨是促进教师发展，倡导教学学术。其会议内容包括：颁发社群社长聘书及社群各小组的成立；研讨社群工作章程和发展规划；介绍社群年度工作计划及预期成果。此外，教师教学成长社群还组织开展了“有效教学结构”工作坊，分享新的教学理念和教学模式，进而开展深度交流活动。

N23 大学教师教学成长社群在教师教学发展中心的领导与支持下，积极开展各项教师教学服务与支持活动，满足该校教师教学的个性化、多元化、分层递进式的教学需求，引领该校教师热爱教学，崇尚创新，不断提高自己的教学水平，有效推动该校教师教学的可持续良性发展。

5.3.3　N23 大学女性教师专属工作坊

N23 大学举办了主题为“相约美丽，绽放快乐”“重拾自信，有效教学”的女性教师专属主题工作坊，工作坊内容包含理念更新和美丽新视野与美丽秘诀两个部分，在理念更新中着重介绍了新时期女性教师美丽的真正内涵与误区和新时期女性教师的自信教学与有效课堂，在美丽新视野与美丽秘诀中分享了女性教师自我形象设计的理念、原则和窍门，淡妆装扮的原则和窍门，以及服饰搭配的原则和窍门。

工作坊采用专家报告、案例分享与经验介绍、分小组演练＋专家指点的方式进行。在教师仪表讲座“轻度美丽，融入环境”中，专家通过图片对照及分析，对该校女教职工进行理念更新，并向在场女教职工解读新时期女性教师美丽的真正内涵及误区。同时，有的教师用自己的亲身经验进行了案例分析，以黄金比例为切入点讲解女教师的自我形象设计理念、原则和窍门，开拓女性美丽新视野。此外，还有教师分享了女教师淡妆装扮窍门及服饰搭配窍门，女教职工们现场分小组演练，并且专家进行现场指点。

工作坊结束后，教师教育学院还特别建立了“N23 大学女教师专属 QQ 群”，专门解决该校女教师日常生活和工作中的美容问题，并邀请专家、教授担任学校女教师美容顾问，随时在 QQ 群中为女教师提供教师仪表方面的咨询和指导服务。

女性教师专属工作坊得到了高度赞赏。在当代大学里，女教师的风采和精神面貌非常重要。好的教态仪态不仅能增强教师的教学效果，还能带给学生积极、自信、乐观、进取的精神面貌，能引导学生积极、向上、开拓、进取。教师的教态仪态已经成为高校教师教学工作中不可忽视的重要元素，组织开展女教师专属主题工作坊迎合了广大女教师的心声，满足了她们的教学需求，对全面提升女教师的教态仪态意义重大。

5.3.4 N18 大学智慧教学工作坊

为深入贯彻新时代全国高等学校本科教育工作会议精神，落实教育部《关于狠抓新时代全国高等学校本科教育工作会议精神落实的通知》（教高函〔2018〕8 号），大力推进线上线下混合式金课和线下金课建设，N18 大学教师教学发展中心在往期“智慧教学软件培训”活动基础上，举办了“智慧教学工作坊”系列活动。工作坊邀请该校已开展智慧教学实践的老师分享心得体会，深入探讨智慧教学工具在金课建设中的应用，以智慧教学推动教学理念、教学方法和教学模式的改革，从而提升学校教师专业发展和教学能力，提高教学效果和教学质量。

第一期“智慧教学工作坊”的主题是“慕课堂在课堂教学中的应用”。慕课堂是中国大学 MOOC 在慕课平台的基础上，研发的线上线下混合式智慧教学工具。慕课堂支持高校同时开展线上金课与线上线下混合式金课的建设，能够帮助老师统筹设计与管理线上与线下课堂，便捷开展教学任务，有效完成数字化教学和翻转课堂。主讲教授分析了目前本科课程建设的趋势，讲解了智慧教学的内涵和教学模式，并以自己主讲的课程为例，演示了慕课堂在教学设计、学生学习数据跟踪统计和课堂互动等方面的应用操作。同时，参加工作坊的老师和同学们通过现场电脑和手机操作，体验了慕课堂的各项功能，并结合自己的实际教学情况，在课堂任务安排与互动、团队共享课程与习题库等方面同主讲人展开了热烈的讨论。随后，老师们纷纷表达了将智慧教学工具引入自身课程建设的意愿，并希望能够参与到智慧教学的相关培训和交流活动中。

第二期“智慧教学工作坊”的主题是“我的创新教学设计观”。雨课堂是学堂在线与清华大学在线教育办公室共同研发的智慧教学工具，致力于为教学过程提供数据化、智能化的信息支持，全面提升课堂教学体验，让师生互动更多、教学更为便捷。主讲老师结合自身对雨课堂智慧教学软件和慕课等新型教学模式的探索，与参训老师交流了自己对金课内涵的理解。主讲老师认为金课建设在借助各种技术手段的同时，更要注重教学设计的创新和重构，包括教学理念、教学方法和教学手段等。此外，老师们就雨课堂直播授课、慕课插入和微视频录制等问题进行了深入交流与探讨，并建立了微信群分享录课软件以及手写软件等教学工具。通过参加本次工作坊，老师们在智慧教学中遇到的困惑得到了解答，对混合式教学有了更加全面和深入的认识。教师教学发展中心鼓励教师探索基于新技术的教育教学模式改革，打造“金课”，淘汰“水课”，切实提高本科教学质量。

第三期“智慧教学工作坊”的主题是“学习通在外语教学中的运用与发展”。超星“一平三端”是基于网络资源的学习平台，贯穿课前、课中、课后的日常教学全过程，连通“移动端”(学习通)、“教室端”和“教学端”三大端口的智慧教学系统。“一平三端”实现教育教学全过程监控和评价，为教学改革和研究提供数据支撑，助力高校教师打造混合式金课。主讲老师介绍了智慧教学工具在外语教学中的应用进展，并结合自己的日语课堂教学实践，系统介绍和演示了超星“一平三端”的主要功能，包括线上课程内容建设、课程管理、课程教学、数据统计分析、移动端互动等。在实践环节，主讲老师现场带领老师们实操网络课程建设和移动端应用，从课前备课，到课堂签到和教学互动，再到课后作业和学习数据统计等，体验了全过程的教学管理。讲座结束后，老师们就混合式教学的课堂互动、大连理工大学金课建设平台的使用、智慧教室的技术支持等问题进行了深入互动与探讨。通过此次智慧教学工作坊，老师们对混合式教学模式有了更深的认识，信息化建设能力得到了提升，为开展教学模式改革提供了理论及技术支撑。

第四期“智慧教学工作坊”是以“以学生为中心的线上线下混合式金课建设实践”为主题的智慧教学培训。主讲教授介绍了我国高等教育信息化建设的发展历程，第一时间解读了教育部指导文件《关于一流本科课程建设的实施意见》(教高〔2019〕8 号)，与在座教师探讨了金课建设的内容和思路。主讲教授认为，金课建设应围绕以学生为中心的教学展开，以智慧教学软件为代表的信息技术助力教学模式创新，为金课建设提供技术支撑。他还介绍了中国 MOOC 平台和慕课堂的主要功能，演示了慕课堂的操作使用。通过现场建课，教师们体验了慕课堂的各项功能，并就如何利用智慧教学软件进行一体化的课程教学设计、打造“金课”等问题与主讲人进行了热烈深入的探讨。通过此次培训，教师们对金课建设的内涵和形式有了更深入的认识，明确了下一步的工作目标，对本科课程改革与建设充满了信心。

第五期“智慧教学工作坊”是以“建设一流课程，提升课程质量——基于雨课堂的课堂教学模式分享”为主题的讲座。主讲教授分享了计算机基础教学中心的课程信息化建设实施历程，介绍了基于慕课的课程建设经验及慕课融入课堂的不同模式，带领在座教师切身体验了智慧教学工具雨课堂的操作方法和慕课插入等功能。主讲教授认为，面对当今高等教育的新形势，学校广大教师应超前识变，积极应对，了解智能时代教育的特征，做好信息化建设技术的储备，探索基于慕课的混合式教学模式的应用。同时，一线教师应积极参与一流课程的建设，通过“评价—反馈—改进”建立持续的改进机制。讲座结束后，参加培训的教师就一流课程建设、慕课与课堂教学相融合以及课程思政教学设计等问题与主讲教授展开了热烈的交流。主讲教授鼓励学校教师应努力提升课程质量，不断探索进步，传道授业，不忘初心。

第六期“智慧教学工作坊”是以“新媒体技术条件下思政课教学探索”为主题的智慧教学培训。基于移动互联网等新媒体技术的教学辅助工具为推动课堂教学改革提供了重要的技术支撑。主讲老师结合自己讲授的“中国近现代史纲要”课程，介绍了超星学习通在课堂中的操作使用，分享了自己的使用心得。在课前阶段，教师通过学习通可以发布课件和学习资料，建立课程的逻辑架构，实现教学的预习功能。在课上阶段，教师通过签到、抢答、选答、主题讨论、分组讨论、投票等功能，实现课堂互动，提升学生的课程参与度，便于教师及时掌握学生学习动态，实时引导和解决问题。在课后阶段，软件的统计和一键导出功能可以为教师展现比较全面的学生学习状态，及时梳理、总结教学遇到的问题，方便教师总结分析课堂学习数据和核定平时成绩。讲座结束后，老师们在一流课程建设、教学资源共享和课堂互动等方面进行了热烈深入的交流探讨。通过参加本次工作坊，教师们进一步体验到了智慧教学工具对课堂教学效果的提升，对如何开展混合式教学有了更加全面和深入的认识。

5.3.5 N14 大学青年教师成长叙事工作坊

N14 大学青年教师成长叙事工作坊由 N14 大学教育学部青年教师自主发起，并获得教育部普通高校人文社会科学重点研究基地 N14 大学教师教育研究中心和 N14 大学教师发展中心的大力支持。建立青年教师成长叙事工作坊的目的在于为青年教师提供与同伴分享自己的教学科研和社会服务故事、经验和情绪情感体验的平台，以试图形成一个青年教师可以从中找到归属感和相互支持的学习共同体。

活动采用圆桌叙事的方式，即由与会教师围绕主题自愿分享自己的相关体验，如自己作为学生时与老师们印象深刻的互动故事，当老师后与所带学生的互动故事等。在故事基础上，与会教师可分享自己的师生互动心得与经验，亦可提出困惑供与会者共同讨论，并由回应嘉宾予以回应。

工作坊围绕“如何组织有效的课堂讨论”展开，主要包括“经验同享”部分以及“讨论话题的准备”“辅助材料的准备与发放”“课堂的组织”“提高讨论课堂的时效”四个讨论主题。其中，在“经验同享”部分，主讲老师将中心事先征集的“活动期待解决的问题”归类并分组讨论。在组织老师讨论的过程中，主讲老师运用了一些新颖的方式进行示范，如临近分组、以成语接龙的方式让各小组挑选主题，活跃了现场的气氛。在小组讨论时，老师们通过大白纸和彩笔创作的形式各抒己见，分享自己日常教学中积累的教学经验，并且把关键点写在大白纸上便于之后的集体汇报。然后由主讲老师组织各组老师一起分享讨论结果并提出补充建议，讨论包含下列四个主题："讨论话题的准备""辅助材料的准备与发放""课堂的组织""提高讨论课堂的时效"。

5.4　工作坊模式的改革策略

5.4.1　发挥工作坊的专业特色，促进大学教师专业能力发展

不同主题、不同类型的教师工作坊，就其专题活动的特色而言，具有以下几个方面[①]：第一，民主的学习共同体。典型教师工作坊构建了以坊主为引领、以核心成员为主导、以普通成员为主体的学习共同体。在大学教师专业能力发展的过程中，我们需要以工作坊活动为抓手，逐步创建更多的专业学习共同体，将专业支持服务引向深入。第二，目标的明确性。典型工作坊活动目标非常明确，既有近景目标又有远景目标，既有微观目标又有宏观目标，既有发展性目标又有终极性目标。我们需要围绕大学教师专业能力发展的内涵及特点，制定工作坊的目标系统，更好地服务于教师专业发展。第三，内容的多元性。根据确定活动内容的渠道，工作坊活动形式可以分为自上而下型和自下而上型。我们需要在学校层面开展自上而下的工作坊活动，发挥旗帜性专家的辐射引领效应；在学院层面开展自下而上的工作坊活动，服务于教师教学与科研工作的现实需要。同时，注重不同层级类型工作坊的协同与共享。第四，形式的多样性。根据活动成员的层级关系，工作坊活动形式可以分为专家引领型、教师交流型和混合型。我们需要对不同形式工作坊提供相应的专业支持服务，不断提升工作坊活动效能。第五，评价的层次性。活动评价的层次性表现为评价主体的多元化、评价对象的全面化和评价形式的系统化。我们需要在学校和学院层面动态评估工作坊活动，并重视过程性评价反馈，促进工作坊的实效性与针对性。第六，效果的显著性。活动效果有显性的，也有隐性的，显性的效果主要体现为物化了的成果。我们需要重视工作坊过程性与终结性的成果产出，并服务于大学的教学、科研和社会服务工作等。

5.4.2　聚焦工作坊的服务对象，促进大学教师专业能力发展

大学青年教师群体是教师专业支持服务的主要对象，青年教师群体又可以划分为新任教师和骨干教师，针对不同服务对象，工作坊的运行需要体现其针对性。具体而言：第一，新任教师专业实践知识工作坊。新任教师实践知识工作坊的目标是使处在基本绩效水平的新教师得到稳定与发展，以便尽快达到娴熟教师胜任力

---

① 陆彩霞，姜媛，方平，等.典型教师工作坊研修活动的特色分析与未来研究展望：基于北京市典型教师工作坊的实践研究[J].教育科学研究，2019(02)：87－92.

水平。与职前教师教育课程培养整体素养不同，实践知识工作坊侧重新任教师专业实践适应力的提升。第二，不胜任教师教学问题诊所式工作坊。教学问题现场诊所式工作坊的目标是使某些方面不胜任的教师或刚刚处在基本绩效水平的教师的问题得到明确以及形成个性化的补差方案与行动。第三，骨干教师胜任力升华的流动工作坊。骨干教师流动工作坊的目标是使处在娴熟绩效水平的骨干教师的胜任力进一步得到升华。流动工作坊的主题模块与具体内容可以借鉴日本“实践专攻工作坊研习内容”，并根据教师专业实践主题或解决问题的实际需要而制定，如流动工作坊教师的研究课题等①。

5.4.3 创新工作坊的运行机制，促进大学教师专业能力发展

工作坊的运行机制需要紧扣大学教师实际工作状况，充分调动其主动性与实践性，最终促进其自身的专业自主发展。第一，在工作坊运行的过程中，不断激发教师专业学习兴趣，为教师专业发展搭建立体化支持平台，促进教师持续学习与进阶式发展；第二，立足教师专业实践所需，让问题引领教师学习，凸显教师学习的实践品性，促使其专业问题解决能力的持续提升；第三，建立动态开放的专业学习资源生成与应用机制，满足教师学习的个性化与多元化需求；第四，工作坊研修活动贯穿始终，提升教师专业经验，促进教师实践智慧生成与知行转化；第五，在工作坊运行的过程中，不断加强并重视情感支持，增强教师的学习体验，构建积极向上的合作文化②。通过设计高质量的话题，激活并联结教师的经验，促进理论与实践的对话，促进教师的深度学习③。

---

① 王强．基于工作坊的教师校本培训模式构建[J]．全球教育展望，2012，41(12)：92－94．

② 李宝敏，宫玲玲．基于工作坊的混合式研修中教师学习现状及支持对策研究[J]．教师教育研究，2018(02)：49－58．

③ 黄庆玲，李宝敏，任友群．教师工作坊在线讨论深度实证研究：以信息技术应用能力提升工程教师工作坊为例[J]．电化教育研究，2016(12)：121－128．

第 6 章 有互动的沙龙模式及策略

6.1 沙龙模式的内涵界说

6.1.1 沙龙的溯源与发展

《新语词大词典》指出，“沙龙”(salon)为法文音译，原意为客厅的意思。“沙龙”一词最先纯粹就是当作一种空间概念来使用，之后才逐渐和文化方面的用法接上轨，直到 1664 年才在法文中有确切的证据可稽。我们今天所理解的沙龙，原处就是指 17 至 18 世纪西欧上流社会文学、艺术、社会问题的讨论场所或社交场所[①]。17 世纪末叶和 18 世纪法国巴黎的文人和艺术家常接受贵族妇女的招待，在客厅集会，谈论文艺，后来因而把有闲阶级的文人雅士清谈的场所叫作沙龙。后来，人们对沙龙的理解，逐步从空间层面聚焦到主题层面，文化主题对应的是文化沙龙，教育主题对应的是教育沙龙，艺术主题对应的是艺术沙龙。因此，从最广义的角度来说，沙龙代表的是一个非目的性、非强迫性的社交形式。有些沙龙的座上宾会定时来参加“定期聚会”，且无特殊的诉求，这种即是所谓的“常客”，他们喜好彼此进行友谊的交流。这些人分属不同的社会阶层或生活圈子，而将他们彼此串联起来的，是那些以文学、哲学或政治为主题的交谈内容——交谈之中决不会和当时的时代精神以及由此衍生的问题脱节。哈贝马斯在《公共领域的结构转型》中就把沙龙作为一种公共领域(pubic sphere)来研究，将沙龙与俱乐部、咖啡馆、杂志和报纸等一同论述，称它们“是一个公众们讨论公共问题、自由交往的公共领域”。沙龙所具有的社交性、专业性等特征逐步显现，使其具有广泛的适应性。

18 世纪下半叶，随着沙龙的主题向科学研讨方向延伸，沙龙逐渐演变成学术界和大学的一种教学方式，成为知识分子活动的八种制度化环境之首，并被认为对西方世界知识分子职业的形成起到了孵化器的作用[②]。随着沙龙的主题向科学研讨方向延伸，它也成为研究生培养的一种重要形式[③]。因此，在研究型大学或高水

① 郭莹莹. 近代西欧沙龙文化探析[D]. 广州：华南师范大学，2007.

② 科塞. 理念人：一项社会学的考察[M]. 北京：中央编译出版社，2004：4.

③ 张忠华. 论提高研究生学术沙龙活动学习效率的策略[J]. 学位与研究生教育，2009(01)：38－42.

平的大学里，沙龙成为教师教学、科研等活动的有效组织形式，并产生出旺盛的生命力。“在这里，追求知识的人聚集在一起，可以相互交流，并在不断的交流中磨砺自己的思想，从而保持独立思考和自主研究的精神和氛围。”[①]

6.1.2 学术沙龙的内涵及特点

科学研究是大学重要的使命与功能，也是大学教师专业发展的内在诉求。学术沙龙成为促进大学教师科学研究活动的有效方式，发挥着重要的价值与作用。究其原因，“科学研究特别需要相互交流、相互启发和共同探讨，由于沙龙聚会气氛轻松，不讲究等级观念，便于畅所欲言且集散自由，一些科学家就利用沙龙方式来从事学术研究，这种沙龙可称为学术沙龙”[②]。由于沙龙讨论的主题不受限制，且有相关知识背景的人大量参与，从而使沙龙主题的探讨深度大大增加。同时，沙龙讨论的主题各式各样，这使得参与这一学术活动形式的人员日益增多，当代学术沙龙的范型也就在这一过程中逐渐得以形成[③]。早在 17 世纪中叶的英国，一些科学家经常聚集在一起对科学研究中碰到的难题进行切磋，并自愿组成“无形学会”，这就是学术沙龙的雏形。1931 年，美国科学家戈登发起召开学术交流会议，参加者交流尚未研究成功或者正在构思中的课题，会议除学术报告外，安排了大量时间让科学家们自由交谈，通过这些学术信息的交流，与会科学家获益不浅，这一学术交流方式后来被称为“戈登会议”。“戈登会议”就是现代学术沙龙的典型，它对推动现代科学研究发挥了重大作用[④]。由此，学术沙龙逐渐成为现代大学基本的专业活动方式，它不仅顺应了现代大学的学科专业发展趋势，有利于提升科学研究的水平与质量。而且，沙龙也促进了大学教师间的学术交流，有利于促进其学术能力的发展。事实上，学术沙龙作为一种以知识分子为主体、以学术问题为对象、以民主平等为灵魂的聚会交流活动，越来越受到人们的关注和认可。学术沙龙使主体在平等的精神交往中得到张扬，使大学批判与创新精神得以产生，使参与主体在诗意栖居和思性玩味中展开与复归。学术沙龙的内容是精神的、心灵的，具有非物质与非功利性。它蕴含多元主体的经验、思想、信仰与习性，并共同构成生命生长的精神土壤[⑤]。

---

① 胡弼成，廖梅. 试论现代大学教学组织的辅助形式：洛可可沙龙与伦敦咖啡馆的启示[J]. 高等教育研究，2002(02)：76－79.

② 许淳熙. 学术沙龙与科学研究[J]. 科学学研究，1995(01)：76－79.

③ 罗尧成，朱永东. 学术沙龙：一种研究生教育课程实施形式[J]. 学位与研究生教育，2006(04)：50－53.

④ 罗尧成，朱永东. 学术沙龙：一种研究生教育课程实施形式[J]. 学位与研究生教育，2006(04)：50－53.

⑤ 杨明刚，唐松林. 学术沙龙：大学教学的自由之境[J]. 现代大学教育，2017(04)：14－20.

由于学术沙龙的存在形式和人们对其的理解方式的差异，学术沙龙有广义和狭义之分。广义的学术沙龙是指所有的以学术研究为核心的、自由的聚会交流活动；狭义的学术沙龙指具体的某一次沙龙活动，有一个确定主题，参与者分别发言，表达自己的看法，并就不同意见展开争论[①]。就大学教师专业发展层面而言，学术沙龙就是社交沙龙的一种形式，与会人员就某一学科或其中某一方面举行专题讨论，也可以跨学科、跨行业横向交流，使与会者相互启迪，相互展示最新成果，把握学科发展方向。就其价值而言，学术沙龙是解决隐性知识共享难题的有效途径，能平衡知识共享中的利他矛盾，促进信息公平和知识公平，有助于知识共享的常态化发展。高等院校作为知识传播和科研创新基地，应该推广学术沙龙，促进教师群体的知识更新和知识扩展，更好地为教育教学服务[②]。

6.1.3 教学沙龙的内涵及特点

教学沙龙是伴随近年来我国高等教育理论发展融合而成的互动性参与教学研讨方式，主要是学者、教师、学生进行学术探讨和思想理论交流而形成的一种教育培养机制[③]。作为高校教师专业发展的一种形式，“教学沙龙是以教师为主体所进行的学术讨论”[④]。它往往是以教师合作理论为指导，以达到相互进步为目的的一个学习共同体，其本质是以教师的教学能力提升为目标而提供的一个教师专业发展途径。具体而言：首先，从主题选择上，基本立足于教学，从教学的理论理念、方式方法、目标策略、教案设计、课后反思等方方面面进行讨论学习；其次，教师们在沙龙中相互答疑解惑，分享经验，至沙龙结束后，将沙龙上的收获应用于所教授的课程、教学策略方法的改进，是教师与学生之间的有益促进，这也是教学相长的生动体现。

对于青年教师而言，积极参与教学沙龙活动，通过与同事、学生、专家和行政人员的交往、对话、协商、合作和分享，能够拓展社交群体，迅速融入周围的人际圈。尤其是利用教学沙龙与校方领导、前辈专家共同探讨学校教学未来发展，也是将教师置于学校主人公的地位，赋予教师部分决策权利，更有利于教师集体荣誉感与归属感的提升。同时，主题式教学沙龙作为一种共享式教研，既能引发教师个体基于教育教学实践的感悟与思考，又能促进教师之间、教师与专家之间的互动和交流，使参与主体萌发更加持久的探究欲望。基于此，大学教师教学发展机构需要通过组织主题教学沙龙活动，将分属于不同学科的教师组织起来，创建一个跨学科、

---

① 阳婷婷. 研究生学术沙龙的模式研究[D]. 长沙：湖南大学，2013.

② 姚玲杰. 高等学校知识共享的新模式：学术沙龙实践案例分析[J]. 大学图书情报学刊，2015(02)：86－88，93.

③ 朱志平. 基于共享的主题式教学沙龙[J]. 基础教育课程，2020(21)：39－44.

④ 黄仪庄，吴锦程. 教学沙龙在高校教师发展中的作用研究[J]. 当代继续教育，2015(03)：80－83.

跨院系的交流平台，以利于教师之间优势互补、相互协作、共同探究，不断改进教学实践，促进教师专业能力提升。

6.2 沙龙模式的现状分析

6.2.1 沙龙模式的主题归类分析

1. 国内院校沙龙模式的主题分析

国内院校教师发展中心所开展的沙龙、研讨会、分享会等活动涵盖主题比较全面，但是各主题分布不平衡（见图 6-1、图 6-2）。其中，国内院校沙龙主题主要集中在教学能力发展方面，其次是学术能力发展，这两类主题分别占活动总数的 72%和 10%；新教师沙龙、学校资源简介和职业生涯主题次之，分别占活动总数的 6%、3%和 2%；身心健康、师德师风和助教经验分享主题沙龙总体开展的数量较少。

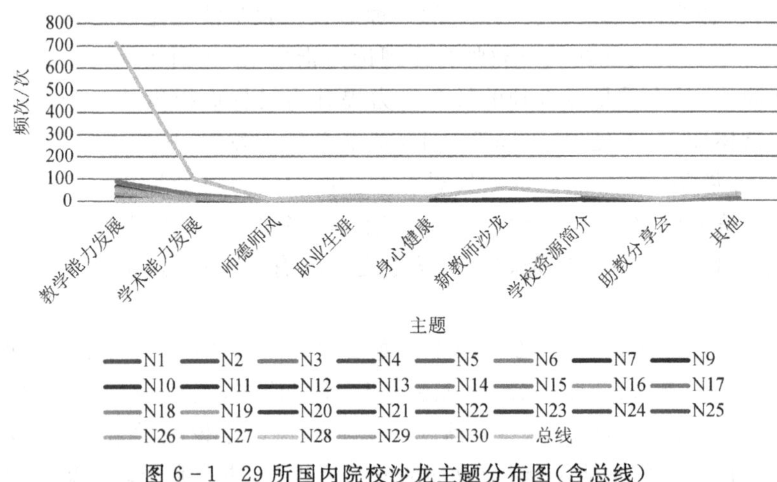

图 6-1 29 所国内院校沙龙主题分布图（含总线）

2. 外语院校沙龙模式的主题分析

外语院校教师发展中心所开展的沙龙、研讨会、分享会等活动涵盖了较多的主题领域，但是在师德师风、助教培训等方面还有待加强（见图 6-3、图 6-4）。外语院校沙龙主题主要集中在学术能力发展和教学能力发展方面，这两类主题分别占比 41%和 35%；职业生涯类、身心健康类和新教师培训类次之，分别占比 9%、4%和 4%。

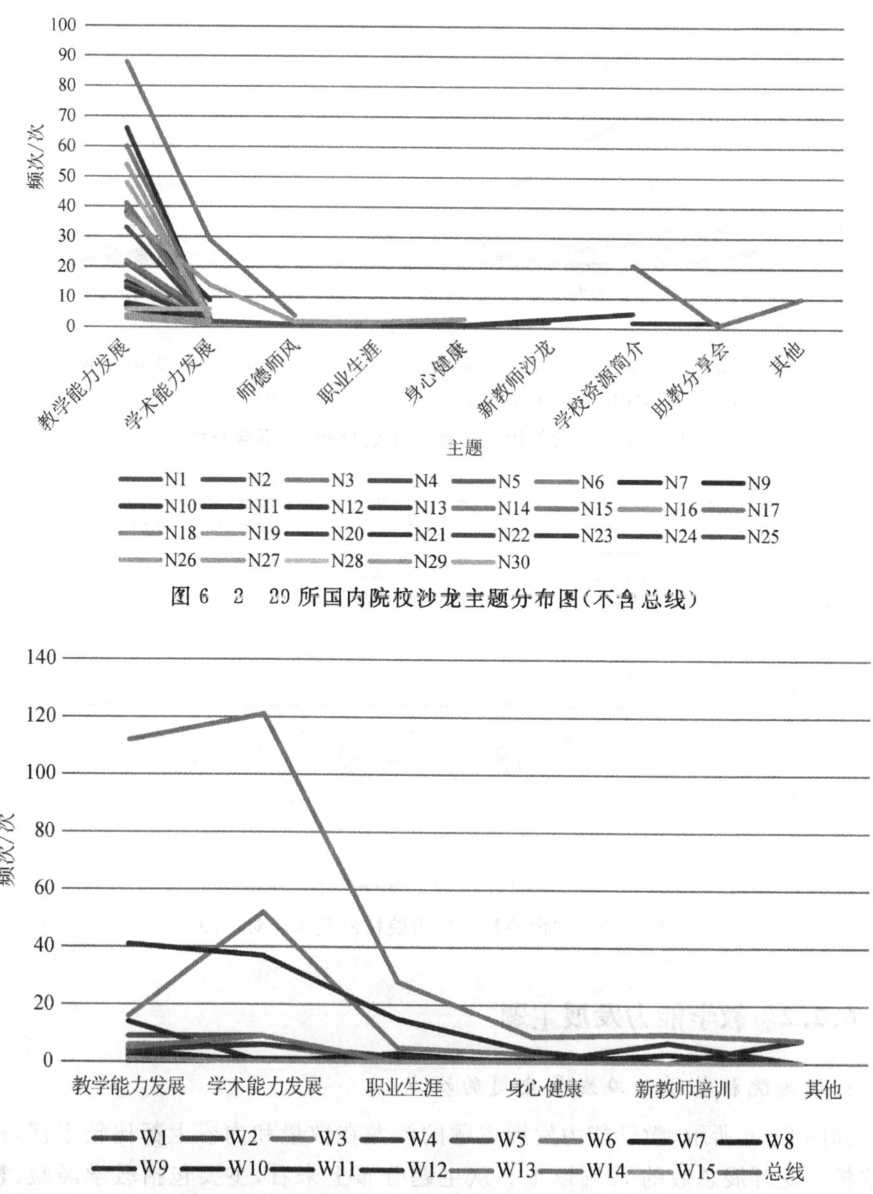

图 6－2　29 所国内院校沙龙主题分布图(不含总线)

图 6－3　15 所外语院校沙龙主题分布图(含总线)

3. 国内院校与外语院校沙龙模式的主题对比分析

国内院校与外语院校的沙龙主题主要涉及教学能力发展、学术能力发展、职业生涯、身心健康和新教师沙龙五个主题，其中教学能力发展和学术能力发展主题沙龙的开展数量最为突出(见图 6－5)。相比而言，国内院校沙龙开展的主题范围更广，更加注重教师教学能力的提升，而相对在沙龙主题中较少探讨学术研究。

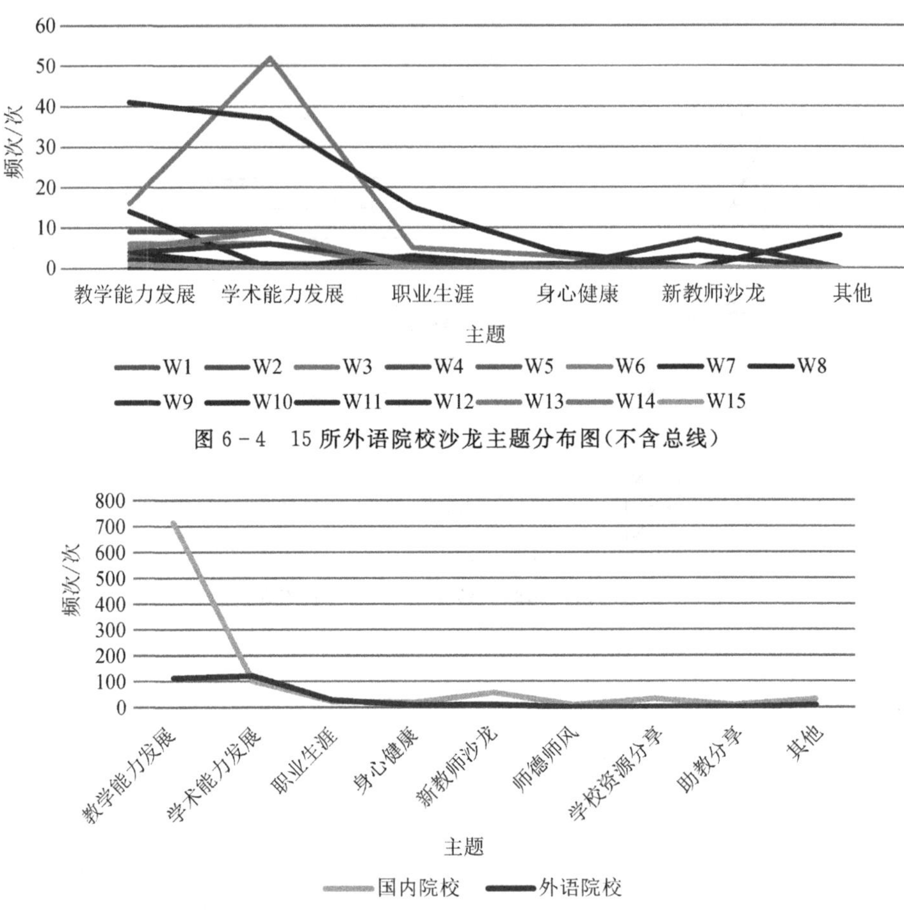

图 6-4 15 所外语院校沙龙主题分布图(不含总线)

图 6-5 国内院校与外语院校沙龙主题对比图

6.2.2 教学能力发展主题

1. 国内院校教学能力发展主题的沙龙

如图 6-6 所示，教学能力发展主题的沙龙在数量和内容上都比较丰富，占国内院校沙龙开展总数的 70%以上。从主题分布上来看，主要包括教学经验、教学方法、教学改革、教学技术、教师发展、人才培养、教学理念、在线课程、教学设计、课程思政和教学评估等方面(见附录 6-1)。

1)教学经验类沙龙

教学经验类沙龙占教学能力发展主题的 29.1%，主要涉及：课堂教学经验的分享，如何处理师生关系以及如何进行课堂管理等；课程教学经验的分享，涉及通识课、哲学、数学、物理、音乐、外语等 18 种课程；教师出国或者访学研修成果的汇

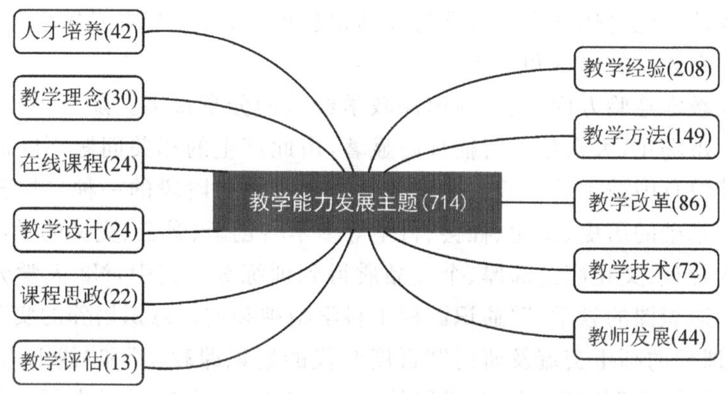

图 6-6　国内院校教学能力发展主题分布图

报；教师参加教学竞赛的备赛技巧和获奖心得；经验型教师对新手教师、青年教师授课的点评交流；教师教学技能的分享以及如何有效进行教学的交流等。

在课堂教学经验的分享层面，N3 大学就有效的课堂互动展开了积极探讨，总结分享了课堂教学的疑惑和思考。在"基于微信平台的课堂教学互动模式"的主题中，介绍了大班课堂教学实时互动与协同辅助教学平台的滚动建设经验。N5 大学开展了"以学生为主体的高等教育及大课堂互动技巧"。N7 大学基于多门运用微助教平台作为课堂互动环节的课程实践，与大家分享微助教平台的特色功能、使用方法以及实践经验。N29 大学谈到构建学生欢迎的课堂，要从三个方面出发，一是对教学倾注热情，建立平等的师生关系；二是认真完成备课；三是对教学过程的把控。在翻转课堂的模式方面，N6 大学从翻转课堂的是与非、问题与症状入手，与实际案例相结合提出问题解决的思路与方法，并邀请经验型教师分享实际做法和经验，以及未来努力的方向。

在加强课堂教学质量方面，N9 大学围绕"如何提高本科教学质量"展开了讨论。N13 大学就"一流本科教育——观念实践协同保障"展开讨论，在技术层面通过信息化教学监控平台的建设，实现对教学各主要环节的质量把控。此外，课堂教学质量和课堂管理探讨的情境主要是在线上，与在线课程、线上教学等话题密不可分，在慕课、微课等网络课堂流行的今天，帮助教师重新找回在现实课堂中的"控制感"和"节奏感"，共同研讨基于课堂互动工具的教学方法创新，积极面对以形成性评价为代表的教学改革潮流十分重要。N13 大学邀请资深教师分享课堂教学经验，老师们从自身教学经历出发，总结出"发现趣味，乐此不疲；联系实际，爱看门道；以勤补拙，熟能生巧；融会贯通，止于至善"的心得体会。

在师生关系方面，N3 大学探讨了智能时代师生关系的演变。N15 大学做了关于营造积极师生关系的报告，以及总结了教师为构建良好的师生关系可采用的具体策略。N23 大学结合教育信息化的时代背景，就信息化环境下如何建立良好师生关系或信息化时代学生的需求与教师角色展开讨论，与会专家总结了信息化时代师生关系建立的原则和方法。

在课程教学经验方面，关于通识课教学经验的分享最多。随着高等教育专业化、职业化、市场化、大众化的特征日趋显著，由此产生的相关问题不断恶化，通识教育在高等教育中被重新强调。通识教育是高等教育阶段的一种素质教育，旨在对学生进行基础的历史、文化、社会、科学等多学科创新、融合、交叉的学习，使学生的知识结构合理、文化底蕴深厚、个性品质得到训练等。其中，N3 大学分享了"如何开展大学通识课的教学?""通识课程中科学精神和创新意识培养的实践与体会""关于通识课程的师生交流及研讨""百度时代的通识课教学"和"线上人文——信息时代的通识课程"等线上通识课程的经验。N14 大学探讨了中国大学 MOOC 在通识课程中的应用。N6 大学针对通识教育课程建设的任务展开了讨论，指出当前的任务是在现有的七大类通识教育课程的基础上进一步优化框架内的课程，建设一批优质通识教育课程，同时要不断进行教育思想讨论，深化对通识教育理念的认识。N6 大学哲学系教授从理念与实践方面分享了通识教育课程建设经验，环境学院从技术方面介绍了通识教育课程"人与环境"及"科学世界观"课程微信平台的功能以及基于微信平台的大班课堂教学互动模式。N16 大学探讨了通识课程建设的相关举措和实施情况，以及开展通识课程教学法研讨的重要性和必要性。N3 大学、N27 大学对微博在大学数学课内外互动中的作用、微信公众平台的高等数学教学模式进行了探讨。

在访学、研修成果汇报方面，主要是国外一些教学法和先进教育教学理念的分享。从教和学出发，N14 大学谈论了教师在教育国际化中的角色以及教育国际化的初探与思考，游戏式教学，学习社区的构建，高校教学的有效性和多样性，大学有效教学和以学习者为中心的教学，教学风格和学习风格，教学技术与美国高等教育，大学课堂教学改革，语言类型学的教学与研究新方法，化学教育教学的实践和创新，PBL 教学法在经济学课程中的应用，批判性思维训练与翻转课堂教学，RTTP教学法("回应历史教学法")等主题。N15 大学探讨了研修共同体的构建，讨论了高校教师与教师进修学院的教研员和中小学教学名师如何形成"高校教师—教研员—中小学教学名师"为一体的研修共同体。N28 大学教师从爱尔兰教师教育核心理念与实践经验的视角出发，论述了爱尔兰教学研修的主要形式、爱尔兰教师教育的特点和启示、未来教师教育的挑战。除了出国访学外，还有一些高校广泛开展国内院校的交流合作，N29 大学分享了关于课程改革的新理念，并从教师之境、创新理念、工匠精神、教师之艺、获得感等方面进行了研修与总结。

在教学竞赛的备赛技巧和获奖心得方面，面向的主要群体是青年教师。N3 大学开展了多次沙龙活动进行教学竞赛经验和实战技巧的分享。为提升青年老师的课堂教学能力，促进教师间教学交流，N13 大学教师教学发展中心组织授课竞赛文科组青年教师教学研讨活动，以“与资深教师面对面”形式进行。与会指导教师结合自己多年听课观察到的课堂教学现象和自己的教学经验，从问题、现象角度向青年老师们介绍了自己对教学的认识和对教学的理解，并针对普遍性问题提出了有益建议。N20 大学组织国家级教学竞赛获奖教师开展示范教学及经验分享活动。N22 大学举办“新时代本科教学创新研讨会”，会议围绕“新时代本科教学创新”主题进行了深入研讨与交流。与会专家从教育教学理念创新、教育技术促进变革、教学研究促进改革、教学评价创新实践以及教学竞赛经验分享等多个方面、多个视角，全面剖析新时代本科教学创新与改革。

在教师教学点评交流方面，N20 大学开展了多次教师试讲点评活动，涉及医学、艺术、物理等方面，采用“新授课教师说课＋专家型教师点评”的模式。点评嘉宾对试讲教师的 PPT 设计、教学目标、教学内容、语言教态、互动教学、课程思政元素融入等方面进行点评，并结合 N20 大学的性质，总结出双一流建设高校的课堂讲授不能仅仅局限于概念的讲解，更应该注重学生的思维训练与问题意识的培养；教学目标是教学的出发点与归宿，教学内容和主题应该紧密相扣；课堂教学的导入应该具有知识性、思想性和艺术性；课堂教学应该有机地融入课程思政的价值观教育；大学课堂的讲授应该具有知识的趣味性、思维的启发性和科学前沿的新颖性。N30 大学开展了极具特色的微格系列沙龙，采用“新进教师自评汇报＋专家教师点评”的方式，新进教师结合录像视频及学生反馈进行自评，同时提出自身在初次教学中存在的困惑。随后，专家教师从课堂内容、授课形式、教学展示等方面对新教师的教学情况逐一进行个性化的诊断和针对性的建议。

在教师教学技能分享方面，教学技能的提升对于教师职业发展具有重要作用。N13 大学的老师建议培训可以多样化，例如，青年教师可与教学经验丰富的教师结成对子，通过互相听课等途径来提升课堂教学能力。青年教师作为数量突出的一个群体，可结合自身的教学特点和实际，多参加教学大赛，借助教学比赛的大平台，有效提高自身的教学技能和教学水平，这对于教师队伍建设意义重大。

2)教学方法类沙龙

教学方法类沙龙占教学能力发展主题的 20.9%，主要涉及：具体教学方法，如案例教学法、互动式教学法、讨论式教学法、对话式教学法、项目教学法、三明治教学法、前期铺垫/后置教学法等；教学模式的选择和转变，如混合式教学模式、PBL 教学模式、SCL 教学模式（以学生学习为中心）等；教学艺术性的提升，如提高讲课的吸引力、如何打造魅力课堂等。

在案例教学法方面，N3 大学开展了“案例教学与全英文课程教学漫谈”的讨论。N7 大学教师通过自己在哈佛商学院的培训经历介绍了哈佛商学院的案例教学模式，总结了案例教学的支撑体系：学生、教师、设施及配套和评价体系，并分析了每个体系在案例教学中的重要性。N10 大学举办“案例教学及其在医学教学中的应用”教学沙龙，就什么是案例教学法、案例的分类、如何选编案例以及在医学教学中如何应用案例教学等问题做了讨论。N27大学教师就案例教学在公共教育学课程中的应用做了研究。N30大学教师认为新授课教师要适当加入案例教学，以有效激发学生学习兴趣，同时帮助学生建立理论知识与实际生活之间的联系。

在互动式教学方面，N10大学围绕“互动式教学的目的与方法”展开讨论，介绍了互动式教学的目的和作用以及开展互动式教学的困难与现状、如何搞好互动式教学等，指出搞好互动式教学要以学生积极参与为前提，教师有效组织为保证。N10大学专家教师引入了互动式教学的诸多实例，就互动式教学的具体组织和困难解决与到场教师展开了热烈的讨论。互动式教学的一个重要应用是线上教学，N13大学专家教师通过一场生动活泼的互动式教学讲座，与大家分享了自己运用云端信息平台进行课堂互动式教学的经验、创新与感悟。同时，从学生角度阐述了云端互动平台在学习中的重要作用，展示了云端互动平台在我国台湾地区及大陆地区诸多知名高校中的应用效果。N16大学助教就线上教学中师生互动存在的问题与到场教师进行了交流与探讨。

在讨论式教学方面，主要是实践经验的分享，如N11大学教师就“基于问题的讨论式教学”展开汇报；N14大学就“讨论式教学法”在项目应用中的主要经验成果进行分享；N29大学开展了“促进学生深度学习——PBL与讨论式教学法探讨”午餐会，介绍了以问题或项目为导向式的PBL教学法，并结合课堂实例，阐明了具体的实施方法，且教师们利用讨论式教学法，围绕“讨论式教学法的利与弊”，在理论与实践两个层面展开热烈讨论。

此外，在具体教学方法方面，还涉及其他类型的教学法，诸如三明治教学法、sandwich教学评价方法等。

在教学模式方面，讨论最多的是混合式教学模式。N15大学多次组织开展了“混合式教学模式教师教学经验交流分享会”，就如何借助混合式教学模式缓解数学类课程难学的难题和促进学生深度学习的方法、如何通过混合式教学模式培养学生的科学研究能力等问题展开探讨。N18大学开展了网络教学沙龙——线上线下思政课混合式教学模式研讨活动。混合式教学模式的应用同样与教育信息工具和线上教学平台的使用密切相关，如超星学习通、微助教、SPOC平台、Coursera等。N24大学举办网络信息化教学背景下混合交互式课堂教学研讨会。N27大学开展了信息化条件下的混合教学模式创新与实践研讨以及混合式教学模式在课程教学中的应用与实践。此外，在教学模式方面，还涉及“行动学习”教学模式、大班授课小班辅导以及教学模式转变等问题的讨论。

教学是一门艺术，许多大学都对如何提高讲课的吸引力进行了探讨。在教学艺术性方面，N2大学开展了题为“以情优教，提高教学艺术性”的教学沙龙，从情感教学的角度和在场师生交流“如何在实践中提高教学水平”这一核心问题，且理论结合实践,用丰富的案例引导大家思考“以情优教”的方法和策略。N3 大学讨论了“讲课的吸引力从何处产生”。N14 大学开展题为“魅力课堂”的青年教师叙事上午茶和题为“如何增加教学吸引力”的青年教师叙事下午茶活动,与会教师以圆桌叙事的方式在轻松愉快的氛围中分享教学智慧,交流教学经验。N21 大学的专家教师分享了自己对“课堂语言艺术”的见解,“教师首先要有积极的职业态度,要热爱自己的职业,同时要提高自己的语言色彩,增强课堂对学生的吸引力。同时,语言的背后是思想,要做到语言有魅力,知识储备上也必须达到一定深度”。N30 大学对如何提升生涯课、在线开放课程等的教学吸引力进行了讨论。N29 大学开展了题为“如何让课堂魅力无限?”的学术午餐会,教师分享了对魅力课堂的认识与思考,认为魅力课堂应包含三个标准:第一,课堂内容涵盖学生所需要学到的知识;第二,课堂上让学生感受到知识之美;第三,学生对任课老师的认可与喜爱。

3)教学改革类沙龙

教学改革类沙龙占教学能力发展主题的 12.0%,主要涉及:教学模式的改革和创新;课程改革,如创新创业教育课程、公共课程、课程建设等;课堂教学方式改革、教育质量改革以及本科教育改革、基层教学组织建设和新文科建设等。

在教学模式的改革和创新方面,N3 大学就“实验教学改革经验谈”“国际视野下教学改革新趋势”等问题展开研讨。N10 大学举办“实践教学改革”午餐研讨会,教师从工作背景、“四位一体”、教研互补三个方面讲解了“四位一体”的实践教学改革的过程。针对传统实验教学在学生思维自主能力的培养、课程体系衔接、设备实用性等方面的不足,教师以物联网工程专业为切入点,以学生工程实践和科技创新为立足点,提出了内外互动、虚实结合、以赛带练、多径培养的“四位一体”教学模式。在此基础上,教师主要从实验教学中的问题、微信平台建设过程、教改实践、推广应用四大方面具体介绍了基于微信公众平台的实验教学改革实践。N10 大学还分享了德国等欧美国家在以学生为中心教学模式等方面的教学改革理念和做法,启发教师开展教育教学研究,改进自身教学工作。

在课程改革方面,N13 大学分享了在实验实践类型课程的教学改革方面取得的成果;听取了如何将信息化技术融入教学实践,以及如何通过信息化平台开展多校名师联合授课的新形态课程建设实践的经验。N15 大学对“立足 ESP 课程设计理念,深化教学改革与创新”进行了探讨,提出了以培养学生语言能力、思维能力、国际学术交流与专业沟通交流能力、跨文化交际能力的创新课程总目标,以及构建分层次、分类别、多样化、有特色的硕博英语课程体系的发展规划等。

在课堂教学方式改革方面,N10 大学以“互联网+创新人才培养”为主题展开研讨,围绕互联网+创新人才的培养和教师教学能力提升的新课题,研究与探讨如何适应当前形势,以提高学生能力为核心的课堂教学改革;举办“SPOC 与翻转课堂教学的实践与探讨”研讨会,围绕“互联网+”时代大学教学模式如何适应培养创新人才的主题，教师讲述了自己采用SPOC教学模式进行“数据结构与算法”课程教学的过程，分享了采用这种模式在教学中对教师自身和学生要求的改变，以及学生对这种教学模式的接受程度和教学效果影响等方面的体会。

4)教学技术类沙龙

教学技术类沙龙占教学能力发展主题的10.1%，主要涉及在线课程的制作方法、信息技术与教学的深度融合问题、信息化教学平台的选择和运用、在线教学的心得和技巧以及PPT的制作和使用等。

在线课程制作方面，N15大学举办研究性学习混合教学模式研讨暨分享会——“创新教学以强校”，邀请智慧树网的专业人士解读了《好课是怎么炼成的》，系统解析了在线课程从设计到制作再到运行的全过程。N15大学分享了国家精品在线课程建设经历，提出建设在线课程要坚持“五个精心”，即精心准备、精心设计、精心制作、精心运营以及精心维护，精心才能出精品。N23大学举行“教师教育在线课程”项目进展分享午餐会，就在线开放课程建设的脚本撰写、基本流程、注意事项及团队分工与协作等展开讨论与交流。

在信息技术与教学的深度融合方面，N5大学开展了“用信息技术重塑课堂教学”的教学沙龙，旨在推动信息技术与教育教学深度融合，提升教师的信息素养与利用教育技术优化课堂教学的能力。N10大学在教师教学服务中构建与应用大数据平台，实现了对师生成长的个性化帮助，为信息技术与教育教学的深度融合树立了典范。N14大学的教师介绍了自己的大学课堂实践探索之路，重点分享了自己在高校课堂教学中遇到“瓶颈期”时，如何利用信息技术为高校课堂教学寻求理论支撑、去改变和调整课堂教学。N17大学的教师分享了在日常教学过程中，将前沿信息技术融入教学场景中，能够大大提升学生的自主学习能力，使教学效果显著的实践经验。

5)教师发展类沙龙

教师发展类沙龙占教学能力发展主题的6.2%，主要涉及：教师教学能力提升，包括教学研究能力、创新教学能力等；教学研究与育人融合发展；教师成长平台的搭建；教师对自身职能和角色的认识；教学团队建设；教师素养以及提高和培养教师积极性的方法等。

在教师教学能力提升方面，主要是对教师发展中心等平台建设的探讨。大学教师专业发展中心要积极搭建教师教学能力提升平台，努力在高校形成潜心教学、聚力教学的良好氛围，真正成为教师发展征途上的“加油站”。N6大学召开教师教学能力提升研讨会，专家教师就研究型教学的理念与实践，以及国内外教师教学发展中心建设情况做了专题报告；N6大学教师教学发展中心负责老师就中心的建设理念与实践做了报告，为兄弟院校开展教师教学发展中心的工作提供参考与借鉴。N10大学探讨了在互联网时代，教师如何跟上信息化脚步创新教学模式、提升教学能力、培养多元化人才，有效促进西部高校教师教学发展和创新人才的培养，推动高等教育的可持续发展等问题。

在教学研究与育人融合发展方面，各学校就“教师如何在教学中发挥育人作用”“如何提升教书育人能力，做一名优秀的大学教师”展开讨论。N10大学从教学中的热门问题、重点问题以及疑点问题入手，认为教师只有不断提高教学水平，才能达到教书育人的目的；针对全球化、信息化的时代背景，教育教学中要培养学生主动学习、对自己负责，而教师要把培养人才作为神圣职责，不能只教书不育人，必须注重全面提高自己才能为人师表，教书育人。N12大学举办了题为“科教融合与项目式教学——通过‘做研究’提升学生能力”的研讨会，主讲嘉宾“从科教分离到科教融合”、“科研的育人性和教学的学术性”、“从科教融合到项目式教学”、项目成果与经验等不同角度，对“科教融合与项目式教学——通过‘做研究’提升学生能力”的主题进行了深入生动的阐述，并就大学生应用能力、解决问题能力和创新能力的培养，大学科研如何支撑高质量的本科教育等一系列问题，进行了深入的研讨与交流。

6)人才培养类沙龙

人才培养类沙龙占教学能力发展主题的5.9%，主要涉及人才培养的目标、质量，创新人才培养模式，研究生培养以及如何激发学生的学习动机等。N9大学开展了题为“反思本科人才培养的得与失”的校友问教沙龙，从校友的成长历程反思本科人才培养方面的优势与改进之处。N10大学多次举办青年教师教学研讨午餐会，就人才培养模式与教师自身发展，教学、科研与人才培养实践问题等进行了阐述与分享；N10大学还开展了“树立科学质量观，提高人才培养质量”讨论活动，旨在使校园内形成重视教学、重视人才培养的良好氛围，从基层提高对人才培养质量的要求。

7)教学理念类沙龙

教学理念类沙龙占教学能力发展主题的4.2%，主要涉及教学理念的创新以及具体教学理念的分享，如以学生为中心、有效教学、深度学习、教学信息化、研究导向型、快乐教学、人文与问题导向等。教学理念是课堂教学的顶层设计，所以教师要掌握先进的教学理念，从而指导教学实践。N13大学专家教师就“怎样和学生打交道”这个问题，分享了“全沟通”的教学理念，认为师生之间的沟通应该包括讲台上下、课堂内外、课程和非课程、语言和非语言、输入和输出，既涵盖知识的讲授，也涉及价值观念的交流。

8)其他类沙龙

在线课程沙龙占教学能力发展主题的3.4%，这一方面涉及在线课程资源的有效应用、在线开放课程的建设、在线质量课程认证评估标准以及精品课申报等。

教学设计方面占教学能力发展主题的3.4%，这一方面涉及教学设计的理念、教学设计框架、教学设计模式、教学任务和教学内容、教案以及课程设计。高校教学设计与课堂呈现是新教师必备的教学技能之一。N13 大学的教师从理念、态度、风格、积累等方面畅谈了自己的观点,然后重点分析了教学设计的系统性,总结了优秀的课堂呈现的关键要素,即知识要点、教案设计、PPT 设计、讲解设计、肢体语言和板书。

课程思政方面占教学能力发展主题的 3.1%,这一方面涉及课程思政的实施、专业课与课程思政的结合、优良教育思想的传承、价值观教育、课程思政案例设计以及热点话题进课堂等。

教学评估方面占教学能力发展主题的 1.8%,这一方面涉及教师教学评价、教学评估的科学化、课程考核经验、课堂评价以及教学规范等。

2. 外语院校教学能力发展主题的沙龙

如图 6－7 所示,外语院校教学能力发展主题的沙龙主要围绕教师个人教学经验、教学心得、教学感悟的分享,这部分沙龙占比 23.2%,具体包括育人方法、思政教育心得等。与课程相关的沙龙占比 18.8%;教学方法和教学理念类沙龙分别占比 14.3%、13.4%,具体见附录 6－2。

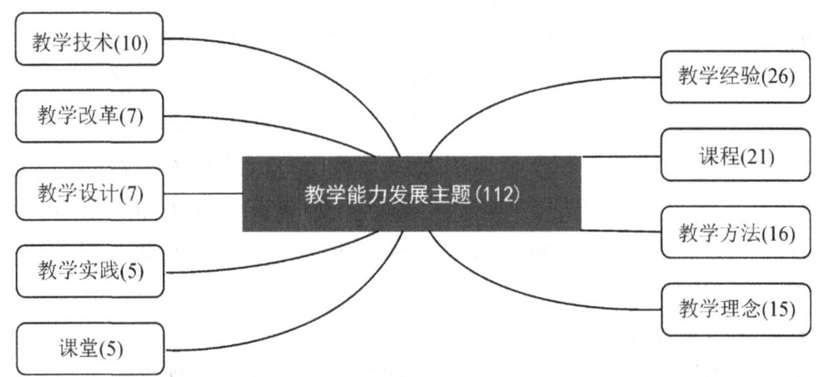

图 6－7　外语院校教学能力发展主题分布图

1)*教学经验类沙龙*

教学经验类沙龙主要是从课堂教学和课程教学实际出发,就教学过程的内容和形式进行总结提炼。W1 大学举行"非外语专业课堂教学方法沙龙",参加沙龙的老师分别从自身教学经验以及本专业的特点出发,针对教学内容及形式的选择阐述了自己的看法;同时就教学过程中形式与内容的平衡,在教学过程中如何激发学生兴趣,如何培养学生思辨能力等问题进行了讨论。W2 大学开展"不忘教育初心,推动教学创新"的教学经验和感悟分享会;在优秀教学奖教师分享沙龙中,获奖教师分享了"因材施教,以本为本"的教学心得。W11 大学举行"互动式教学经验交流会”，专家教师从个人的心得体会出发，对课程中如何通过互动增强教学效果进行了深入浅出的讲解。

2)课程建设类沙龙

课程建设类沙龙主要涉及全英课程建设、课程教学、课程设计、MOOC、课程考核方法、双语课程和课程开发几个方面。W7 大学开展了一系列“全英课程建设”，涉及的课程包括中国政治思想史、微观经济学、管理学基础、中小学英语教学法、宏观经济学、国际市场营销、教育法学等 7 门课程，围绕全英课程建设中遇到的问题商讨解决方案，就全英课程建设的目标和规划进行探讨；在课程教学经验方面，W7 大学开展题为“课程教学设计——‘如何讲好一堂课’”教学沙龙活动，专家教师从“何为教学设计”“为什么要教学设计”“怎样进行教学设计”“教学设计中的注意事项”到“实际的教学案例”，依次展示了教学设计的思考方向和实用技巧；W7 大学的教师还分享和交流了自己数十年来从事思想政治理论课程教学的经验和感悟。W11 大学开展了互动式教学经验交流会，专家教师从个人的心得体会出发，对课程中如何通过互动增强教学效果进行了深入浅出的讲解，分析了教师的使命，以“身为教师的难题”为引子，介绍了课程教学中教师应如何更好地定位，以及分析学生特征的重要性。在课程设计方面，W1 大学就课程设计与教学策略展开探讨；W6 大学开展了题为“课程设计与教学效果”研讨，专家教师介绍了课程设计中需要遵循的原则、方法，并且探讨了在课程设计实践中遇到的问题；W10 大学通过“以学生为中心”教师说课活动，介绍了双语课程的课程设计，以及在 MOOC 的制作、建设方面的专业经验；W3 大学以“MOOC 慕课时代”为题，从宏观角度分析了当前在线开放课程的建设及应用情况，从微观角度分析了从 MOOC 到 SPOC 翻转课堂的具体表现；W3 大学、W7 大学都对 MOOC 微视频的制作方法与技巧进行了总结分享。在课程考核方法方面，W1 大学举行了“教师教学发展活动——课程考核沙龙”，沙龙针对目前高等教育教学活动中主要的课程考核方法，分析了各类方法的利弊，指出当前课程考核面临的挑战，同时老师们也对一些改革课程考核方式的想法进行了交流分享。在双语课程方面，W7 大学以“双语课程教学中双语的运用”为题展开了探讨，就双语课程的概念，双语课程的建设目标、教学模式，目前双语课堂实践所面临的挑战以及建议进行交流；W10 大学还通过教师说课活动，对双语课程的课程设计做了讨论与分享。

3)教学方法类沙龙

教学方法类沙龙主要涉及案例教学法、合作教学、教学观摩和授课技巧等。W1 大学举行“面向未来的教学”教师发展研讨会，就案例教学方法、课堂内外主动学习能力培养、大型讲座环境下的投入型学习，以及有效教学策略展开研讨。W3 大学举行了“青年教师案例教学培训”，组织教师从案例示范教学、案例开发等方面进行了交流与分享；W3 大学专家教师畅谈了管理教学中遇到的困难和蕴含的机遇，以及教学技巧应用问题。W10 大学开展了“韩语教育教学研讨会”，围绕韩语教学中的教学手法和授课技巧，组织教师分享了各自的韩语教学经验和教学成果。

4)教学理念类沙龙

教学理念类沙龙主要探讨先进理念的引进和教学理念的本土化创新，涉及案例教学法、合作教学、教学观摩和授课技巧等。W1 教师发展中心与阿语系联合举办了主题为“零起点外语教学主动学习策略”的教师沙龙活动，邀请相关院系教师交流在零起点教学方面的创新教学理念、成功习得语言的方法和提高学习兴趣的经验。W3 大学就教育教学理念与青年教师展开研讨，专家教师从“英语教学与写作”出发，提出了“写出我人生”的外语写作教学理念。W6 大学的专家教师汇报了对内容依托教学理念的引进、探索、成果及创新。W10 大学举行“华外优青”国外进修分享会，由赴国外进修的教师分享其教学理念和方法，以及对于教育的本质、教师的角色和先进的教学模式的深刻理解和独到见解。

5)其他类沙龙

外语院校教师教学能力发展主题的沙龙还探讨了教学技术、教学改革、教学设计、教学实践和课堂教学等方面的问题。在教学技术方面，主要涉及在线课程的制作技巧和外语学习平台、软件的使用等。W3 大学就“MOOC 微视频的制作方法与技巧”和“AntConc 等语料库检索软件的使用方法”等进行了分享；W6 大学举行“在线开放课程建设与应用研讨会”，从国家精品在线开放课程建设经验交流、在线开放课程建设与应用的管理与创新、在线开放课程建设成果与应用典型案例、在线开放课程建设与应用服务等进行了交流分享；W8 大学分享了“雨课堂”实战技巧与教学感受；W12 大学举办了在线课程拍摄流程说明会，讲解了简学科技精品课程制作流程。在教学改革方面，包括课程教学改革和课堂教学改革成果的展示和改革模式的探讨。W1 大学举行了“英语专业本科翻转课堂示范课程研讨会”，专家教师主讲并展示了她主持的“英语文学概论翻转课堂”的教学改革成果；W6 大学举行了“在线开放课程建设与应用研讨会”，参训教师根据自己所教授的课程展开经验交流，探讨了日后工作的新思路和新方法，同时希望共同推动课程的有效应用，助力教育教学改革，提升教学质量。在教学设计方面，W6 大学做了主题为“外语教学的理念与方法”的探讨，强调教师在课堂教学中一定要关注学生特点，精心做好课堂教学设计，不断提升教学效果。

综上所述，国内院校和外语院校教学能力发展主题具有相似性，都主要涉及课程、课堂教学经验的分享；各类具体教学方法的应用心得，其中案例教学法使用最为广泛；国外先进教学理念的借鉴和教学理念的创新；等等。

6.2.3　学术能力发展主题

1. 国内院校学术能力发展主题的沙龙

如图 6－8 所示，国内院校学术能力发展主题的沙龙包括学术研究、教育类、教师发展、学科、人才培养、高校建设、教材和社会问题等方面（见附录 6－3）。其中，学术研究方面占学术能力发展主题的 37.6%，这一方面涉及项目介绍和申报、论文写作和发表经验、研究成果分享、教学学术、科研数据的收集和分析、论文选题和答辩、跨学科的合作研究、科研创新和研究性学习等。

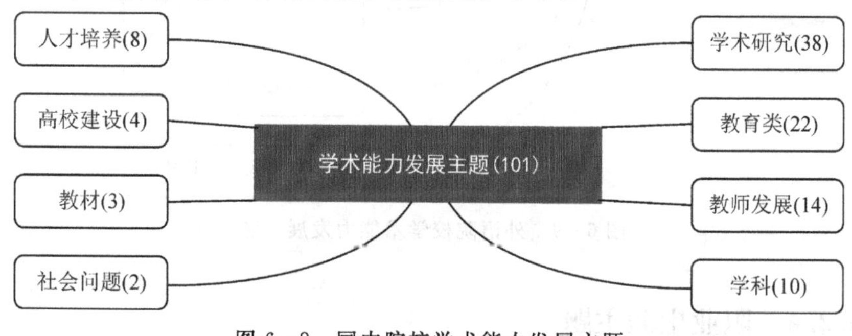

图 6－8　国内院校学术能力发展主题

教育相关主题占学术能力发展主题的 21.8%，这一方面涉及创新创业教育、工程教育、教育教学质量、工程教育、法学教育、科教融合、教育文化、课程的价值取向以及包容性设计在各专业的应用等。

教师发展方面占学术能力发展主题的 13.9%，这一方面涉及教师教学发展中心建设、教师教育模式、教师研修共同体建设、卓越教师核心素养研究以及教师教学能力研究等。此外，学科主题涵盖了不同学科，如管理学、经济学、医学、教育学等；人才培养方面涉及本科生、研究生的各种能力的培养；高校建设方面涉及教师发展中心调研和经费管理问题。

2. 外语院校学术能力发展主题的沙龙

从图 6－9 中可以看出，外语院校学术能力发展主题的沙龙主要围绕具体研究主题展开，占开展沙龙总数的 43.8%。学术发表、科研人员、项目申报、研究方法和工具、科研工作的支持机构，分别占开展沙龙总数的 9.9%、9.1%、8.3%、5.6%、0.8%。同时，国别和区域研究主题占沙龙开展总数的 22.3%。此外，外语院校学术能力发展主题的沙龙还较多地涉及文化研究和语言研究。具体见附录 6－4。

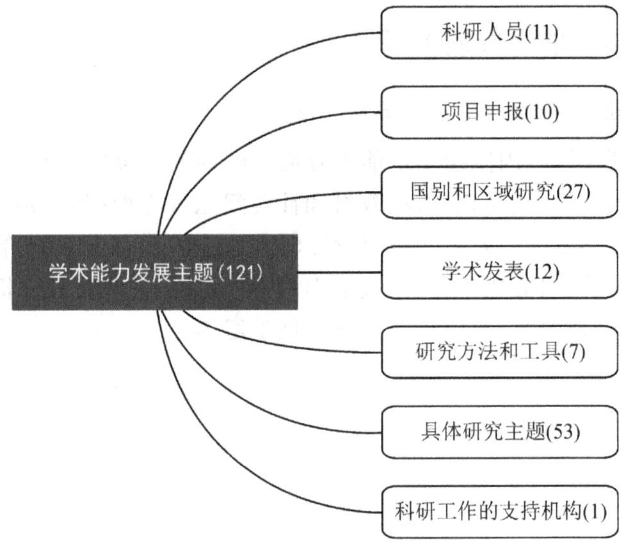

图 6-9　外语院校学术能力发展主题

6.2.4　职业生涯主题

如图 6-10 和图 6-11 所示，国内院校和外语院校职业生涯主题的沙龙具有相似性，都主要围绕在青年教师职业发展的问题、困惑以及经验型教师进行工作经验的分享等方面。同时，教师面临的问题主要有如何平衡教学和科研、工作和生活的关系。此外，外语院校职业生涯主题沙龙对行政管理人员、女性教师和辅导员也开展了针对性的沙龙，帮助他们解决工作和生活中的问题。具体见附录 6-5 和附录 6-6。

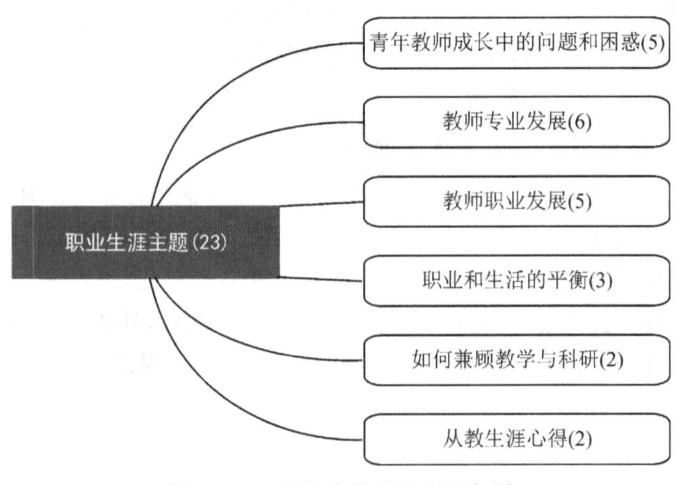

图 6-10　国内院校职业生涯主题

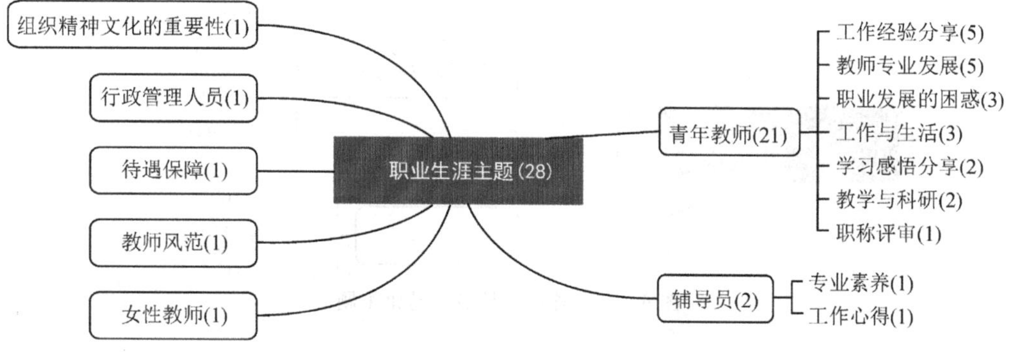

图 6-11　外语院校职业生涯主题

6.2.5　身心健康主题

如图 6-12 和图 6-13 所示，国内院校和外语院校身心健康主题的沙龙具有相似性，都包括身体健康和心理健康两个方面。身体健康主要涉及通过运动预防身体的劳损、校园急救、嗓音保健等；心理健康主要涉及通过心理调适缓解心理压力、自我认同感和幸福感的获得（见附录 6-7）。

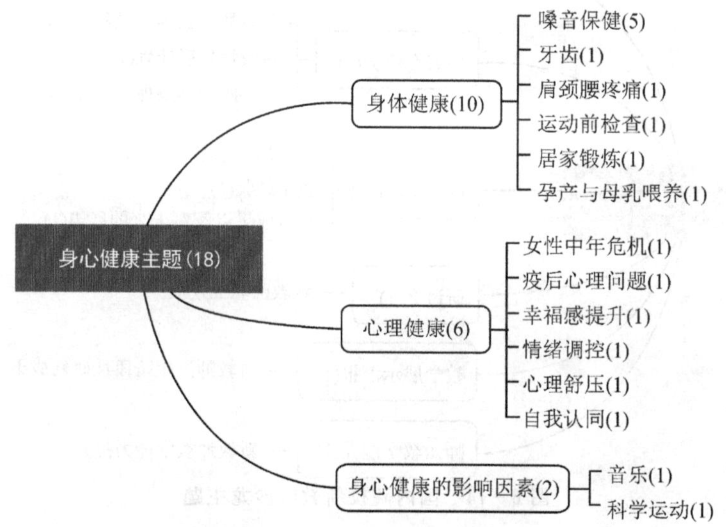

图 6-12　国内院校身心健康主题

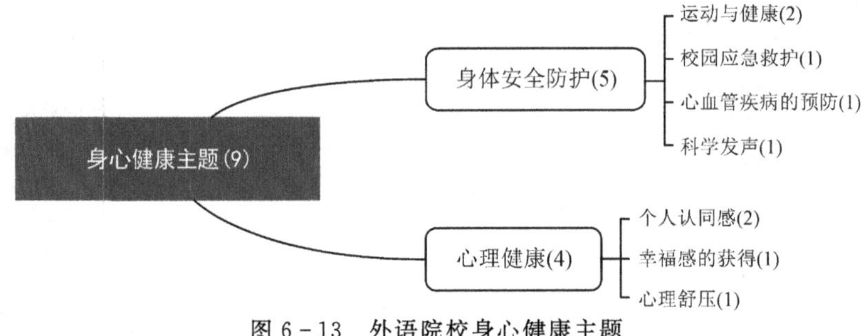

图 6-13 外语院校身心健康主题

6.2.6 新教师沙龙

如图 6-14 和图 6-15 所示，国内院校和外语院校新教师沙龙主题具有差异性。国内院校新教师沙龙主要涉及新教师教学能力的提升和学术能力的发展，新教师通过自评汇报，找出不足和问题，再由专家型教师进行指导。外语院校新教师沙龙主要涉及学校的校史校情和各部门职能，旨在帮助新教师了解和适应新环境(见附录 6-8)。

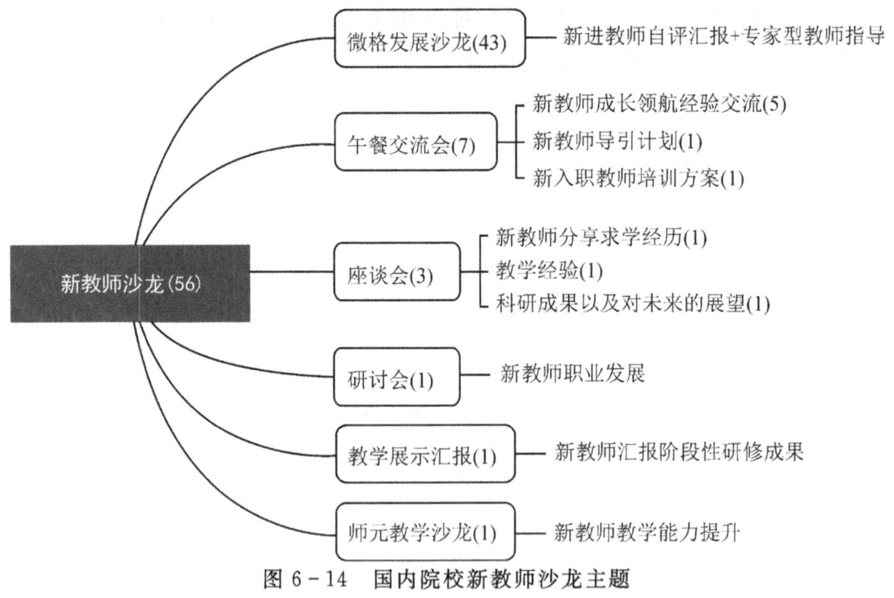

图 6-14 国内院校新教师沙龙主题

6.2.7 其他沙龙主题

如图 6-16 和图 6-17 所示，国内院校和外语院校其他主题沙龙都主要涉及辅导员沙龙，内容包括辅导员工作经验分享、辅导员自身学习以及辅导员队伍建设等。此外，国内院校还通过音乐、歌剧、交响曲以及文化赏析等沙龙活动提升教师的艺术修养(见附录 6-9)。

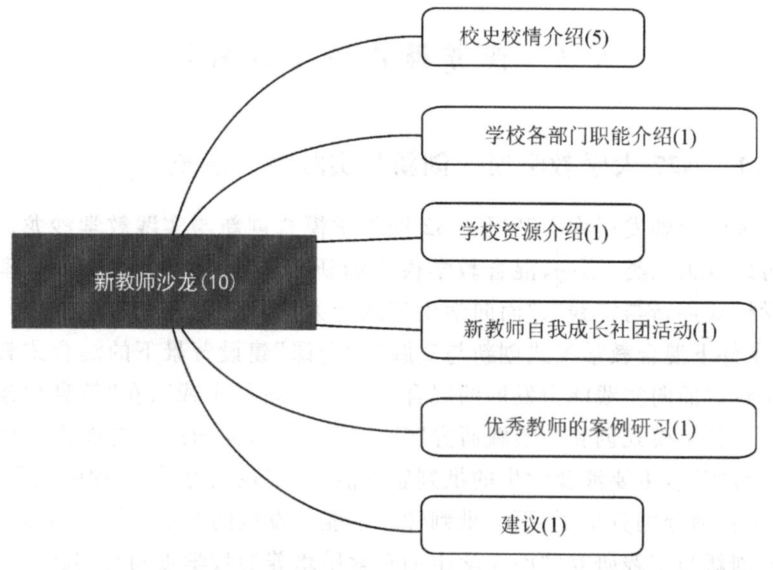

图 6－15　外语院校新教师沙龙主题

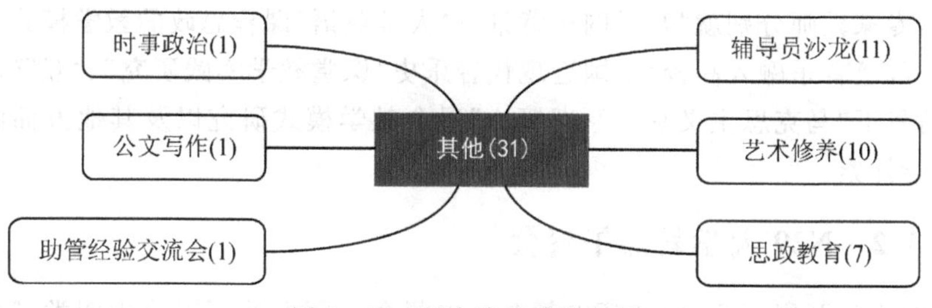

图 6－16　国内院校其他主题

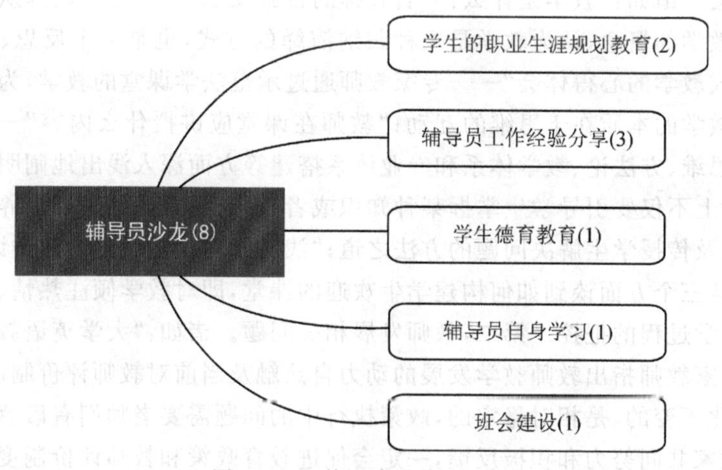

图 6－17　外语院校其他主题

6.3 沙龙模式的个案分析

6.3.1 N27 大学教学模式创新与实践教学沙龙

N27 大学教师发展中心开展了 52 期教学模式创新与实践教学沙龙。沙龙主题大致可以分为三类:第一,混合教学模式创新与实践,主要涉及“OBE 理念下的混合教学模式创新与实践”、“面向学生实践能力培养的混合式教学创新与实践”、“信息化条件下混合教学模式创新与实践”、“金课”建设背景下的混合式教学模式创新与实践、“面向实践能力发展的混合式教学创新与实践”、在“信息化条件下大学英语混合教学模式创新与实践研究”等主题;第二,面向思维与能力发展的课程教学创新与实践,主要涉及学生的批判思维能力、实践能力、深度理解能力、创新能力等,专家教师分别分享了“面向批判性思维能力发展的大学英语项目依托式阅读教学模式创新与实践研究”“面向学生创新素质培养的教学重构与实践”“面向思维发展的混合教学模式创新与实践”等专业内容;第三,融入“课程思政”的教学创新与实践,专家教师分别就“互联网+背景下‘大学英语’课程思政的教学模式建构与实践”、“红色音乐融入高校‘中国近现代音乐史’课堂教学实践研究”、“互联网+大思政”背景下“马克思主义基本原理概论”混合教学模式研究以及其他方面的课程思政进行探索。

6.3.2 N29 大学教师午餐会

N29 大学开展了 50 期教师午餐会。午餐会主题大致可以分为四类:第一,教学心得体会。诸如:“教学是什么:一名教师的自我反思”——专家教师从不同的角度诠释了教学的概念,认为教学是一种归纳演绎的方式,也是一个反思、悟道的过程;“互动式教学的心得体会”——专家教师通过示范法学课堂的教学,为大家揭示了互动式教学的本质在于思维的互动;“教师在课堂应讲授什么内容”——专家教师从教学思维、方法论、教学体系和专业体系搭建等方面深入浅出地阐明了作为老师,在课堂上不仅要引导学生掌握某种知识或者技能,更重要的是要培养学生的感性认知,以及传授学生解决问题的方法之道;“浅谈如何构建学生欢迎的课堂”——专家教师从三个方面谈到如何构建学生欢迎的课堂,即对教学倾注热情、认真完成备课、对教学过程的把控。第二,教师发展相关问题。诸如:“大学英语教师发展之惑”——专家教师指出教师教学发展的动力自然触及当前对教师评价制度问题,政策并非固化不变的、是相对稳定的,政策执行中的问题需要老师们有敏感度和责任感,只要大家共同努力和积极反馈,一定会促进教育政策和教师评价制度更趋合理化;“教学中心建设与教师发展”——专家教师把教学中心的角色定位概括为“服务性学术实体”,在组织层面为强化与支持教师的教学提供了一种补偿式可能,这也是回应国家的时代使命、社会的环境变化以及教师的发展需求。第三,教学质量提升。诸如:“包容性设计的兴起——在各专业的应用探讨”——专家教师认为包容性设计既是一种理念,也可视为一种模型,由于各专业的教学内容、教学方法以及学生的学习过程存在明显的差异,结合自身专业课程与教学实际开展有创造性的包容性设计,对于每个老师来说是非常有必要的,也是促进本科教学质量提升、实现有效教学的重要途径;“促进学生深度学习——PBL 与讨论式教学法探讨”——专家教师围绕“讨论式教学法的利与弊”展开讨论与分享,讨论式教学法是提高教学质量的重要途径之一,它不仅对学生相关知识储备、主动参与课堂互动的积极性有较高要求,对授课教师而言要求更高,使授课教师面临诸多挑战。第四,人才培养问题。诸如:“大学如何培养人工智能人才?”——专家教师介绍了人工智能专业发展的时代背景与我国人工智能发展的阶段规划,详述了国内外人工智能学科的发展情况和高等院校人工智能教育蓬勃发展的现状与发展潮流;“一流本科教育,教师教学何为?”——专家教师指出,新时代的大学教师要积极行动起来,时刻把教学目标、内容设计与教学方法结合起来,把知识创造与知识传播、学科知识与人格发展、传道授业与教书育人全面协调起来,最终形成学术文化、教学文化、课堂文化相结合的师生共同体。

6.3.3　N30 大学教学发展沙龙微格系列

为帮助新进教师、在职教师熟悉教育教学与学生发展的规律,促进新老教师交流教学经验和教学技能、方法与策略,有效提升教师教学能力与水平,N30 大学教师发展中心以新进教师为主体,以学院为单位,开展了一系列教学发展沙龙微格系列活动。沙龙活动通过安排课程微格录像,特邀各学院教学专家为沙龙主持、主讲,且通过个人自评、专家点评、专家报告、沙龙讨论等方式,帮助教师了解自己在讲台上的真实面貌,认识到自己课堂教学中的优点与不足,吸收其他优秀教师的教育经验,不断反思和改进教学。沙龙主题大致可以分为两类:第一,课堂教学经验分享。诸如“用最简单的例子增强教学的趣味性和吸引力”“有效提升教学互动”“教学能力提升专场研讨”,与会教师就如何把握课程教学难度的深浅、如何通过了解授课对象来重构教学目标、如何加强课堂教学秩序的管理、如何让学生主动参与教学、如何激发学生学习动机与兴趣、如何在课前保障有充足时间备课等来探讨教师教学能力提升的若干维度,将一般化的教学实践概念与命题进行了剖析与分享。第二,课程教学心得。诸如“法学教育的核心”“哲学课程教学的特点”“大学基础课教学专场研讨”“经济学类课程教学专场研讨活动”,围绕微观或宏观经济学课程中案例的选择、重难点内容的选取、教学进度的把握等进行了深入交流。

6.3.4 N21大学师元教学沙龙

N21大学开展了31期师元教学沙龙，沙龙主题大致可以分为两类：其一是教师的教学能力。诸如："给新教师教学技能的若干建议"——专家教师结合自己多年的教学经验，与学员分享了教学心得和技巧。专家教师作为第三届教师课堂教学比赛二等奖得主，分享了多年的课堂教学经验，包括对于知识深度与广度的积累、教材的处理、知识的理解等；还有专家教师分享了自己的专业成长经历，尤其对于教学目标的拆分处理、多学科知识的储备等问题进行经验交流。"探讨教师技能，增强交流融合"——专家教师主要讨论了学生作业敷衍问题，高深理论知识教学的逻辑严谨性、科学准确性与通俗晓畅性、浅显易懂性的问题，学生学习动力不足问题，对教学反思的探讨、如何让课堂更加生动、课前设计与课堂内容的实施等问题进行了深入的交流探讨。其二是能力训练课程的分学科沙龙。诸如，美术基础能力训练课程的运行与教学实施、音乐基础能力训练课程的运行与教学实施等。根据教授学科的不同，老师们按学科分类讨论了教学过程中遇到的问题并提出解决策略。音乐课程的教师认为，教材体例完整，系统性强，课程重在培养学生的音乐修养和音乐的简单技能，尤其要注意教授音乐专业与非音乐专业学生的不同教学方式，并希望能在课下给予学生更多的辅导；美术课程的教师认为课程教材有针对性，突出对学生动手能力的培养，以简笔画、板书板报为主要训练方式，属于实用型美术课；书法课程的教师认为课程宜以纠正的方法，毛笔字以欣赏为主，粉笔字以板书训练为主，钢笔字以强化结构为主，建议考核结合教学情境，注重方式的多元化。

6.3.5 N30大学友益教学交流会

N30大学开展了30期友益教学交流会系列活动，为各学院教师搭建了良好的教学交流平台，是支持教师立足学校人才培养特色形成具有创新性、示范性、推广性成果的有效途径。沙龙主题大致可以分为三类：第一，课程教学经验，主要涉及研讨课、大学生涯课以及创新创业课教学经验的分享。研讨课围绕"校外小班化研讨课教学观摩与研讨""研讨式教学如何促进学生深度学习？""面对不同背景的学生，如何提高教学有效性？"等；大学生涯课围绕国外生涯教育的特点和发展趋势、生涯教育如何本土化、生涯课的教学如何提高吸引力等展开讨论。第二，信息技术与教学变革，诸如"信息技术和教育教学相融合的高校教学改革与实践""移动时代的高校教学变革""在移动互联的时代背景下，如何将移动应用真正融入教学与课堂学习？""如何充分利用信息技术手段整合在线资源调动学生的学生兴趣？"等，从而展现信息化教学手段下课堂的独特魅力。第三，教学法应用心得，围绕"互动教学与合作学习策略""'MOOC-Inside'混合式教学法的设计与实现""'国际营销'课程研讨式教学法运用的探索与研究”“基于问题分析为导向的课堂互动性教学的设计”等展开讨论交流。

6.3.6　N18大学午间教学沙龙

N18大学教师教学发展中心秉持“为教学服务、为教师服务、为教育服务”的工作理念，以午间教学沙龙等系列活动为依托，立足教学，服务教师，搭建跨院系、跨专业教学交流平台，丰富教师教学发展活动内涵，全面提升教师教书育人能力。沙龙主题大致可以分为三类：第一，双语课课程建设。诸如“增强双语课教学能力，提高国际化教学水平”“全英文/双语课课程建设研讨”，参会教师就双语课程建设过程中遇到的瓶颈和解决途径进行探讨，并互相介绍了自己承担双语课程建设过程中的经验和感悟，为双语课程的未来建设提供新思路和新方法；同时，加强双语课教学交流，对于实施“同窗友情”育成计划，促进国际化教学，提升教师双语课教学能力和双语课建设水平必将起到积极的促进作用。第二，课程思政。诸如“如何将课程思政融入课堂教学”“思政课程是主唱，课程思政是合声”等，课程思政应该是除学校思想政治理论课之外的其他课程中的思想政治教育，课程思政改革的过程中应该关注同向同行、挖掘资源和协同效应这三个方面。思想政治教育的重点仍应该由高校的思想政治理论课程承担，而其他专业课程应该作为辅助手段，强调各类课程都要与思想政治理论课同向同行，从而形成协同效应，为党和国家培养社会主义建设者和接班人。第三，课堂教学经验分享。诸如“课堂教学中创新思维的培养”“教师如何做好课堂教学设计”等，专家教师认为教师要在备课上下功夫，及时更新课程内容、有机融入思政要素，课程要适应时代发展、适应学生需求；教师可以适当增加课程的难度，把压力和难度加到学生身上，增加学生的紧迫感，这样，学生无论是学习的主动性还是课堂学习的积极性都会提高。同时，教师要充分利用智慧教学软件，通过师生课堂互动，增加学生的课堂参与度，提升学生学习能力，提高课堂教学质量。

6.4　沙龙模式的改革策略

6.4.1　围绕教学与学术能力发展主线，促进沙龙形式的多样化

学术沙龙与教学沙龙的广泛开展，不仅促进了大学教师专业能力的发展，也提升了教学与科研的专业品质。在校院两个层级，需要开展主题丰富、类型多样的沙龙活动，这样既可以开展务虚的沙龙活动，促进学术理念的交流与学术思想的碰撞，营造良好的专业学习氛围；也可以开展务实的沙龙活动，以教学与科研中的热点或难点问题为驱动，开展高质量的学术研讨与交流活动，在解决问题的过程中促

进教师的专业发展，尤其是促进青年教师的专业成长。诸如不定期邀请新、老教师就成才之路、素质教育等问题进行交流；就青年教师如何开展教学、科研举办专题沙龙；为促进学科交叉，积极开展产、学、研相结合的特色沙龙等①。同时，我们也需要精心设计沙龙主题，避免沙龙主题空洞宽泛。学术沙龙活动的效率直接与沙龙研究的主题有关，主题有意义、有价值，研讨才有收获②。

6.4.2 优化沙龙活动的工作流程，提升沙龙的专业效能

在校院两个层面都需要加强学术沙龙或教学沙龙等活动的计划性和组织性。各类沙龙尽管具有自由性、灵活性等特征，但要提高沙龙活动的效率，就一定要加强计划和组织③。在沙龙活动中需要优化工作流程，在各个环节做好专业支持服务。具体而言：第一，沙龙活动的主题相对稳定，要围绕不同学科或专业，聚焦核心、热点或难点问题，注重沙龙活动的周期性安排；第二，沙龙主题的领域及内容具有广泛性，可以是沙龙成员工作中的困难、心得或灵感、创新，可以是有关的学术信息、学科前沿发展状况的交流，也可以是对某一问题展开的专门讨论等；第三，参加者不受年龄、资历、职务、职称等限制，彼此平等交流意见，并常常由几位积极分子形成相对稳定的核心，一般还有较固定的召集人；第四，活动时间、地点相对稳定，以积极分子中的多数能参加为准，不影响参加者的日常工作和学习；第五，气氛活跃，讨论热烈，既有赞赏支持，也有唇枪舌剑；第六，讨论能启发参加者的创造性思维，并使各人的知识和智力为所有参加者共享，还能增进彼此之间的友情等④。

6.4.3 面向研究生创新沙龙教学模式，助力大学培养优秀教师

沙龙活动特别适宜于研究生教学，有利于提升教学与学术素养，从而提升人才培养质量。尤其是在博士研究生层面，沙龙活动的教学模式改革，也有利于为大学提供优秀的师资储备。面向研究生教育，沙龙教学模式可以重点围绕以下几个方面展开：第一，"学者型"沙龙活动，由知名学者或专家主持开展的沙龙活动，每次报告有相对固定的主题，且具有较好的互动性与研讨性，拓展参会人员的学术视野；第二，"师徒式"沙龙活动，由具有较高威望的学科老前辈发起和组织，主持者与参与者的关系基本为师生关系，交谈的内容"海阔天空"；第三，"论文式"沙龙活动，沙龙活动围绕着研究生公开发表的学术论文展开，注重"学术性"和"前沿性"；第四，"自由式"沙龙活动，没有固定的讨论内容，也无须明确的组织者和主持人，参与者

---

① 张英香，罗嵘，房丹. 青年学术沙龙：催化青年教师成长的有效形式[J]. 中国高等教育，2005(11)：39－41.

② 张忠华. 论提高研究生学术沙龙活动学习效率的策略[J]. 学位与研究生教育，2009(01)：38－42.

③ 张忠华. 论提高研究生学术沙龙活动学习效率的策略[J]. 学位与研究生教育，2009(01)：38－42.

④ 杨志锋，杨小复. 学术沙龙：研究生培养的一种好形式[J]. 高等教育研究，1992(01)：88－91.

讨论的主题具有极大自由度①。这些沙龙教学模式的改革与探索，不仅是研究生培养单位的重要任务，也应该纳入大学教师专业发展支持服务的范畴之中，从而实现大学教师专业能力发展的协同与共赢。

① 罗尧成，朱永东. 学术沙龙：一种研究生教育课程实施形式[J]. 学位与研究生教育，2006(04)：50 - 53.

第 7 章　有切磋的竞赛(观摩)模式及策略

大学教师专业经验的累积与省思是其专业成长的重要组成部分，且呈现出较为明显的群体性与场域性特征，受制于多重因素的共同影响，但反省思维的持续提升是大学教师专业能力发展的关键所在。教学竞赛和教学观摩等活动能够促进大学教师尤其是青年教师的专业经验累积，并借助同伴间的专业分享与共享，改进其专业教学活动。

7.1　对竞赛(观摩)模式的理性思考

2018 年 1 月，《中共中央 国务院关于全面深化新时代教师队伍建设改革的意见》提出要全面提高高等学校教师质量，全面开展高等学校教师教学能力提升系列活动，建设一支高素质创新型的教师队伍。教师教学竞赛通过教学相长、教学交流，"磨课""展课""辩课"等多个环节，引领教师加深教学感悟，提升教学能力，在教师成长中发挥着重要作用，是教师培养的重要途径[①]。事实上，竞赛(观摩)模式有其多向度的专业学习策略可寻，外在向度的路径重视经验的见多识广，内在向度的路径重视经验的言语分享，社群向度的路径重视经验的切磋交流，而自我向度的路径则重视经验的省思体悟。与之相应的竞赛(观摩)活动，既需要贯穿专业发展全程予以经验学习指导，也需要整合优质资源、搭建专业社群、借力教育叙事，实现线上线下的分享，持续增进教师的专业体悟与省思，最终促进其自主专业发展。

7.1.1　竞赛模式的基本特点

高校教学竞赛主要指高校内部组织的涵盖多类课程的年轻教师(或中青年教师)的讲课比赛，同时也包括省市有关部门组织高校开展的同类竞赛，以及各种专为高校教师组织的单项教学比赛[②]。教学竞赛涵盖教学设计、课件制作、课堂教学、课后反思等教学活动的各个环节，是对选手教学能力的全面检阅[③]。同时，在

---

① 陆国栋，赵春鱼，颜晖，等. 本科院校教师教学竞赛发展现状及模式创新[J]. 中国高教研究，2019(01)：86－90.

② 熊匡汉. 高校教学竞赛意义与品牌示范效应研究[J]. 中国高教研究，2009(04)：90－91.

③ 原弘. 以青年教师教学竞赛引导课堂教学改革和质量提升[J]. 中国大学教学，2017(11)：77－81.

教学竞赛的过程中,聘请教学经验丰富的专家进行现场点评,既可为青年教师提供一个自我展示和与同龄人及专家面对面交流学习的机会,也可为青年教师搭建一个提升职业使命感和责任感的实践平台①。因此,教学竞赛是高校培养教师教学能力和提高教学水平的重要途径,是坚持"以本为本"、推进"四个回归"的重要手段②,其主要目的就"在于营造教师善教、学生乐学的良好氛围,展现教师的教学风采,推进教学改革,促进教学水平的整体提高"③。

大学青年教师参加教学竞赛和现场观摩等活动,具有重要的专业学习价值。高校青年教师积极参加教学竞赛活动,能够全方位提升其教学专业素养。在准备教学竞赛的过程中,青年教师可以得到名师、老教授、老专家精心的点拨,使其在教学的各个环节上得到实质性帮助;在正式比赛时,评委对每参赛者都有评语,基本上可以比较客观、真实地反映出一个教师在教学上的优缺点。经过反复的准备和多次比赛的实践,可使广大的青年教师得到锻炼提高④。

从青年教师自身的教学能力发展而言,通过参赛活动,青年教师可以充分展示自己的教风教态、教学责任心、教案设计和编写能力、对所教课程内容的理解和熟悉程度、课堂教学组织能力、教学方法和技巧、语言表达能力、图示板书能力、多媒体课件在课堂教学中的运用以及教学特色等,并在展示自己的同时,与其他参赛教师进行各个层面广泛的交流,互相学习,共同提高。这不仅能够促进青年教师教学业务、教学基本功方面快速提高,更为重要的是他们对教学工作有了新的领悟和认识,思想得到了新的升华⑤。

高校教学竞赛呈现出以下几个方面的特点:第一,竞赛队伍不断壮大,国内高校越来越重视对教学竞赛活动的举办;第二,竞赛活动形式多样,包括"青年教师教学竞赛""青年教师教学基本功比赛""青年教师课堂教学竞赛""青年教师教学水平大赛"等;第三,由省市组织的竞赛活动参与高校多,影响面大;第四,单项比赛成为普遍现象,有些高校和省市虽然没有组织综合性的教学竞赛,但组织外语、思想政治理论课、体育、临床技能、多媒体课件等类单项教学比赛比较普遍⑥。

---

① 王德武,王雪霜,赵斌,等.参与和观摩高校青年教师教学基本功竞赛的总结与思考[J].化工高等教育,2013(04):79-81,108.

② 陆国栋,赵春鱼,颜晖,等.本科院校教师教学竞赛发展现状及模式创新[J].中国高教研究,2019(01):86-90.

③ 彭梅蕾.三尺讲台竞风流:我校举行第三届本科课程教学竞赛[EB/OL].[2008-06-16](2021-10-01).http://www.jnu.edu.cn/news.

④ 赵菊珊,马建离.高校青年教师教学能力培养与教学竞赛[J].中国大学教学,2008(01):58-61.

⑤ 赵菊珊,马建离.高校青年教师教学能力培养与教学竞赛[J].中国大学教学,2008(01):58-61.

⑥ 熊匡汉.高校教学竞赛意义与品牌示范效应研究[J].中国高教研究,2009(04):90-91.

7.1.2 竞赛模式的基本类型

以参赛者和评判者所处时空维度分析，可以将竞赛分为“同时同地”“异时同地”“异时异地”等模式。具体而言：第一，“同时同地”的竞赛模式是指参赛者和评判者处于同一时空，如全国高校青年教师教学竞赛的全国总决赛等；第二，“异时同地”的竞赛模式主要指受竞赛平台或仪器的限制，分批次展开的竞赛模式，如各种工程实践操作类竞赛等；第三，“异时异地”的竞赛是指竞赛作品产生的过程和评选过程既不在同一时间也不在同一地点，参赛教师在规定时间内将参赛作品提交给大赛组委会，经大赛组织评审组初审、复审后评选出决赛作品。目前来看，高校教学竞赛主要采取的模式是“同时同地”模式，要求参赛教师现场答辩，专家现场点评，其他模式为补充①。

7.1.3 教学观摩活动的基本特点

“观摩”一词源于《礼记・学记》中的“相观而善之谓摩”。汉郑玄注释到：“摩，相切磋也。”教学观摩就是对教学活动的观察学习与切磋交流，其目的是对直观的教学活动进行分析探讨，进而研究教学的目标、内容、形式、方法和评价等，从而推广成熟的教学经验或揭示教学内在的规律等。事实上，教学观摩作为一种常见的教研活动，在中小学教育教学过程中应用得较为普遍，对中小学教师专业发展起着十分重要的作用。中小学教师的教学观摩大致经历了三个发展阶段：强调教学观摩对教学的示范作用阶段、教学观摩的批评与反思阶段、教学观摩逐步与其他研修方式融合阶段②。

在教学观摩的过程中，新手教师与专家教师可以形成有效对话，不仅使他们可以有效地掌握或理解相关的教学内容、教学方式与教学手段等，而且使他们更好地反思性理解自身的专业实践，更好地确认自己的专业理想与专业发展规划，这无疑会极大促进他们的专业实践与专业发展。就大学教师的专业能力发展而言，通过教学观摩活动，促进教师与同事及他人的交流与对话，有利于其在对话中生成自我的反思性理解。诸如一组教师一起围绕目前工作的背景、当前正使用的课程、所秉承的教育理论、过去的个人和专业生活等主题写出自我描述性的文字，然后进行批判性的评论③。

在教学观摩的过程中，需要充分重视经验的分享与专业的省思。事实上，好的经验分享，需要能够概括、归纳出有示范性、指导性的专业智慧；好的经验分享，需

---

① 陆国栋，赵春鱼，颜晖，等. 本科院校教师教学竞赛发展现状及模式创新[J]. 中国高教研究，2019(01)：86－90.

② 赵雪江. 教学观摩：教师专业研修方式的变迁[J]. 中国教育学刊，2011(05)：61－64.

③ BUTT R L, RAYMOND D. Studying the nature and development of teachers' knowledge using collaborative autobiography[J]. International Journal of Educational Research, 1989, 13(4): 403－419.

要有专业的共鸣感,这就需要在比较、分析和判断的过程中,对现实的教育问题予以回应或解决。对大学教师个体而言,教学观摩中专业经验的"分享",就是对自身专业实践的一种省思,用言语来实现对专业经验的记录、凝练和诠释;对大学教师群体而言,教学观摩中专业经验的"分享",就是对专业实践的一种参照性省思,用语言来实现专业经验的对话与交流。

7.2　竞赛(观摩)模式的现状分析

7.2.1　竞赛(观摩)主题的归类分析

根据对15所外语院校和30所国内院校举办竞赛、观摩类活动的数量进行统计可知,无论是在总体数量上还是在主题数量上,与讲座、工作坊、论坛等模式相比,竞赛、观摩类活动的举办次数较少且主题单一化。如图7-1所示,国内院校有三分之二都举办过此类活动,且数量较多,大部分学校都关注到了此类型的活动,且有一定的重视度。

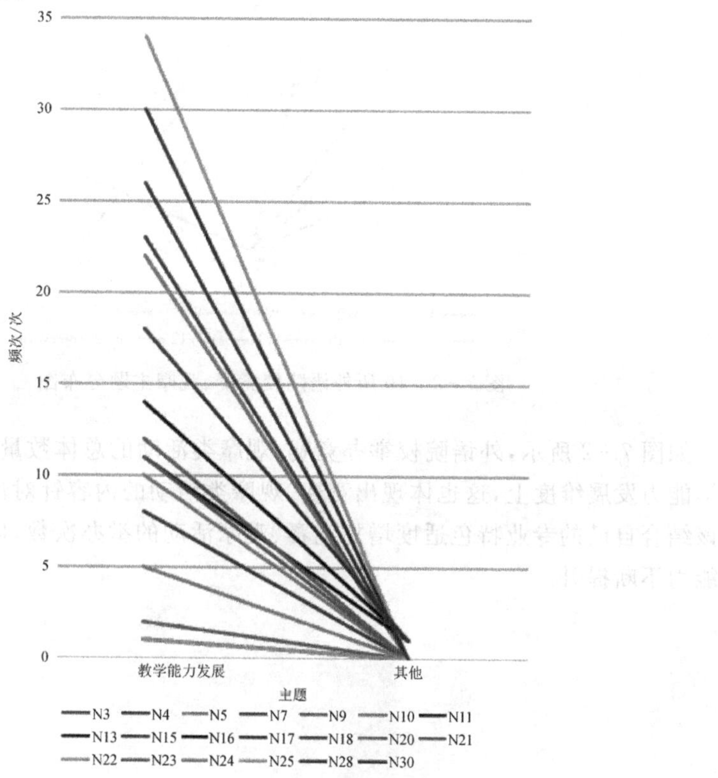

图7-1　20所国内院校竞赛、观摩主题分布图

在维度分布上，竞赛、观摩类活动的内容主要集中在教学能力发展维度上，主要关注的是教师的教学理念、教学方式、教学技能等方面的主题内容。

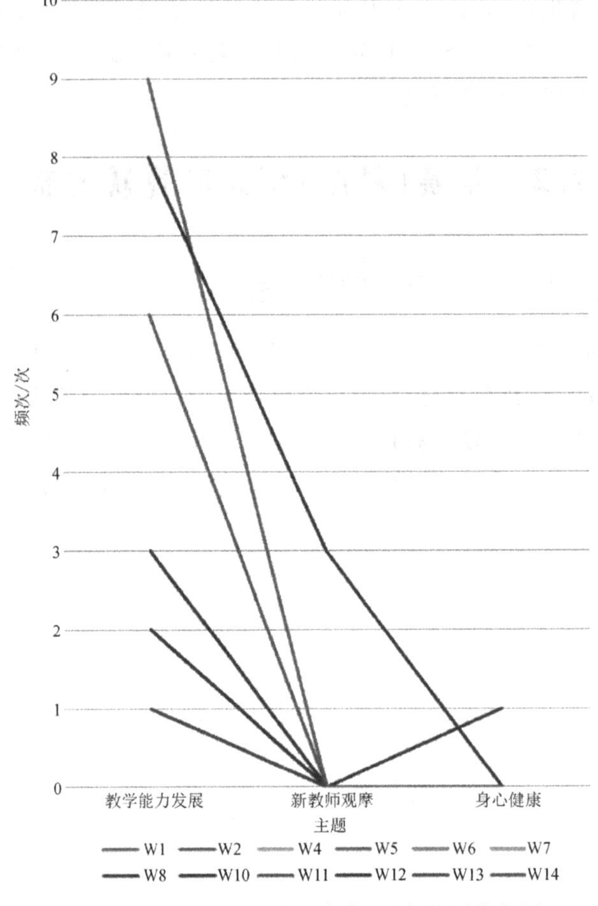

图 7-2　10 所外语院校竞赛、观摩主题分布图

如图 7-2 所示，外语院校举办竞赛、观摩类活动的总体数量很少，同样集中在教学能力发展维度上，这也体现出竞赛、观摩类活动的内容针对性很强。外语院校应该结合自己的专业特色适度增加竞赛、观摩活动的举办次数，以促进教师专业教学能力不断提升。

7.2.2　教学能力发展主题的竞赛观摩活动

1. 国内院校教学竞赛和观摩活动的教学能力主题分析

如图7-3所示，国内院校竞赛类活动集中在教学能力发展主题上，相对数量较多，活动内容较为丰富，这也显示出竞赛类活动的举办在教师教学能力发展上存在着独特的价值和作用。在教学竞赛活动中，其主要内容偏向于教师的课堂教学比赛和青年教师教学竞赛。这两类活动的内容大致相似，其区别就是前者主要是面向全校教师举办的教学竞赛，后者是专门为青年教师举办的竞赛活动，是为了提高青年教师的教学基本功和教学技能等。具体见附录7-1。

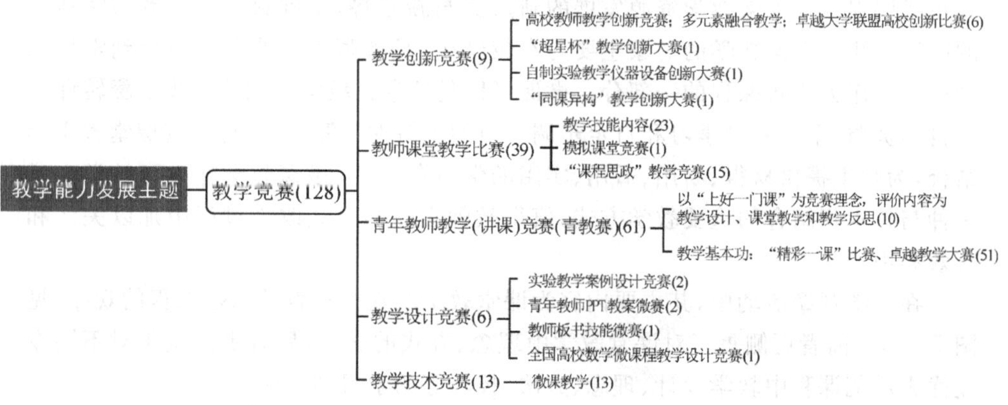

图7-3　国内院校教学能力发展主题的竞赛活动

第一，在教师课堂教学比赛活动方面，有两个侧重：一是校内举行的教师课堂教学比赛，主要评价内容为教学内容、教学方法、课堂表达、教案设计、授课形式、讲课技巧等方面；二是“课程思政”的教学竞赛，主要内容是评价教师从不同角度将思政元素与课堂教学内容结合在一起进行的教学，不同学院教师根据自己专业课程特色将思政元素融入教学之中，从而达到将思政元素与各自学科的专业知识、专业技能、专业精神相结合。此外，也有学校开展模拟课堂竞赛，旨在促进新教师教学实践能力的提高和教师角色的转变。

第二，在青年教师教学竞赛活动方面，主要侧重于教师的教学基本功比赛，如开展“精彩一课”比赛、卓越教学大赛活动；以及以“上好一门课”为竞赛理念，评价教师的教学设计，促进教师的教学反思能力。在课堂教学比赛活动的整体上，学校更加关注青年教师的教学比赛，这也说明学校注重青年教师的能力发展，旨在通过竞赛类活动促进青年教师教学的成长。

第三，在教学创新竞赛方面，多为在教学改革倡导下，关注教师教学理念、方式、技巧等方面的创新，比如开展多元素融合教学创新、卓越大学联盟高校所举办的创新竞赛、“超星杯”教学创新大赛、“同课异构”教学创新大赛等活动。教学创新是顺应教学改革趋势下的重要内容，举办创新大赛有利于激发教师关注教学创新，学习和探究与时俱进的教学理念与方法等。

第四，在教学设计方面，开展的竞赛活动多为实验教学案例设计、PPT教案设计，并且涉及板书技能微赛、微课程的教学设计竞赛等相关内容。在教学设计这方面，目前国内院校较关注实验教学的案例设计和PPT教案设计的相关内容，说明在教师开展教学活动过程中，实施教学前的准备工作是十分重要的，对于不同的课程类型需要采取相对应的教学方案。

第五，在教学技术竞赛方面，其基本内容是关于微课教学或设计制作。微课作为在线课程以及未来教学资源发展的新形式与新趋势，受到教育研究者与实践者的广泛关注。微课教学的对象主要为在校学生，是教师将微课资源整合到常规课堂教学中作为正式课程的一部分。微课可以是信息化教学的内容资源、翻转课堂的自学资源、个体差异学习和自定步调学习的支持性资源等，它与正规课堂教学相结合，为师生提供易得、易用、适用、实用的学习资源①。微课教学在教育教学中是一种与技术相结合的重要教学方式，值得教师在教学方式改进过程中加以关注和有效利用。

在教学观摩活动中，其主要内容为课堂教学的观摩和教学示范课程的观摩（见图7-4）。前者更侧重于对课堂教学中理念、方式的学习；后者更侧重于对不同专业优秀示范课程中教学设计、理念、方法、技巧等的学习和交流。

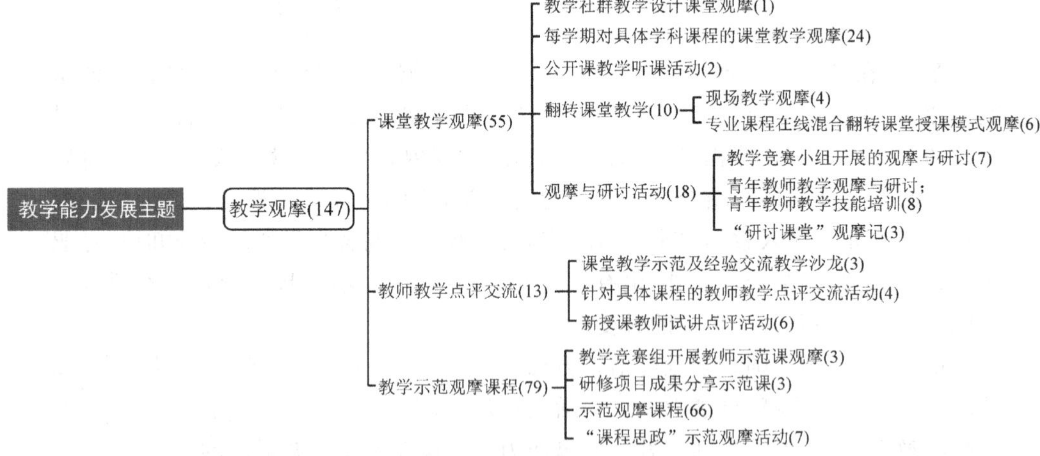

图7-4 国内院校教学能力发展主题的观摩活动

① 汪滢．微课的内涵、特征与适用领域：基于首届全国高校微课教学比赛作品及其征文的分析[J]．课程·教材·教法，2014，34(07)：17-22.

第一,在课堂教学观摩活动方面,内容多为由学院组织的每学期对专业课程教学的观摩活动、关于翻转课堂教学的观摩以及观摩与研讨活动等,观摩的主要内容是教学形式、方式、过程等。诸如对于翻转课堂的关注,体现出这种与传统教学方式不同的授课方式在现代课堂教学中起着一定的积极作用,这就需要更多的教师去学习和认识这种授课方式的特点和优势并且加以有效利用。同时,观摩与研讨活动的结合能更好地促进教师之间的教学经验交流,在观摩的基础上进一步探讨和研究新的教学理念、教学形式、教学技巧等。

第二,在教学示范课观摩活动方面,主要集中在对于不同学科专业示范课程的观摩,注重不同学科课程教学的方式、技巧和设计,这种专业课程的示范课观摩有利于各专业教师在自己的专业教学领域中进行反思和学习。同时,还有一些教学竞赛组开展的示范课观摩活动,针对不同学科的参赛小组所举办的示范课观摩活动,旨在通过观摩优秀的课程教学促进参赛教师从中获取经验,学习方法技巧,借鉴其中优势,比如组织文科类、计算机类、机电类、数理类等竞赛小组进行观摩学习。此外,还有"课程思政"示范课以及研修项目成果示范课程(EMI 教学、CLIL 教学法)的观摩活动,这些示范课的开展都是将优秀的教学设计思路、教学心得、教学教法等分享给更多的教师,促使其余教师观摩和学习,并在此基础上结合自身的教学去探寻更加有效和成功的课堂教学。

第三,在教师教学点评交流活动方面,举办课堂教学示范及经验交流沙龙类活动和针对具体课程的教师教学点评交流活动,这两类活动都是将教学与点评交流结合在一起,能够使授课教师及时得到反馈,促进教师之间及时进行教学思想交流和教学问题探讨,以达到有效的教学交流。同时,对于新授课教师的讲课和点评,主要是针对新授课教师,在教师试讲结束后由点评专家逐一点评,结合新授课教师的教案,着重从课堂教学、语言教态、课件制作、教学内容、互动教学等方面进行点评,这使得新授课教师在试讲结束后能获得及时有效的专业点评,能促进新教师及时获得教学反馈、进行教学反思及后续的教学技能提升。

2. 外语院校教学竞赛和观摩活动的教学能力主题分析

外语院校竞赛和观摩类活动在教学能力发展这一主题上的举办次数也是较多的,教学比赛和教学观摩都得到了关注,比赛活动举办的次数相比观摩活动多一些,但活动内容较为单一。如图 7-5 所示,外语院校举办的教学比赛、观摩活动内容注重教师的教学基本功,旨在通过此类活动促进外语院校教师教学设计和理念的更新、教学方法技巧的提升等,从而促进外语院校教师教学能力的发展。具体见附录 7-2。

在教学比赛方面,主要是教师教学基本功方面的比赛和专业课程的教学比赛,但内容主要侧重于教师教学基本功的比赛,集中在教学设计、课件设计、教学技巧、教案等内容上,并且针对青年教师教学比赛的活动占多数,以青年教师教学设计、

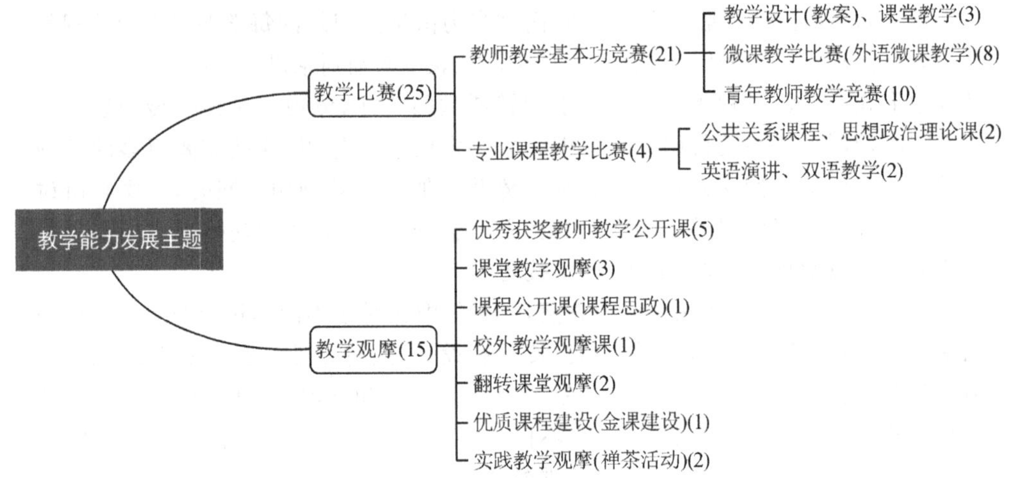

图 7-5　外语院校教学能力发展主题的教学竞赛或观摩活动

方法、技能技巧等为主要评价内容。同时，竞赛类活动在微课教学方面也给予了相对的关注，主要集中在微课教学的方式和设计上，涉及教学与教学技术的融合，以及外语教学与微课制作相结合等。这说明教学信息技术在教师教学中占有重要的地位，也体现出当代教师的教学方式需要结合现代技术，提升教师掌握运用教学技术的基本技能，以达到更好的教学效果。除此之外，在专业课程上的教学比赛也有涉及，如公共关系课和思想政治理论课，以及外语院校中针对双语发展方面的比赛，如英语演讲比赛、双语教学比赛等。

在教学观摩方面，观摩活动涉及的内容较丰富，但举办次数很少，主要集中在优秀获奖教师教学公开课和课堂教学观摩课上。学校通过举办优秀获奖教师教学公开课活动，让更多的教师对获奖教师的课堂教学理念及方式技巧进行观摩学习。课堂教学观摩课主要是每学期初向全校教师发布观摩课课表，听课教师可以自行选择感兴趣的观摩课程。此外，外语院校专门针对翻转课堂的教学观摩活动举办过两次，以观摩活动来帮助教师学习和深入认识翻转课堂的教学理念和教学方式。外语院校在实践教学观摩上也有较少的关注，主要是以禅茶活动的形式举办，将禅茶和观摩、研讨、交流结合在一起，共同探讨实践教学模式的创新与拓展。另外，外语院校观摩类的活动内容还涉及课程思政的公开课、校外教学观摩课、优质金课建设的观摩等。

3. 国内院校和外语院校竞赛(观摩)活动比较分析

从活动类别看，国内院校的类别比外语院校的类别更为丰富。国内院校在竞赛活动上涉及教学创新、课堂教学、青年教师教学竞赛、教学设计、教学技术等；在观摩活动上涉及课堂教学、翻转课堂教学、观摩与研讨、教师教学点评交流、教学示范课观摩等。而外语院校在竞赛活动上涉及教学基本功竞赛、专业课程教学比赛这两个类别;在观摩活动上与国内院校的类型无太大差异。国内院校竞赛、观摩活动的类型比外语院校要多,举办形式也更加多样化。在具体内容上,国内院校的内容也更为丰富,举办的竞赛、观摩类活动涉及的专业课程也较为广泛,而外语院校竞赛、观摩类活动的内容较为单薄。

无论是国内院校还是外语院校都体现出了对青年教师教学能力发展的重视,尽管一些活动没有明确指出是针对青年教师,但其实质上也是为了更好地解决青年教师教学过程中面临的问题与困惑,着力促进其教学能力发展。国内院校和外语院校在竞赛、观摩类活动的举办上都集中在教学能力发展的主题之下,能够充分体现出竞赛、观摩类活动对于教学能力发展有着独特性、针对性的意义,说明要实现教师教学能力的发展,一个重要的途径就是通过举办教学方面的竞赛和观摩活动来促进教师教学技能的提升、教学方法的革新以及教学理念的转变。

7.2.3　新教师观摩主题

新教师的观摩活动主要是通过课堂教学观摩的方式将科学的教学理念、独特的教学方法、丰富的教学经验和扎实的教学功底等传授给新入职的教师,促进新教师角色的转变和教学技能的提升;同时也举办了新教师课堂模拟教学活动,主要是针对新教师的课堂试讲内容及教学方法技能等进行考察,再通过教师和专家集体评议的方式给予新教师反馈,促进新教师教学技能的提升。整体而言,国内院校和外语院校的观摩类活动在新教师发展方面虽有所关注,但给予的重视度较弱,因此,在关于新教师的成长之路上,除了培训、讲座等方式外,竞赛和观摩对于新教师教学的成长作用也应获得足够多的关注。事实上,国内院校和外语院校开展的竞赛、观摩类活动更加关注青年教师的教学能力提升,而对新教师教学技能水平的提升等内容略有忽视。因此,在今后的活动开展中,国内院校和外语院校除了需要继续关注和重视青年教师的教学能力,还应该关注新入职教师的教学训练与技能提升,适当举办面向新教师的竞赛、观摩活动,以促进新教师教学技能的不断提升。

7.2.4　身心健康主题

在身心健康主题下,就目前掌握的信息而言,国内院校未曾举办涉及教师身心健康方面的竞赛活动,只有外语院校举办了关于身心健康的竞赛活动,但数量很少。在身心健康主题下,竞赛的主要内容是针对疫情期间教师在家进行教学任务时,为促进教师身体健康而举办的"居家健身"挑战比赛。事实上,身心健康是教师开展教学与研究的一个基本条件,身心健康类活动的开展,不仅能促进教师身体素质方面的发展以及对身心健康方面的知识学习,也可以为教师在紧张的教学活动中提供一个放松缓解的机会。因此,虽然竞赛类活动目前没有关注到教师身心健康这一主题，但今后可以在这方面给予适当的关注，促进竞赛活动主题的多样化，而不再只局限于教师教学能力方面的发展。

7.3 竞赛（观摩）模式的个案分析

7.3.1 W5大学优秀教学奖获奖教师教学公开课

W5大学为提高教师教学水平，促进广大教师相互交流，发挥优秀教师的示范作用，开展了一系列的获奖教师教学公开课活动。具体而言，教务处相继举办了面向全校师生的优秀教学奖一等奖获奖教师教学公开课活动，旨在促进广大教师相互交流，研讨好的教学经验和教学方法，发挥优秀教师的示范作用。授课教师分别讲授了各自的专业课程，并分享了他们的教学经验。教学督导专家对公开课做了点评，认为他们准备充分、认真，讲课生动、清晰，教师和学生都全身心投入，师生互动活跃，教学效果好。同时，点评专家对教学公开课进行了总结，对加强制度建设、加强教学研讨等方面提出了要求。此外，教学观摩活动由电教中心教师全程录制，并放置在校园网视频点播和模课平台上供全校师生观摩。

7.3.2 N10大学教师授课竞赛活动

N10大学举行教师授课竞赛活动的次数很多，通过举办教师授课竞赛活动来促进教师教学能力的发展。N10大学教师授课竞赛自1991年首次举办，近三十年来已成为教师教学能力展示的重要平台，涌现了一批教学优秀的教师，激发了教师精勤育人的教学热情，增强了教师的教学荣誉感。具体活动内容如下：首先，在初赛环节，促进教师把“上好一堂课”的理念落实到每一节课中，突出教学常态的评价。具体而言：选手须提供参赛课程两个学时（每学时50分钟）的教学设计并准备与之相对应的两个教学节段（每节段20分钟）的说课、课堂教学内容；两个教学节段应从同一门课程中不同章节选取，节段名称应与章节名称保持一致；将教学大纲及两个教学设计（一式两份）报送至教师教学发展中心办公室；选手报送教学设计时对参赛顺序进行抽签，未在指定日期抽签视为接受指定参赛时间；说课和课堂教学的选取节段将于比赛现场抽签确定，小组排名第一且经评议推荐进入特等奖评选者，将进行另外一个教学节段的说课及课堂教学。其次，在复赛阶段，组织专家研究制定的评分体系突出了“以学生发展为中心”、“课程思政”的理念和“两性一度”的“金课”教学评价标准。竞赛设置教学设计、说课、课堂教学三个考察环节，从教学目标与学情分析、教学过程、教学理念、课件与板书、教学特色等维度，重点考察教师的教学理念、基本功和设计创新能力。同时严格执行保密措施，全程不透漏选手信息，保证比赛的公平公正。

总体而言，教师授课竞赛赛出了水平，赛出了风采，也赛出了未来。参赛教师在繁重的教学科研工作中，加班加点反复研磨，很多基层教学单位和名师工作室多次组织专家团队进行辅导、试教练讲。选手们在完成自己的比赛后留下来继续聆听，吸收借鉴其他教师的教学技巧。选手们反映，无论比赛成绩如何，自己都在提升教学能力、革新教学理念上得到了很好的锻炼，增进了各学科教师之间的教学交流。

7.3.3　N15 大学青年教师教学基本功大赛

青年教师教学基本功大赛旨在充分发挥教学基本功比赛在提高教师队伍素质中的引领示范作用，培养青年教师爱岗敬业、严谨治学的态度，进一步激发广大青年教师更新教育理念和掌握现代教学方法的热情，努力造就一支师德高尚、业务精湛、充满活力的专业化教师队伍，推动人才培养和教学质量的持续提升。N15 大学从 2008 年举行第一届青年教师教学基本功比赛至今，一大批经过教学基本功大赛锤炼的优秀青年教师，已成长为研究和教学工作的中坚力量，其中一人获得全国青年教师教学竞赛一等奖，两人获得全国青年教师教学竞赛二等奖。

从青年教师教学基本功大赛的工作程序上而言：首先，开展为期两天的参赛教师赛前系统培训，并组织专家评委开展竞赛理念与评审细则的专题研讨工作。其次，邀请部分校外专家参与教案评审工作，保证比赛的科学规范和公平公正；二级学院广泛动员、积极引导，组织开展院级初赛，有效提升了参赛教师的能力、水平以及比赛在院系中的影响力。再次，决赛阶段的现场互动交流，参赛教案的互相评审，现场展示的互相观摩。最后，比赛后举行的参赛教师与评委的意见反馈会，更是让青年教师们受益匪浅，使其在教学方法、教学手段上得到了一定的提高，同时积累了更多的经验。

7.4　竞赛(观摩)模式的改革策略

7.4.1　注重校院协同，不断提高竞赛(观摩)活动的参与度

深入参与教学竞赛(观摩)活动能够促进大学教师教学能力发展，尤其能够促进大学青年教师的专业成长。高等院校也普遍高度重视此项工作，探索出各具特色的竞赛(观摩)模式。但是，就竞赛(观摩)活动的参与度而言，大学教师的关注度并不高，大学青年教师对待教学竞赛(观摩)活动的热情不高，出现态度淡漠或者被动应付的状况。因此，竞赛(观摩)模式的激励机制与活动设计需要进一步完善与提高。一方面，将竞赛(观摩)的过程性参与纳入教师专业发展的考核评价之中，并对奖项设置的类别、层级进行优化，甚至与大学教师的职称晋升与岗位聘任紧密相

连;另一方面,高校层面出台科学的竞赛(观摩)活动的评价指标与工作流程,可以在院系层面组织竞赛(观摩)活动,进而择优开展学校层面的竞赛(观摩)活动,并在线上和线下同时进行活动展示与切磋交流,营造出良好的专业学习交流氛围。

7.4.2 形成品牌效应,持续提升竞赛(观摩)活动的影响力

从大学教师专业发展中心的层面而言,需要统筹规划好各项竞赛(观摩)活动,对标国家级、省市级的竞赛(观摩)活动,有序推进校院两级的相关活动,并纳入年度工作目标任务之中。同时,积极承办各类竞赛(观摩)活动,将常态化的竞赛(观摩)活动与定期化的"经典赛事"紧密结合。一方面,以年度的竞赛(观摩)活动为抓手,以省级、校级教学名师为引领,充分发挥名师的示范效应,营造出促进大学教师教学专业发展的良好氛围;另一方面,将院系层面的教学研究与竞赛(观摩)活动相结合,通过前期的备赛磨课,到中期的听课研讨,再到后期的省思反馈,在基层教学组织层面形成良好的专业学习氛围,全面助推大学教师教学专业能力发展。

7.4.3 创建教学学术共同体,提升竞赛(观摩)活动专业品质

教学竞赛(观摩)活动具有一定的时效性,其参与的教师群体往往缺乏持续的专业切磋与交流,从而影响其专业品质。因此,在大学积极创建教学学术共同体,由教学学术共同体成员共同参与教学竞赛(观摩)活动,不仅可以提升竞赛(观摩)活动的专业品质,而且也可以有效促进教师之间课堂教学经验的交流学习,促进教师在教学学术方面的交流共享。事实上,我们可以通过开展观摩课、公开课、听课评课磨课、教学研讨会、专题讲座、教学研究研讨会等形式,让每位教师的教学学术成果和教学经验在同行中交流共享,促进教师之间的相互学习、相互激励、深度反思,从而营造出较好的教学学术研究氛围,促进教师教学学术水平的发展,最终提高他们的教学能力①。

---

① 王利利.教学学术视域下高校教师教学能力提升与教学竞赛研究[J].吉林省教育学院学报,2019(02):49-53.

附录

附录 1-1　大学教师专业能力发展的相关政策

序号	政策	内容
1	《教育部关于进一步深化本科教学改革全面提高教学质量的若干意见》,2007 年 2 月 17 日	进一步建立和完善青年教师助教制度,不断提升青年教师的教育教学能力。要建立和完善青年教师助教制度,使青年教师通过为教授、副教授的主讲课程进行辅导,学习先进的教学方法,积累教学经验,提升教书育人水平。未被聘为副教授的青年教师,原则上不得作为基础课程和主要专业课程的主讲教师。要加大青年教师培养与培训的工作力度,支持青年教师到企事业单位进行产学研合作、参加国内外进修和学术会议、与其他高等学校教师交流经验等,提高青年教师的素质和水平。新聘任的青年教师要有一定时间从事辅导员、班主任工作,提高他们教书育人的责任感和使命感
2	《教育部 财政部关于"十二五"期间实施"高等学校本科教学质量与教学改革工程"的意见》,2011 年 7 月 1 日	• 创新中青年教师培养培训新模式,形成有利于中青年教师学术发展与教学能力提升的新机制,实现中青年教师培养培训常态化、制度化。 • 支持涉及农林、地矿、石油、水利等艰苦行业和支持少数民族地区、边疆地区、革命老区高校等专业建设,引导这些专业加强教学条件建设和师资队伍建设,提升相关专业人才培养支持力度。支持"卓越工程师教育培养计划"、"卓越医生教育培养计划"、"卓越农林人才教育培养计划"、"卓越法律人才教育培养计划"和"卓越文科人才教育培养计划"相关专业建设。在工程、医学等领域开展专业认证试点,建立与国际实质等效的工程、医学等专业认证体系。 • 引导高等学校建立适合本校特色的教师教学发展中心,积极开展教师培训、教学改革、研究交流、质量评估、咨询服务等各项工作,提高本校中青年教师教学能力,满足教师个性化专业化发展和人才培养特色的需要。重点建设一批高等学校教师教学发展示范中心,承担教师教学发展中心建设实践研究,组织区域内高等学校教师教学发展中心管理人员培训,开展有关基础课程、教材、教学方法、教学评价等教学改革热点与难点问题研究,开展全国高等学校基础课程教师教学能力培训。继续支持西部受援高校教师和管理干部到支援高校进修锻炼

续表

序号	政策	内容
3	《关于批准厦门大学教师发展中心等30个"十二五"国家级教师教学发展示范中心的通知》,2012年10月31日	• 开展教师培训。面向学校全体教师,重点是中青年教师、基础课教师和研究生助教开展培训,促进教师更新教学理念、掌握必要的教育技术和教学技能、提高教学能力。 • 开展教学咨询服务。面向学校全体教师、重点是新进教师、中青年教师和公共基础课教师提供教学咨询服务,满足本校特色化人才培养和教师个性化专业发展的需要。 • 开展教学改革研究。借鉴国内外先进的教育教学理念、成功经验和有效做法,着重研究公共基础课和核心课程的教学内容更新、教学方法改革、教学模式创新;促进教师更新教学理念,掌握必要的现代教育技术,改进教学策略与技巧,提高教学能力;推动营造重视和研究教学的氛围,建设具有本校特色的教学文化;推广教学改革实践经验和成果,促进教学质量持续提高。 • 开展教学质量评估。会同校内有关部门,加强对教师特别是中青年教师的业务水平、教学能力、教学效果等考核、检查、评估和交流,确保教学改革卓有成效、教学质量不断提升。 • 提供优质教学资源。汇聚本校教学名师、优秀教师等高水平师资,集成校内优质教学资源,形成共享机制,为提高教师业务水平和教学能力实施全方位服务。 • 承担促进区域内高校加强教师教学发展中心建设的相关任务,组织区域内教师教学发展中心管理人员培训;开展教师教学发展中心建设实践研究;组织开展全国或区域内高校公共基础课骨干教师培训工作;为区域内高校开展师资培训提供优质教学资源和特色专业办学经验,发挥"中心"的示范、辐射、引领作用
4	《教育部 中央组织部 中央宣传部 国家发展改革委 财政部 人力资源社会保障部关于加强高等学校青年教师队伍建设的意见》,2012年11月8日	• 推动高等学校设立教师教学发展中心,开展教师培训、产学交流、教学研究、教学咨询、评估管理以及职业发展咨询等,帮助青年教师专业成长。 • 各地各校要加强青年教师的教育教学能力培训,建立健全新教师岗前培训制度和每5年一周期的全员培训制度。 • 鼓励青年教师到企事业单位挂职锻炼,到国内外高水平大学、科研院所访学以及在职研修等,促进青年教师在教学科研、社会实践中锻炼成长

续表

序号	政策	内容
5	《教育部关于深化高校教师考核评价制度改革的指导意见》，2016 年 8 月 29 日	•将教师专业发展纳入考核评价体系。高校应调整完善教师考核评价指标体系，增设教师专业发展考评指标，根据学校实际情况细化对教师专业发展的具体要求。确立教学学术理念，鼓励教师开展教学改革与研究，提升教师教学学术发展能力。落实每 5 年一周期的全员培训制度。加强教师教学基本功训练和信息技术能力培训。鼓励青年教师到企事业单位挂职锻炼，到国内外高水平大学、科研院所访学以及在职研修等。职业院校专业课教师每 5 年到企业顶岗实践不少于 6 个月。 •建立考核评价结果分级反馈机制。高校应建立教师考核评价的校、院（系）分级管理体系。维护教师权利，考核结果应通知教师本人。注重与教师的及时沟通和反馈，科学分析教师在考核评价中体现出来的优势与不足，根据教师现有表现与职业发展目标的差距以及影响教师职业发展的因素，制订教师培养培训计划，提供相应的帮助和指引，促进全体教师可持续发展。 •积极推进发展性评价改革。支持高校普遍建立教师发展中心，完善教师培训和专业发展机制。支持高校开展教师发展性评价改革，加大对教师专业发展的政策支持与经费投入。通过引领示范，以点带面，逐步全面推开发展性评价改革
6	《教育部关于公布首批全国高校黄大年式教师团队的通知》，2018 年 1 月 5 日	搭建校级教师发展平台，加强院系教研室等基层组织建设，建立健全教师发展机构。以建设“黄大年式教师团队”为抓手，加强教师学习共同体建设，完善老中青教师传帮带机制，促进教学发展、专业发展、个体发展，提高育人能力，提升科研能力，提高综合素质
7	《中共中央 国务院关于全面深化新时代教师队伍建设改革的意见》，2018 年 1 月 20 日	•全面提高高等学校教师质量，建设一支高素质创新型的教师队伍。着力提高教师专业能力，推进高等教育内涵式发展。搭建校级教师发展平台，组织研修活动，开展教学研究与指导，推进教学改革与创新。加强院系教研室等学习共同体建设，建立完善传帮带机制。 •全面开展高等学校教师教学能力提升培训，重点面向新入职教师和青年教师，为高等学校培养人才培育生力军。重视各级各类学校辅导员专业发展。 •结合“一带一路”建设和人文交流机制，有序推动国内外教师双向交流。支持孔子学院教师、援外教师成长发展

续表

序号	政策	内容
8	《教育部关于深化本科教育教学改革 全面提高人才培养质量的意见》,2019 年 10 月 8 日	• 推动教师培训常态化,探索实行学分管理,将培训学分作为教师考核和职务聘任的重要依据。加强高校教师发展中心建设,重点面向新入职教师和青年教师,以提升教学能力为目的,开展岗前和在岗专业科目培训。 • 推进高校中青年教师专业发展,建立高校中青年教师国内外访学、挂职锻炼、社会实践制度。完善校企、校社共建教师企业实践流动岗(工作站)机制,共建一批教师企业实践岗位。 • 鼓励高校为长期从事教学工作的教师设立荣誉证书制度。鼓励社会组织对教师出资奖励,开展尊师活动,营造尊师重教良好社会风尚
9	教育部等六部门《关于加强新时代高校教师队伍建设改革的指导意见》,2021 年 1 月 4 日	• 着力提升教师专业素质能力。针对高校教师发展制度不系统、教师培训针对性和实效性不高、教师发展支持服务体系不健全等问题,明确健全高校教师发展制度、夯实高校教师发展支持服务体系等 2 项举措,健全教师发展体系,系统化建立教师发展的培训制度、保障制度、激励制度和督导制度;健全教师发展组织体系。 • 健全高校教师发展制度。高校要健全教师发展体系,完善教师发展培训制度、保障制度、激励制度和督导制度,营造有利于教师可持续发展的良性环境。积极应对新科技对人才培养的挑战,提升教师运用信息技术改进教学的能力。鼓励支持高校教师进行国内外访学研修,参与国际交流合作。继续实施高校青年教师示范性培训项目、高职教师教学创新团队建设项目。探索教师培训学分管理,将培训学分纳入教师考核内容。 • 夯实高校教师发展支持服务体系。统筹教师研修、职业发展咨询、教育教学指导、学术发展、学习资源服务等职责,建实建强教师发展中心等平台,健全教师发展组织体系。高校要加强教师发展工作和人员专业化建设,加大教师发展的人员、资金、场地等资源投入,推动建设各级示范性教师发展中心。鼓励高校与大中型企事业单位共建教师培养培训基地,支持高校专业教师与行业企业人才队伍交流融合,提升教师实践和创新能力。发挥教学名师和教学成果奖的示范带动作用

附录 2-1 “十二五”国家级教师教学发展示范中心成立时间

学校名称	成立时间
厦门大学	2011 年 5 月
重庆大学	2012 年 7 月
清华大学	1998 年
北京大学	2012 年 10 月
复旦大学	2011 年
中国人民大学	2011 年
南京大学	2011 年
山东大学	2011 年
浙江大学	2012 年
华东师范大学	2011 年 9 月
四川大学	2011 年
华中科技大学	2010 年 12 月
武汉大学	2012 年 7 月
哈尔滨工业大学	2012 年
上海交通大学	2011 年 4 月
吉林大学	2012 年
西安交通大学	2011 年 7 月
北京交通大学	2009 年 12 月
北京理工大学	2011 年
西南财经大学	2011 年 6 月
陕西师范大学	2012 年
东南大学	2012 年
大连理工大学	2011 年 9 月
西南大学	2009 年 10 月
华南理工大学	2011 年
西南交通大学	2012 年
东北师范大学	2009 年 12 月
中国科学技术大学	2008 年 12 月
中南民族大学	2010 年 4 月
北京师范大学	2012 年 2 月

附录 2-2 非外语院校教师发展中心组织归属

学校	独立	人事处	教务处	教学质量监测评估处	党委教师工作部	高等教育研究所	本科生院	组织部	教师教育学院
北京大学	√								
北京师范大学	√								
南京大学	√								
厦门大学	√								
东北师范大学	√								
大连理工大学	√								
陕西师范大学	√								
上海交通大学	√								
中南民族大学	√								
重庆大学	√								
武汉大学	√								
西北工业大学	√								
中国人民大学	√								
西南大学	√								
中国科学技术大学	√								
兰州大学	√								
西安交通大学	√								
东南大学					√				
西南交通大学					√				
西北农林科技大学						√			
浙江大学							√		
山东大学							√		
哈尔滨工业大学							√		
西安电子科技大学			√						
清华大学			√						
北京交通大学			√						
西南财经大学			√						
华中科技大学			√						
华东师范大学								√	
华中师范大学									√

附录 2-3　外语院校教师发展中心组织归属

学校	独立	人事处	教务处	教学质量监测评估处	党委教师工作部	高等教育研究所	本科生院	组织部	教师教育学院
北京第二外国语学院	√								
大连外国语大学	√								
吉林外国语大学	√								
西安外国语大学	√								
北京外国语大学		√							
广东外语外贸大学		√							
上海外国语大学		√							
四川外国语大学		√							
天津外国语大学		√							
中国传媒大学		√							
中华女子学院		√							
北京语言大学			√						
浙江外国语学院				√					

附录 3-1 国内院校讲座模式中教学能力发展主题

维度	类型	内容、活动
教学理念	以学生为中心	以学生为中心的教学创新
		以学生发展为中心
		学生为中心——问题驱动式的互动教学
	参与式教学	参与式教学的理念与内涵特征
		参与式教学目标设计
		参与教学
	研究性教学	研究性教学的实现与方法
		以问题为中心的研究性教学
		基于大学生思想理论热点难点问题的研究性教学探索
		教学新尝试:基于应用课题研究的教学
		专题研讨式教学设计的原则与技巧
		从典型案例看本科研究性教学的实施
	教师主导	教师如何在教学活动中起主导作用
		驾驭课堂的动力与能力
	心理学指导教育	以积极心理学方式促进新时代教学
		当代认知心理学原理在教学中的运用
	教学艺术	
	“结果导向”理念	
	谈学习/教学/评估的现代认识	
	基于增值(IDEA)理念的教学	
	OBE 理念	
	E 时代教学与教育的一点浅见	
	“唤醒式”教学	
	有效教学	
	移动学习	
	Co-op 合作教育模式	
	创新教学与深化学习	

续表

维度	类型	内容、活动
教学理念	主题教学的理念、教学和路径	
	合作教学与学习设计的要素、方法与策略	
教学方法	课堂教学	课堂教学组织
		学生课前学习后，老师课堂怎么讲
		课堂有效互动方法与策略
		课堂教学的优化
		课堂教学中的问题巧设计
		课堂教学中的表达设计与沟通策略
		如何在课程教学中开展过程性评价
		大学课堂教学方法
		深入、浅出——浅谈信号与系统的课堂教学
		双语与导论研讨课的教学策略与经验
		如何讲好精彩一课
		备课与讲课
		讲授与评价
		课堂教学六要素
		课堂中老师与学生的语言表达能力
		基于新课改理念的课堂创新实践
		如何把握课程的难易程度、调动学生课堂参与度
		大学课堂危机与应对策略
	教学法	PBL 项目化教学法
		Peer instruction 教学方法
		“为 2.0 众成课程建模”教学法
		新人类特征与现代教学方式创新
		讨论式教学法
		数量方法
		有效讲解技巧
		对分课堂
		突出重点、形象化难点的教学

续表

维度	类型	内容、活动
教学方法	教学法	输出式学习与“图形组织者”教学策略
		专业课教学中的实务案例选择
		Teaching Methods Used in American Universities
	教学法比较	中德大学教学方法比较
		欧美大学教学方法的演变与启示
		中英教育方式差异讲座
	理科教学	新工科背景下创新专业实验教学的几点思考
		中美基础力学教学
		英国大学的工程力学教学
		香港高校建设工程管理的教学与实践
		新工科背景下智慧编程与软件开发模式探索
	混合式教学	混合教学与学习科学系统化研究初探
		移动互联与大数据时代的教学模式转型
		微生物学实验课程混合式教学的设计与实践
		将信息技术与教学课程相结合
		混合式教学及翻转课堂
	在线教学	在线体育教学
		在线教学质量保障
		在线教学辅导的方法策略
教学改革		外语教学研究发展趋势与教学改革
		“教学改革成果”应具备的三要素
		大数据学习分析驱动下的教学改革
		通识教育改革
		本科教育教学改革相关问题
		互联网环境下的文学教学改革与实践
		面向智能时代的教育变革
		面向能力培养的教学方法改革
		教学模式改革的几个关键词

续表

维度	类型	内容、活动
课程	课程建设	金融学在线课程的建设
		“新工科”背景下工科实践课程建设
		总整课程之规划
		打造真正的大学课程
		大学课程的基本原理与建设方法
		打造信息时代金课
		卓越教学的课程设计
		课程建设与人才培养
		线上一流本科课程建设
		国家级一流课程建设
		MOOC 背景下的大学通识课程资源建设与实践
	课程设计	从课程讲授者到课程设计者
		高职院校专业课程体系介绍与设计专题讲座
		课程设计与课标(大纲)编制——兼课程实施方案及课程实施质量评估
		本科课程体系建设的中外比较
		专创融合课程设计国际经验
		UIUC 工程学科的课程设置及培养大纲
	课程研究	信息化时代外语课程生态化研究
		如何进行课程考查
		国外高校本科课程教学组织与方法
		现代课程范式及教学创新
	课程改革	关于金融课程体系改革与教学方法改革的认识
		课程改革:对学科规训的突围
		全球化时代大学课程与教学范式的变革
		财政学课程改革与教学方法
		大学计算机基础课程体系教学范式改革
		卓越计划与课程教学改革

续表

维度	类型	内容、活动
教学设计	教学设计的步骤及具体教学设计	教学设计的步骤
		如何将自己的研究主题融入教学大纲
		有效讨论设计
	教育理念下的教学设计	面向学生的教学设计
		基于项目的教学设计:理念、方法与策略
		通识教育理念下的课堂教学设计
		基于信息化技术教学设计与教学资源开发及应用
		基于创业思维的课堂教学设计转型
	教学设计案例	解码五星教学设计
		元素化学 d 区元素中铬锰铁钴镍部分内容的授课要点和课堂设计
师生沟通		师生沟通的技巧——寻解聚焦疗法的应用
		回首来时路:导师与我
		运用咨询小技巧,提升师生沟通力
		师生互动三人谈
课程思政	课程思政的教学设计	高校课程思政及其教学设计的探究与实践
		课程思政教学设计与实施
		课程思政教学设计理念与实施路径
	课程思政的应用	“课程思政”在专业课教学中的实践与应用——以药理学专业为例
		“思政课教育实验”与课程思政操作方法、实务与评估
		“更新教育理念,打造新时代医学课程思政金课堂”的“课程思政”教学设计
	课程思政的理论思考	对“课程思政”的几点思考
		“深化课程思政建设,落实立德树人根本任务”
		课程思政的理论依据、基本思路、方法与待解决的问题

续表

维度	类型	内容、活动
创新教育		创新教育与教育创新
		创意及创新思维培养
		“结合细胞代谢新领域，浅谈学生创新能力培养”讲座
		考试如何激发学生创新
教学示范		麻省理工学院教授 Donald R. Sadoway 教学示范课
		“全球视野下的投资”教学示范
人才培养	人才培养模式	人才培养模式
		人才培养
		高端翻译人才培养模式
		中德大学人才培养模式对比与思考
	人才培养类型	如何培育适应市场、引领市场的人才
		加大工程教学改革，提高人才培养质量
		财政学专业人才培养及课程优化
		人才培养与教学评估
		大学教学中的人文素养培养
		创新人才培养
教师素养	教学能力	关于提高教师教育教学能力的若干途径
		在线教学能力提升
		大学教师本科教学工作规范实务
		理念、方法、能力：高校教师教学发展的三个关键词
		教师教学评估与学习评价
	高校教师媒介素养提升	
	依托高阶课程提升外语教师学科素养	
	在线考试组织策略分享	
	如何支持学生的学习目标：教师角色的转换	

续表

维度	类型	内容、活动
教学评价		学业评价
		学习如何运用评估表格提升学生的学习成效
		全英文教学效果评价体系
		Assessment of Student Learning
教学研究	教科研结合	从教学学术的角度看大学教学成果的内涵、评价与提炼
		教学如何做学问
	体育教学研究	“军民融合”背景下体育自然学科发展及教学实践策略
	教材研究	基于学生学习环境的教学与教材研究
	英语教学国际化研究	如何提高英语教学的国际化水平
	思政课研究	高校思想政治理论课精致化研究
	大数据时代下的教学	通过行动研究开发研究性教学范式：以网络化合作活动学习的创新与建构为例
		图像化时代大学教学技能化的悖论
		大数据与外语信息化学习方式研究
	教学质量提升研究	高质量教学案例开发和写作方法
		内涵式发展背景下教学质量提升与教学创新
		基于科研开展优质大学教学转型与学习创新所面临的挑战
		教学内容的创新设计
		探究式-小班化教学与非标准答案考试改革——理念与经验交流
促进学生学习		如何支持和促进学生学习
		如何构建以培养学生能力为核心的教学模式
		如何促进学生的主动学习和深度学习
		如何培养学生的学习积极性
		如何培养学生深层次学习

续表

维度	类型		内容、活动
教学技术	教学工具软件	PPT	PPT 应用与美化训练
			PPT 制作技巧
			PPT 课件设计与开发
			如何让 PPT 更有说服力
			教师 PowerPoint 应用——图文排版
			教师 PowerPoint 应用——数据呈现
			教学 PPT 排版中的知识表达设计
		Word	使用 Word 编写大型项目申报书
			用 Word 软件编写和展示课程提纲
			Word 一般应用
			Word 高级应用
		Excel	Excel 数据处理与分析
			高效利用 Excel
			Excel 高级应用
			Excel 一般应用
		雨课堂	用雨课堂实现大班翻转课堂案例
		TronClass	基于"TronClass"畅课互动教学平台的信息化教学策略与应用案例
		微助教	"微助教"的课堂教学应用
	在线课程平台	微课	微课制作及竞赛培训
			微课的认识与制作
			混合式教学与微课程的设计与开发
			微课研究与实践
		慕课	数字教学的下一步——MOOC
			MOOCs: Three ways in which they are changing higher education
			慕课的规划与建设——以"天文漫谈"为例
			我思我行我 MOOC

续表

维度	类型		内容、活动
教学技术	在线课程平台	慕课	跟踪国际环境地学发展——建设资源环境科学类MOOC
			MOOCs 课程建设的体会与思考
			建设优质慕课、开展慕课教学、推动教学改革
			专业课 MOOC 的设计与教学
			互联网＋教学：MOOC 与翻转课
			MOOC 课程设计
			MOOC 与翻转课堂——语言类院系技术发展前瞻
			慕课(MOOC)——实践中的再认识
			MOOCs、翻转课堂建设
			多样的 MOOC 课程及其使用
		在线课程建设	教师课程资源开发的路径与方法
			如何设计、建设和应用在线开放课程——以国家级精品课程“管理沟通”为例
			互联网＋教学模式与在线开放课程创新应用
			信息时代下的教学理念与在线开放课程群建设
			在线开放课程建设与数字出版新模式
			教育技术的应用和课程设计
			课程平台的设计与实践
			智慧教学课程平台使用
	视频剪辑		Focusky 动画演示大师的基本操作
			Camtasia Studio 录屏软件应用
			视频资源的应用与制作
			音频处理技术(GoldWave)
			教学视频制作技术及其应用
			Prezi 进阶
	图像处理		PS 入门
			Microsoft Visio 在复杂图形绘制中的应用

续表

维度	类型	内容、活动
教学技术	在线考试	在线考核实践经验分享
		远程在线期末考试的设计与实施
	信息技术下的教学	数字化时代的教学：联结技术与教学
		实现教育教学与信息技术深度融合
		用技术变革大学课堂教学
		大数据分析驱动下的教学实践和创新
		新技术的发展及其对教与学的影响
		数字时代下的教育反思
	信息技术下的学习	基于大数据的学习分析
		网络社区的学习活动设计
	在线办公	Microsoft Office 在教学和办公中的高级应用
		构建高效的移动办公环境
	教育技术研究	影响教育技术领域的十大趋势
		计算机测验的发展、应用和发展方向
		以概念地图为基础的理解型学习来解决“教什么、怎么教、为什么”的问题
	脑力训练	思维的突破——VETAE 脑力拓展训练

附录 3-2　外语院校讲座模式中教学能力发展主题

维度	类型	内容、活动
教学理念	以学生为中心	
	教学范式的转型	
	有效教学理念	
	智慧教室中基于 APT 教学促进学生深度学习	
	BOPPPS 有效教学结构	
	家校共建：家长如何陪孩子写作业	
	站讲台的责任与艺术	

续表

维度	类型	内容、活动
教学方法	信息技术教学	信息技术下的教学
		在线教学
	二语教学	法语教学
		日语、西班牙语教学
		英语写作教学
		非通用语教学方法
		二语语法教学
		双语教学方法
	汉语教学	对外汉语语法教学
		汉语教学方法
		对外汉语教学
	翻译教学	如何把 PBL 应用到翻译教学
		高级翻译教学方法
	课堂教学	如何开展课堂教学
		说课
		课堂设计
		课堂组织
	大学教学(大学教学方法)	
	思政教学	
	案例教学在管理会计中的应用	
	同伴教学法	
	启发式教学	
	游戏元素的应用	
教学研究	研究方法(课例研究)	
	EMI 课程中的话语研究	
	课堂教学研究(选题与设计、质性研究和量化的结合)	
教学改革	教学改革	
	课堂教学改革	

续表

<table>
<tr><th>维度</th><th colspan="2">类型</th><th>内容、活动</th></tr>
<tr><td rowspan="3">教学提升</td><td colspan="3">如何提升教学技能</td></tr>
<tr><td colspan="3">如何提升教学质量</td></tr>
<tr><td colspan="3">教师教学水平提升</td></tr>
<tr><td>教学组织</td><td colspan="3">高校基层教学组织建设</td></tr>
<tr><td rowspan="2">课程</td><td colspan="3">课程设计</td></tr>
<tr><td colspan="3">课程思政</td></tr>
<tr><td>教材</td><td colspan="3">非通用语教材编写</td></tr>
<tr><td rowspan="11">教学技术</td><td rowspan="2">信息化教学能力培训</td><td colspan="2">收看在线教学能力提升专题节目</td></tr>
<tr><td colspan="2">教师信息化教学能力提升在线培训</td></tr>
<tr><td rowspan="9">教学工具软件</td><td colspan="2">教学工具软件系列教程汇总</td></tr>
<tr><td colspan="2">PPT 制作</td></tr>
<tr><td rowspan="2">电子白板</td><td>在线学习系列——Blackboard 在线建课问答汇总</td></tr>
<tr><td>教学电子白板的应用与实践</td></tr>
<tr><td>思维导图</td><td>思维导图支持的高校教学创新</td></tr>
<tr><td>Prezi</td><td>“Prezi 入门和快速制作”教学讲座</td></tr>
<tr><td>翻译教学软件</td><td>试译宝——智能时代的翻译教学</td></tr>
<tr><td>雨课堂</td><td>借助雨课堂创新思政课双元互动教学模式</td></tr>
<tr><td colspan="2"></td></tr>
<tr><td rowspan="12">在线课程</td><td rowspan="2">在线课程制作</td><td colspan="2">在线课程制作流程及资料准备</td></tr>
<tr><td colspan="2">“平台助力赋能 打造中国金课”</td></tr>
<tr><td rowspan="2">微课</td><td colspan="2">首届教学微视频大赛培训讲座</td></tr>
<tr><td colspan="2">高校微课程的设计制作与实践</td></tr>
<tr><td rowspan="8">慕课</td><td colspan="2">“优化慕课运作模式,提高学生学习效果”主题报告</td></tr>
<tr><td colspan="2">慕课:教育创新的探索</td></tr>
<tr><td colspan="2">慕课背景下的教学变革与实践</td></tr>
<tr><td colspan="2">“在线开放课程 MOOC 的设计、制作与运营”经验谈</td></tr>
<tr><td colspan="2">慕课的发展现状及未来走向</td></tr>
<tr><td colspan="2">慕课实践与认识</td></tr>
<tr><td colspan="2">专题培训讲座——慕课:高校新型课程资源</td></tr>
<tr><td colspan="2">慕课专题培训讲座</td></tr>
<tr><td rowspan="3">资源检索</td><td colspan="3">电子资源的检索和利用</td></tr>
<tr><td colspan="3">使用图书数字资源与服务项目讲座</td></tr>
<tr><td colspan="3">知网研学文献检索和管理讲座</td></tr>
</table>

附录 3－3　国内院校讲座模式中的学术能力发展主题

维度	类型	内容、活动
论文撰写	英文 SCI 文章润色编辑技巧	
	文献综述的分析与写作策略	
	关于期刊论文写作的几个问题	
	教育科研论文的撰写	
	质化数据与学术写作	
	社会科学研究生学位论文写作——基于全国 200 余篇博士学位论文评审经验的提炼	
	高教研究论文写作	
	学术论文写作规范与发表	
	教学改革与发展学术研究中的选题与写作	
	社会科学研究 SSCI 论文写作与发表	
	“青年研究的重点与选题”论文写作专题报告会	
论文发表	教育研究方法与教育学科论文发表规范	
	学术刊物的投稿策略与技巧	
	与外国人打交道：国际学术讲座与发表之道	
	国际 SSCI 期刊发表攻略	
	教学学术成果的凝练与发表	
	问题意识、学术创新、选题写作、论文发表	
研究方法	教育叙事研究	
	教学研究方法专题讲座	
	量化统计学术秀	
	质的研究	
	行动研究	
	大型跨国教育比较的研究方法——以 TIMSS 项目研究计划为例	

续表

维度	类型	内容、活动
教科研协同	教学研究	大学英语教学研究课题设计
		一线教师开展教学研究之管见
		通过教学研究，提升教学能力
		中心举办青年教师教学研究专题讲座
		追求教学和科研的和谐
		教师的教学研究
		写作教学研究
		教学学术
	教学科研融合	科研与教学深度融合，提升教学质量与水平
		信息化时代为教学与科研关系提供的新思路
		关于科研教学融合创新的思考
	教学与科研的关系	新时代教学与科研关系再审视
		化药学院邀请陕西省教学名师×××教授谈教学与科研关系
		商务英语教学与科研的跨学科创新
教师专业发展	科研能力提升	科学研究与教师发展
		国际视野中的大学青年教师及其学术工作
		创新和求实是科研的灵魂和根本
		做科研与人格养成
		学术研究与学术创新问题
		提高高校教师教学学术能力研究
		中美大学教师教学学术发展比较
	教师教育	教师教育改革
		Overview of Teacher Education in Canada
		教师教育体系构建
		做创新型大学教师
		大学教师发展的理念与实践
	教师知识	从教师 PCK 至 TPACK：研究与发展

续表

维度	类型	内容、活动
学生发展	学生心理	大学生心理特点与教育对策
	学生学习	教室里的认知学徒：帮助学生发展专长
		教学中学生综合素质的培养
		Activity for Students and Faculty
		大学学习规律与学生学业发展
		Enabling Students to Do What They Know & Using Rubrics to Make Assessment a Learning
		大学生学业指导的实践与经验
		学生国际交流与个人发展指导系列讲座
		Student Learning Outcomes and Experiences of Teaching and Learning
高等教育	学生与高等教育的关系	大学生在高等学校发展中的作用
		从大学生学情调查看我国大学教学质量与改革
		大学生学习状态与高等教育质量保障
	本科教育	本科教育中的问题与国际经验
		本科教育改革发展趋势
		打造一流本科教育体系——N10 大学的探索与实践
		美国本科教育的基本理念、改革思路及其启示
	高等教育治理	中国大学的战略与规划
		研究型大学的管理
		大学领导力与大学治理现代化高峰论坛
		大学治理要解决的首要问题
		美国高等教育——组织形式、教学管理体制等
		高校教学管理研究
		中国大学评价与 N3 大学的位置
	学科建设	学科建设：谋划与推进
		教育学学科发展的反思与期待
		湖北省教育学重点学科建设高层次论坛

续表

维度	类型	内容、活动
高等教育	高等教育国际化	大学的角色与教育国际化
		"一带一路"与高等教育国际化
	高等教育改革	畅谈美国研究生教育结构优化转型
		美国21世纪州立高等教育转型十大趋势
		创新教育视域下大学专业课程改革
	人才培养	培育一流科学研究人才的实践和思考
		基于学生发展能力的人才培养体系建设
		课程教学改革与创新人才培养
		教育责任重大、教育令人神往——兼谈人才成长之要素
		Educating the Innovators of the 21st Century
		引导学生从中国现代文学认识社会与人性
		基于NSFC高等教育增值项目的中国本科生能力测评
		日语口译教学与MTI人才培养模式
教育研究		传统考试:创新学习的隐形障碍
		教育传承与大学文化
		理性教育与人文发展
		Education in Cannada
		Transforming Teaching and Learning
		Overview of OISE and University of Toronto
		美国学术生涯规划
		从政府工作报告看高教研究热点
农学		转基因技术ABC——作物的起源、演化与现代育种技术
天文学		大数据时代的地球空间信息学
		人类认识宇宙的几个里程碑——宇宙的起源、演化与命运
工程与实验		实验数据处理与经验证据评估的新架构
		美国工程技术专业评审认证讲座
		工程教育专业认证
		球差电镜测试技术最新发展和前沿应用

续表

维度	类型	内容、活动
社会政治	《马克思主义基本原理概论》2013 年修订版总体修订原则	
	中国社会经济发展的自信与定力	
跨文化	中国人与北美人之间的跨文化交流	
哲学	哲学与我们的生存领会	
奖项申报	高等教育教学成果奖顶层设计与申报策略	
	教学成果凝练与成果奖申报	
	以教改立项说到成果凝练	
研究工具	SolidWorks 在教学与科研中的运用	

附录 3－4　外语院校讲座模式中的学术能力发展主题

维度	类型	内容、活动
论文撰写	学术热点追踪与学术论文写作	
	高水平论文写作与发表	
	学术论文撰写问题实证研究	
	高质量教学实证研究文章的写作要领	
	高水平学术期刊论文(CSSCI)撰写与实例分析	
	学术语言与写作	
	如何撰写学术论文	
	咨询报告的选题与写作	
论文发表	如何在主流英文期刊上发表文章	
	国际学术期刊发表讲座	
	SSCI 期刊论文发表和英文著作出版	
	国际学术期刊发表	
	发表或出局——人文学科中的伦理与学术发表	
	SSCI 期刊论文发表和英文著作出版	
	科研人员与杂志编辑的座谈	
	从主编视角谈外语类 CSSCI 期刊用稿原则	
	刊物选题的应用取向	

续表

维度	类型	内容、活动
课题申报	语言研究与课题申报	
	“莫把科研当负担”——记科研项目申报	
	科研项目申报技巧	
	科研项目申报基本情况和基本要求介绍	
	名师面授之如何申报高级别科研项目	
	科研课题申报的细节问题	
	科研项目申报与管理规定解读	
	综合与创新科研项目申报研究	
	国家社科、教育部人文社科项目立项情况的回顾与解读	
	如何撰写一份好的项目申报书	
	外语科研项目的选题与论证	
学术道德	学术伦理道德的论述	
	学术实践中的学术道德问题	
区域国别研究	亚洲区域研究	中国印度研究新维度
		平成终焉日本社会的考察
	研究的必要性	为什么要强调区域?
		区域研究学科体系的建立与本科实用型国别区域人才的培养
文化	音乐	新中国初期的艺术歌曲创作
		丝绸之路上的音乐及其研究
		“中国歌曲百年”
		对视唱练耳教学唱名法及其选择的思考
		民族歌剧的女性主题与妇女解放
	服饰	中国古代服饰赏析
		中国民族服饰文化解读
	中国文化	中国共产党的文化观与当代中国的文化转型
		《华严经》与中国文化
		中国传统艺术的传承与创新
		文字艺术与绘画艺术的联姻——中国诗书画印交融史述略

续表

维度	类型	内容、活动
文化	文化交流	瑜伽与中印文化
		中韩人文交流的历史与展望
	国外文化	印度尼西亚伊斯兰文化的特点
		加拿大多元文化现状
文学	中国文学	名著研读(《马氏文通》《殷墟书契菁华》)
		中国诗词价值观念的古今演变
		四大名著在世界的传播与影响
		传统文论的当代价值与民族美学自信的重建
	外国文学	拉丁美洲文学
		外国文学研究
		明治时期的文学与思想
		浅谈白银时代的文学
		从帆船到轮船:康拉德海洋小说的“文明忧思”
		俄罗斯外省文学
	文学研究	诗歌现象学初步
		文学伦理学批评与戏剧研究
		现代小说中的视角和声音
		古典文学研究系列
政治	国内政治	国内政治发展
		新疆治理方略的思考
		毛泽东研究的客观性问题
	国际政治	亚洲政治(东亚秩序构建、朝鲜半岛、“一带一路”在东南亚的实践)
		全球化与世界主义
		崛起国对外战略制订与实施过程中的风险及其成因
		英国脱欧

续表

维度	类型	内容、活动
政治	外交	中国与亚洲国家的关系(中泰、中日、中印)
		中国与欧洲地区国家的关系(中美、中欧、中俄、中国和巴尔干地区)
		中非关系
		分析国际关系热点问题
马克思主义研究		马克思主义中国化
		国外马克思主义研究
经济	混频因子模型及其在我国宏观经济中的应用	
	粤港澳大湾区金融展望	
	存款产品设计与创新	
	关于会计学专业建设的新思考	
	不变初心与会计使命	
	当前我国普惠金融发展中的几个理论问题	
	审计审计师和股票崩溃:国际证据	
	新冠大萧条、宏观治理与经济学理论创新	
	地方金融与中小企业融资	
	日本企业的竞争力和创新力	
翻译	翻译学	翻译研究(翻译概念及本质、语料库翻译学与认知翻译学的融合与发展、应用翻译研究的学科坚守、翻译理论的构建、翻译研究者治学基础、翻译过程研究、翻译史研究的原则和选题及方法)
		翻译的作用与实践(防疫翻译)
		文化翻译
		费氏翻译鸿篇巨制《太平御览》研究
	英译	小说英译
		汉英翻译策略研究——汉英对比角度
		古文英译的语篇联结——兼及汉英翻译的句法转换
		汉诗英译

续表

维度	类型	内容、活动
翻译	汉语-小语种	汉越互译
	口译	口译研究(理论话语梳理、研究方法、口译能力发展)
		口译教学
语言	语言学	语言测评研究
		话语研究(成都女司机话语研究、学科话语研究)
		词典研编(海峡两岸汉语使用差异与词典的兼容处理、双语词典学的用户视角、文化信息在汉英词典中的凸显表征模式)
		智能时代的语料库
		论内文释义
		论语言的功能分类
		自然语言(自然语言处理、自然语言图谱、自然语言的理解)
	汉语	应用认知语言学、应用语言学
		普通话左边缘的体系结构
	英语学习	汉语论元交替的允准条件
		语言教学对语言研究的促进作用
		L2 Writing
	小语种	英语学习者自我评估
		日本国语化
		波兰语
		犹太诗人的个人方言书写
法律	法学	社会契约与当代中国法治
		关于新时代法学刊的新传播
		新类型权利担保的法律适用
	刑法	刑事辩护、刑事诉讼
	土地法	土地管理法与民法典
		集体建设用地入市与土地征收法治问题研究
外国语言学科建设	英语语言文学学科(内涵与学术规范、建设)	
	中东欧国家语言学科在“一带一路”倡议下的发展	

续表

维度	类型	内容、活动
社会治理与建设	国内社会治理	广东社会建设研究
		美丽中国建设
	国外社会治理	来自南半球的城市报告
		日韩城市管理借鉴和分享
	社会治理研究	基层社会治理中的联动问题
		社会治理体系及其评价研究
新闻传播	国际传播研究	
	新闻文本研究(口语新闻文本、新闻稿)	
哲学	中国哲学	
	朝鲜古代文化哲学	
	歌德时间哲学	
	哲学社会科学研究	
跨学科研究	多学科视野与交叉领域研究	
	跨学科视阈下的语言与权力研究:理论、方法与研究	
	数学与文化	
	中国智慧司法建设中的自然语言处理技术应用	
	金融科技的前世、今生与未来	
	经济学与法学的对话	
	叙事学和文学伦理学	
	符号学与文学	
教育	非通用语教育	中国的非通用语教育
		大学非通用语教学的一些认识
	教师专业发展	外语教师(小语种教师生存危机、专业共同体建设的辩证研究)
		大学教师发展的国际趋势
		高校教师素质培养和能力提升

续表

维度	类型	内容、活动
教育	人才培养	基于专业认证的人才培养机制设计
		面向人工智能时代的外语教育与人才培养
	外语教育改革与发展	基于人类命运共同体和全球胜任力发展的国家外语能力规划与课程改革
		大学英语四、六级考试三十年:回顾与展望
	教育质量保障	提升高校思政课教学质量
		本科教育质量保障
科研能力提升	科研经验分享	
	批判性思维	
研究方法	田野调查法	
	人类学研究方法	

附录 3-5　国内院校讲座模式中的职业生涯主题

维度	类型	内容、活动
教师职业发展	信息化环境下教师职业发展思考	
	高校教师职业发展与团队建设思考	
	互联网＋与教育教学变革——教师职业发展的思考	
教师礼仪	大学教师礼仪——做更美卓越教师	
	教师礼仪规范与有效沟通	
教师成长	科研成长	中国一流科学人才的成长之道
		为师之乐在于共同成长;钻研成长规律,安享学术人生
		学术人的职业处境与困惑
	青年教师成长	青年教师成长之路
		青年教师的人文素养
		青年教师的发展与职称
		优秀教师是怎样炼成的?——青年教师的专业发展之路
		青年教师的使命

续表

维度	类型	内容、活动
教师成长	专业成长	专家型教师的个性化成长
		基于核心素养发展的教师专业成长
		大学教师的成长之道
		教师能力培训论坛
	教学成长	教师职业发展、教学文化、课程设计、教学理论
	教科研成长	教学和科研是高校教师的神圣职责
	普通话	教师普通话正、辨音训练
教师队伍建设	新时代教师队伍建设改革论坛	
教师评价	教学评价与教师发展	
	评估倒计时——大学教师的职责与担当	
教师角色转变	面向智能时代的学习与大学教师角色转变	

附录 3-6 外语院校讲座模式中职业生涯主题

类型	内容、活动
青年教师成长	青年教师职业发展漫谈
	青年教师成长的时间表与路线图
	非通用语种青年教师的成长与发展
	“教师的博学与魅力”和“人才应当如何相处”
访学与公派介绍	教师公派出国研修项目政策宣讲
	“难忘的美国访学——学习篇”
	访问学者研修经验分享会
	台湾政治大学介绍
	德国高等教育系统介绍
辅导员成长	浅谈辅导员工作
教师招聘	专业技术职务聘任条件解析与导航会
教师国际化	教师国际化发展的创新与策略
应用型院校教师专业化	应用型院校教师专业化发展

附录 4-1 国内院校培训模式中教学能力发展主题

维度	类型	内容、活动
教学能力发展	教学理念	教学沟通的奥妙； 合作探究
		“双一流”建设/本科教育的进展(教育教学、师资人才、科学研究、学科布局、资源空间)
		“创新创业教育”(注重培养学生的学科知识能力、核心通用能力和组织职务能力)
		中国大学生学习特点暨教学启示
		人才培养与教师教学发展、教育思想、教师精神
		课程思政
		教学改革趋势； 课程体系的结构和目标(“以学生为中心”课程改革)
		研究性教学、教学模式科研训练
		教学管理规范、制度、现象、建议
	教学方法	课程教学规划、课程设计方法以及具体的教学
		分享教学经验与体会
		学习考核与课程评估
		授课方式(互动式、讲授式、演讲式、演示型、混合式、翻转课堂、讨论型、启发式、探究性)
		信息化教学应用(慕课、Canvas 建课、Teams 教学互动、多元互动式、成果导向性的在线课程)
		教学技能提升策略(研究型教学、课程评估、课件美化、教学反思)
		教师竞赛培训
		全英授课培训

续表

维度	类型	内容、活动	
教学能力发展	教学技术	教学辅助工具的使用	“大学教学网”的测试、讨论板、小组 wiki 等
			“多媒体课件”使用
			智慧教室使用培训
			虚拟仿真实验教学改革与探索
			研究工具的使用(SPSS 软件应用实训、质性研究方法与 NVivo 应用、信息检索与知识管理工具)
		互联网＋教学的平台使用	慕课教学设计与视频剪辑
			在线课程平台使用专项培训
			网络安全培训
		现代信息技术在高校科研与教学中的有效应用	如何利用现代的科学技术有效开展科学研究； 如何利用现代先进的信息技术解决教学困境； 如何利用现代的科学技术有效促进课堂教学

附录 4－2　外语院校培训模式中教学能力发展主题

维度	类型	内容、活动
教学能力发展	教学理念	外语教育教学发展(外语教育理念与专业教师发展、外语专业课程改革与活动设计、外语教育规划与教学实践，以及外语教学研究)
		教育教学改革(“如何适应新形势下教育教学发展的需要?”、“文科类院校如何体现和落实应用型办学?”、“在教育教学过程中，如何培养学生创新意识、创新精神、创新能力?”)
		汉语与汉语教学(汉语语法和词汇基础知识；汉语要素教学；语言与文化；当代中国社会热点问题)
		双语师资培训(教师听力、词汇、语法及会话能力；提升教师语言组织能力；提高教师利用英语讲授专业课程能力；实景考察学习国外高等教育，全方位提高双语教学技能)
		课程思政教学设计
		高效课堂(课前准备、课堂进行、课后反思和课堂管理)； 有效的课堂教学(课前准备、课堂讲解和课后作业三部分)
		高等教育(高等教育学、高等教育心理学、教育法规概论)

续表

<table>
<tr><th>维度</th><th>类型</th><th colspan="3">内容、活动</th></tr>
<tr><td rowspan="15">教学能力发展</td><td rowspan="9">教学方法</td><td colspan="3">案例教学与写作</td></tr>
<tr><td colspan="3">教学名师教学技能</td></tr>
<tr><td colspan="3">积极学习模式探讨</td></tr>
<tr><td rowspan="3">教师教学比赛培训</td><td colspan="2">青年教师教学基本功比赛培训</td></tr>
<tr><td colspan="2">青教赛校内诊断性培训(参赛教师课堂教学展示及教学反思、专家指导、互动交流)</td></tr>
<tr><td colspan="2">高校微课教学比赛培训</td></tr>
<tr><td rowspan="3">信息化教学</td><td colspan="2">在线教学(在线教学技能培养、在线教学设计、教学模式研究)</td></tr>
<tr><td colspan="2">信息化教学系列培训(混合学习的五种路径、微课的设计制作与教学应用)</td></tr>
<tr><td colspan="2">线上线下教学衔接三堂课</td></tr>
<tr><td rowspan="6">教学技术</td><td rowspan="4">教学辅助工具的使用</td><td>办公自动化软件</td><td>计算机与办公自动化操作技能</td></tr>
<tr><td>多媒体教学软件</td><td>PPT 2010 软件的操作流程、制作方法和注意事项;
使用喀秋莎、FocuKy、Edius 制作微课;慕课拍摄的培训</td></tr>
<tr><td>统计分析工具</td><td>SPSS 的方法与运用</td></tr>
<tr><td>数字资源使用专题培训</td><td>介绍了互联网时代,要利用网络,更要回归图书馆,让馆藏图书和各类数字资源为我所用,为教学科研所用</td></tr>
<tr><td rowspan="2">互联网+教学的平台使用</td><td>在线开放课程建设和使用培训</td><td>在线开放课程平台的功能、服务内容及如何建课、运行、维护;
简学科技精品课程制作流程</td></tr>
<tr><td>信息化教学软件</td><td>“雨课堂”在教学中的应用培训;了解学习通主要功能以及各个业务流程;慕课的在线活动设计、视频的技术;超星“一平三端”使用培训;腾讯课堂+云班课;基于“学堂云+雨课堂”线上平台工具的在线直播培训;“教师发展线上课程+知到”混合式教学专场直播培训</td></tr>
</table>

附录 4－3　国内院校培训模式中学术能力发展主题

维度	类型	内容、活动
学术能力发展	高校的管理及发展	高校创业教育
		教学资源建设与应用
		高校品牌专业建设
		高等教育政策
		科技项目、科研产出、科技条件
	教师学术能力提升	学术论文写作与发表技巧
		毕业设计指导
		研究方法（问卷设计与统计分析、ESI&InCites数据库）
		教师的媒介素养
		项目申请
		基金申请辅导
		科研能力的意义、问题、方法

附表 4－4　外语院校培训模式中学术能力发展主题

维度	类型	内容、活动
学术能力发展	科研项目设计与申报专题	社会科学纵向项目申报技巧
	区域国别重要问题	区域国别重要问题和决策专报撰写方法； 欧洲非通用语教师多元实践与研究能力提升（中意关系发展、中意文化交流）； “一带一路”区域问题与语言文化
	同传技巧	中葡同传技巧

附录 4－5　国内院校培训模式中职业生涯主题

维度	类型	内容、活动
职业生涯主题	职业成长	科学发声原理与实用技巧
		职业发展的历程、经验与成长体会
		工作规范与礼仪
		专业发展
		职业生涯规划
	教学管理	教学研究项目管理工作
		研究生导师岗前培训

附录 4－6　外语院校培训模式中职业生涯主题

维度	类型	内容、活动
职业生涯主题	优秀班导师经验交流	班导师师德师风、班导师职责、课程思政
		激发教学潜能，感悟教育之道
	职业成长	工作学习的感受、个人发展的现状、面临的问题及对未来发展的思考
		职业生涯规划
		管理的本质、管理者的五项工作及其素养能力要求和有效的沟通

附录 4-7 国内院校新教师培训主题

维度一	维度二	类型	内容、活动
新教师培训	教学能力发展主题	课堂示范与观摩	教学(视频)观摩、名师观摩、课程观摩、“示范课堂”
		专项能力	在线教学能力、国培示范项目、信息化教学能力、教学能力、有效教学、信息技术与运用、授课技术、教学基本功、教学能力提升专题培训(高等教育学与高等教育心理学、学校教学资源使用)、教学设计、模块化教学设计、教学业务培训
		专项技能	新教师教学准备、教学技能、教学第一课、教学技能要点、教学基本技能、双语教学、讲授式教学
		教学实操	教学试讲、微课教学训练、教学展示
		教学方法与模式	翻转课堂和同伴教学法、大学课堂的教学方法、教学强化
		教学管理	教学管理规范解读、教学管理
		教学反思	“我的教学反思”、教学反思
		课程	高等学校教师资格必修课程
		交流活动	教师答疑解惑、线下交流活动
	学术能力发展主题	科研项目申报	国家社科基金申请辅导
		教学与科研	教研深度融合提升教学水平

续表

维度一	维度二	类型	内容、活动
新教师培训	职业生涯主题		人才人事政策说明
			职业技能培训（“职业理想”“职业素养”“职业能力”“职业情境”）
			教师（青年）职业发展
			职业发展规划
			职业技能与规范培训
			教师职业生涯发展
			世界一流大学应有的文化生态
			实践调研活动
	师德师风主题	个人品行修养	做“四有”好老师
			树立使命与责任感，勇担“双一流”建设重任，立德树人
			“做党和人民满意的好老师”
			做“品德高尚”的好老师
		师德师风建设	思政教育与教师发展
	资源分享主题	学校基本情况	学校基本政策、制度及部门、设施、图书馆资源与服务、教职工成长平台与资源
		学校历史与发展	“阅读大学、牢记使命”，了解学校发展历程、校史
	身心健康主题	身体健康	科学发声
			科学用嗓及其保健
		心理健康	教师心理辅导

附录 4－8 外语院校新教师培训主题

维度一	维度二	类型	内容、活动
新教师培训	教学能力发展主题	教学方法与模式	课堂教学方法与现代教育技术应用、课程思政的意义与路径
		教学反思	教学反思
		专项技能	教学适应性、语境与实施、岗前培训、信息化与教育技术、网络专题培训、关于 PPT 的制作与使用
		课程	课程设计、精品课程建设、教学技能课程、高等教育学、高等教育心理学、高等教育法规概论、高等学校教师职业道德修养和大学教学技能课程
	学术能力发展主题	科研管理	科研处基地建设、管理科研等
		教师科研能力发展	科研专项：学习高等教育发展宏观战略
		课题申报	外国语言文学国家级课题申报研究
	职业生涯主题	教师专业发展	发现解决教师问题、促进教师专业发展
			加强教师队伍建设
		职业生涯发展	如何做好职业规划
			组织认同与职业认同培训
			教职工职业角色转换
			职称评定、人事考核
			管理人员系列专题培训、新教工培训

续表

维度一	维度二	类型	内容、活动
新教师培训	身心健康主题	校外活动	校外团队活动
			热身与破冰项目（滚雪球、选队长、团队展示）
			“万里长城永不倒”等趣味活动
			户外拓展（缙云山）
		校内活动	国际女子优雅训练
			发声技巧与嗓音保护
			与压力共舞
			阳光心态 积极人生
	师德师风主题	传统与文化	传承 W1 学校精神
		师德师风建设	新时代师德师风建设
	资源分享主题	学校校情	学校历史、现在与未来
			学校各部门职能介绍
			图书馆工作与建设
			人事工作情况
			科研工作基本情况介绍

附录 4－9　国内院校助教培训主题

维度	类型	内容、活动
助教培训	经验交流	助教过程中遇到的问题，有哪些收获，希望进行哪些改进；优秀助教经验分享
	教学	助力线上教学，如何有效进行教学反思
	课程	理论课程培训和实验课程培训
	教学手段和技术	慕课制作和运行，Word 和 Excel 软件应用，微课设计与制作，思维导图的理论与应用，课堂摄影与视频编辑，多教学平台使用能力培训
	理念与能力提升	助教的历史渊源与现状；助教工作职责、工作纪律；如何做一位称职的大学助教；如何引导学生小组讨论、处理学生的心理问题等
	学术科研	论文阅读写作与学术规范

附录 4－10　外语院校助教培训主题

维度	类型	内容、活动
助教培训	青年教师助讲培养	本次助讲培养工作主要包括 2019 年新进青年教师助讲培养及第七批青年教师助讲培养考核等两个部分
	班主任队伍建设	为加强班主任队伍建设，提升班级事务管理技能，推动学风建设，促进学生成才成人
	慕课平台课程管理经验分享	对采用线上线下混合式教学的课程助教进行了在线课程管理培训。×××同学以自己管理的“外国文学名作赏析”在线课程为例，现场登录中国大学慕课后台系统，为在场的学生及老师直观演示了如何操作系统中的各个板块，并且分享了自己在操作过程中经常遇到的问题及解决方案
	ERP 实验课程及新考核方案培训	ERP 课程新考试标准培训及 ERP 课程研讨；ERP 课程新助教老师培训
	课堂教学观摩	校“教学十佳”、课程教学模式创新实验区课程、精品在线开放课程，面向全校教师开展教学观摩月活动，2018 年青年助讲培养教师必须完成听课任务。通过教学观摩、教学交流等活动，充分发挥优秀教师、示范课程在提高教师教学能力中的引领作用，促进课堂教学质量提升

附录 5－1 国内院校工作坊模式中教学能力发展主题

维度	类型	内容、活动	
教学能力	教学设计	有效教学设计	“以学为本”教学设计、以学习为目标的教学
			研究性学习的课程设计、项目式学习课程设计、临床医学沟通教学案例的设计以及沟通过程评价的工具与方法
			BOPPPS 有效教学模式、混合式教学模式、翻转教室教学设计、翻转课堂设计、多样化教学模式、教学模式探索、基于目标群体的课程设计、金课的教学设计
			“以学生为中心”的教学课程设计
			成果导向教育评量理念与教学设计、成果为本
			如何上好一堂课、如何上好一门课
			教学设计的要素与逻辑、优化教学设计
			学习成效的评估、评价学生的学习、教学评估与反馈、线上教学评价理念与策略
			制定有前途的教学大纲、课程大纲设计
			选择题设计
			在线教学的互动设计
			学习活动设计与教学引导活动设计
			面向未来的智慧教学课程设计
		高效课堂	教学的逻辑性和系统性、合作式学习、有效教学策略、深层学习与高质量教学、探究性教与学

续表

维度	类型	内容、活动	
教学能力	教学设计	教学档案袋	
		教学发展、教学发展项目的设计、开发与实施	
		有效教学结构、学习能力、学习结构与学习方式	
		临床教学查房	
		师生互动	教学中的有声语言表达、课堂中的有效沟通、课堂互动的有效方式、有效的课堂讨论、参与式课堂的教学互动、有效反馈、教学语言的艺术和科学发声、沟通技巧、教师语言表达、在线教学的有效互动策略
		教学风格、学习风格认知及其在教学中的应用、学习风格	
		创新创业教育	
		教学技能与能力	改变教学激发学生的潜力与创造性、学习动机提升策略、发展学生协作学习的能力、掌握学生学习特点、开展有效教学
			自身教学理念的提高和改变、批判性思维
			创新教学、课堂教学基本技能、思维导图应用于教学创新
			课堂问题应对
			教学规范、教学影响力
			教学技能引导员培训、ISW 引导员研讨会
		演示教学	物理基础课程教学、水利类课程教学、化学基础课程教学、电子技术基础及电子线路课程教学、大学英语课程教学、无机化学课程教学、计算机基础课程教学、哲学类通识课程、日本古典文学课程教学
			将学科前沿融入本科一、二年级教学，将信息技术引入教学实践，将合唱艺术融入教学
			教学观摩、模拟教学

续表

维度	类型	内容、活动	
教学能力	教学设计	青年教师教学竞赛获奖经验分享、国际化课程建设经验、野外实践教学经验	
		教研融合、教学与科研、教学和科研中的师生关系	
		大学学术英语教学	
	教学方法	信息化环境下的教学、翻转课程、多元化学习环境中主动学习的教学法与实践、翻转课堂实证调研、课程在线考核	
		具体教学法	参与式教学法、积极学习教学法、PBL 教学法、服务学习教学法、主动学习教学法、同伴教学法、创意教学法、讨论式教学法、文学文本互动式教学法、分类教学法、微格教学法、“翻转课堂”教学法、情感化教学法、科学教学法、游戏教学法、问题导入式教学法、目标性教学法、对分课堂教学法
		教学中的演讲技巧、教学中发声的基础与技巧	
		临床技能教学能力、在课堂上为学生学习赋能、有效教学策略	
		教学咨询活动	
		教法技巧与评估反馈	
	教学技术	信息化教学	现代化的科学技术创造未来的学习和教学环境
			基于大数据分析驱动的学习行为与学习效果
			运用科技促进高校教学，同辈教学与社交媒体，翻转课堂、新媒体技术助推高校思政课改革
			虚拟现实技术在教学中的应用、现代教育技术在教学中的应用
		智慧教学工具与教学平台	微助教、慕课、在线教学平台、混合式金课、智慧教室、雨课堂、基于“一平三端”智慧教学、学在浙大 2.0、学习通、课立方、蓝魔云班课、SPOC 课程、sakai 平台
		教学辅助工具	Kahoot、WeChat、Padlet、移动教学工具、课堂教学工具、概念图、思维导图思维工具
		信息技术能力培训	手写电子板书、PPT 设计与制作、获取与剪辑教学视频资源、微课和慕课设计与制作、外语阅读课翻转视频制作的设计与方法
		在线课程建设和使用培训	在线课程与翻转课堂的建设、在线课程设计与制作实施、翻转课堂的设计与实施、翻转课堂赛前培训

附录 5－2 外语院校工作坊模式中教学能力发展主题

维度	类型	内容、活动
教学能力发展主题	教学理念	培养思辨能力课堂教学
		教学与教师发展(教师发展与育人、"课程/教学大纲设计和教学原则"、"高校团队体验设计"、"促进学生的学习参与和投入"、"课堂评估:促进及评估跨文化学习"、"设计与教授动态讲座课程"、"通过写作使思辨能力培养可视化"、"超越单一课程:促进跨课程学习"、"教师发展中心战略规划"、"促进教师学习共同体建设"、教学竞赛)
		教学过程中的态度和精神
		外语教育理论
		课程思政
		有效教学设计(如何上好一堂课、混合式教学模式、"互联网＋"课程大纲和教学设计方案、学习风格与创意教学策略的整合、成果导向的教学方案、英语技术写作设计)
		外语教学改革
		葡语口译课程建设
		教学课堂仪式感
		"后疫情"阶段教学心理
		以"真实任务"评价学生的学习
	教学方法	外语教学法
		在教学活动中跨越文化差异
		教学法研修
		具体教学方法(大学教师如何做到有效教学寻求和使用适合的教学方法、体验式教学法和案例教学法、激创法)
		在线教学(国家精品在线开放课程及学堂在线智慧教学、在线教学课堂、微课开发与教学应用)

续表

维度	类型	内容、活动
教学能力发展主题	教学技术	教学分析工具(NVivo 质性分析软件、PSPP 分析软件)
		信息技术能力培训(教学设计、PPT 设计和微课设计、使用软件"Camtasia Studio"进行教学微视频录制及编辑、线上课程课程制作、录播教室的使用技巧、智慧课堂及虚拟桌面的使用技巧)
		资源文献有效检索(介绍了校图书馆概况,包括馆藏分布、借阅时间和权限等,特别对校图书馆服务方面做说明)
		信息化教学平台(实验平台、校友邦、微课、慕课、智慧课堂、Python语言程序)

附录 5-3 国内院校工作坊模式中学术能力发展主题

维度	类型	内容、活动
学术能力发展主题	研究方法与分析工具	质性研究方法
		图尔明分析论证模型
	文献信息检索分析	中英电子数据库简介
		多方法获取文献全文
		数据库检索运算符号介绍
		文章选题技巧
		学术文章投稿技巧
		Bibexcel 生成关键词网络图及可视化呈现等
		查阅文献的方法
	教学与科研	开展教学研究推动教学创新
		教学研究课题与方法
		如何在教学研究中使用观察法
		教学研究的选题和方案设计
		从理解教学要素入手关注教学研究
		本科生导师制的哲学基础与实践分析
		教学学术
		科研选题与设计
		教学类科研
		将科研成果应用到教学中

续表

维度	类型	内容、活动
学术能力发展主题	教学与科研	教学如何转化为研究
		理工学科专业教学与研究
		经济学科专业教学与研究
	学术写作与期刊发表	英文学术写作与国际学术期刊发表
	教师发展基金项目	项目实施的要领有哪些
		项目实施的效果如何
	教育实证研究	学习掌握教育实证研究设计与实施的基本过程
		数据分析与诠释中的基本规范
		英文学术论文写作与投稿时的注意事项及原则
	工程教育	工程教育的跨部门合作:硕士培养和教师发展
		教师发展与学生全球胜任力培养以及工程伦理教育
	外语学院教师校本研修	外语教学研究的方法论
		外语教学课堂中的多模态文本实践

附录 5-4 外语院校工作坊模式中学术能力发展主题

维度	类型	内容、活动
学术能力发展主题	英语教师专业发展	语言教育
		移动技术学习
		多样性和代理式学习
	区域国别重要问题	区域国别问题研究及学术论文写作
		编辑是如何选稿的
		编辑选稿时关注的问题
	研究方法和分析工具	语料库和语料库语言学
		统计分析基本原理
		如何科学抽样、问卷设计与数据分析
		质性研究中的数据收集、整理与分析
		NVivo 质性分析软件应用
		行动研究
	科研项目设计与申报	“选题”以及“研究设计与申报书的填写”
	文化融合探讨	中美戏剧

附录 6-1 国内院校沙龙模式中教学能力发展主题

维度	类型	内容、活动
教学能力发展	教学方法	教学法、教学艺术性、美化嗓音、个性化教学、讲课的吸引力、教学模式(行动学习、混合式教学、大班授课小班辅导、教学模式转变)、大课堂互动技巧、三明治教学法、案例教学法、互动式教学、教学观摩、讨论式教学、概念地图、翻转课堂教学法、前期铺垫/后置教学法、项目教学法、运动教育模式、对话式教学法、教学策略、网络教学、参与式教学、研究型教学、微课教学、PBL 教学模式、对分课堂、思维导图、启发式教学、同伴教学法、SCL 教学模式(以学生学习为中心)、HTTE 教学模式、任务型教学、教学方式变革
	教学设计	教学任务与内容、教学设计、教学设计框架、教学设计理念、教学设计模式、教案、课程设计
	教学经验	混合式教学经验、班主任体会、课程教学经验(哲学、数学、生物统计、通识课、翻译、全英课程教学、基础课、绪论课、基础医学、物理、音乐、林业、农业、管理学、经济学、美育)、教学经验分享(大班互动、师生关系、课堂管理和组织、作业设计和评价、有效提问和答疑、线上教学、本科教学、心理育人、双语教学、混合式交互课堂教学、高效课堂、外语教学、生涯课)、教学发展、教学技能、国外教学经验与理念、教学竞赛技巧、研修成果汇报、助教经验分享、教学管理、教学育人经验、教学成果奖的申报、访学经验分享、教师教学点评交流、教学示范、有效教学、实践教学
	在线课程	在线开放课程建设、精品课申报、开放课程发展历史与未来趋势、课程资源的有效应用、在线质量课程认证评估标准、在线“金课”建设
	教学理念	以学生为中心、快乐教学、教学与青年教师发展、教学信息化、线上线下混合式教学、“互联网+”智慧教学、人文导向与问题导向(PBL)并重、研究型教学、“互联网+”与本科教学的融合、语言学习、教学范式转变、有效教学、全沟通、创新理念、深度学习、研究导向型、产出导向

续表

维度	类型	内容、活动
教学能力发展	教学改革	教学改革经验交流、课程改革、国际视野下教学改革新趋势、教学模式创新、课程建设、“磨课、展课、辩课”、创新创业教育课程建设、学科建设、促进深度学习的教育创新与合作、实验教学改革、法学教育改革、教学模式改革、课堂教学改革、教学督导、基层教学组织建设、新文科建设、本科教育改革、教学质量、公共课程建设、教研互动、师生相长
	教学辅助	微博在课内外的互动作用、案例、新媒体、课程讲义、数字化设备
	教师发展	教学研究能力、教师成长、教学能力提升、教师教学发展、教师角色转变、教师素养、教师发展知识、教育者职能、青年教师实践教学、搭建教师成长平台、课程教学团队建设、全国教师发展大会会议精神研讨、教师能力培养、教师积极性、教学科研育人融合发展、教学创新发展、教师发展组织模式、平衡教学研究
	人才培养	混合式学习模式、学生培养中的问题、创新人才培养、思维能力(设计思维、批判思维、创新思维)、导师指导、研究生培养、人才培养模式、自主学习能力、学生能力素质培养、核心素养、全球胜任力、人才培养、学生发展能力培养、教材育人功能、人文素养、学习动机
	教学评估	教学评估的科学化、教学规范、教师教学评价、课程考核经验、课程考核方法、课程考评体系、课堂评价
	课程思政	课程思政案例设计、热点话题进课堂、传承优良的教育思想、课程思政的实施、价值观教育、“马工程”重点教材任课教师、形势与政策、专业课+课程思政
	微格	微格促进教学反思
	MOOC	精品 MOOC 与微课视频设计、MOOC 制作、MOOC 课程建设经验、课堂教学、MOOCs 带来的挑战与机遇

续表

维度	类型	内容、活动
教学能力发展	信息技术	在线教学、线上教学工具(直播工具+希沃白板、创意打造PPT在线教学的经验、如何利用微助教+腾讯课堂+qq群开展线上教学、雨课堂、腾讯会议、超星学习通)、微助教、课程教学云平台、Coursera、国家精品在线开放课程建设、智慧教学、信息化教室、麦可思高校质量保障系统、信息化教学监控平台、VR教学、文件备份、信息技术与教学深度融合、云技术
	PPT教学	PPT制作、PPT有效使用、美化PPT、教学技术
	微课	微课设计与制作、微课比赛

附录6-2 外语院校沙龙模式中教学能力发展主题

维度	类型	内容、活动
教学能力发展	教学理念	教学理念、翻转课堂
	教学方法	教学方法(案例教学法、学科教学方法、合作教学、教学观摩)、授课技巧、教学技艺、教学技巧、授课方式、教学创新
	教学经验/心得	教育创新、因材施教、思政教育、教学经验、教学感悟
	教学实践	自主开发教学材料、开发教学活动、双语教学中的问题
	教学设计	教学设计、教学案例设计、教案编写、教案的选择
	教学改革	教学改革、英语学科改革、教育改革、课堂教学改革、教学范式变革
	教学模式	有效教学、混合式教学模式、互动式教学
	教学内容	推荐信书写、批判性思维培养
	教学能力	学科教学能力、课堂授课能力
	课程	课程考核方法、课程设计、课程教学(思政课、英语)、MOOC、全英课程建设、双语课程、课程开发
	课堂	课堂管理、课堂观摩、课堂规划、课堂组织
	学习	语言学习策略
	在线课程	MOOC微视频的制作、在线开放课程建设、在线课程建设
	软件使用方法	AntConc等语料库检索软件
	线上学习平台	雨课堂、资料搜索引擎(水木搜索)
	智慧教学	互联网+教学

附录 6-3　国内院校沙龙模式中学术能力发展主题

维度	类型	内容、活动
学术科研类	教育	智能时代的知识、人是如何学习的、大学教育、工程教育、面向职场的专业教育改革战略及 CDIO 模式研究、通识教育、创新创业教育、教育目标、科教融合、教学研高等教育转型、教育教学质量、本科生学情调研、教育文化、课程的价值取向、包容性设计在各专业的应用、法学教育
	社会问题	民族问题、文化
	学术研究	论文写作与发表、著书立人、科研创新、研究成果分享、项目申报、跨学科合作研究、研究性学习、项目介绍、教学学术(有效教学策略)、英语教学、数据收集和分析方法、论文选题和答辩、学术问题的提出
	学科	学科生成机制、化学、管理学、经济学、文学、医学、食品学科、体育、教育学
	人才培养	本科生实践能力、探究性实验平台的构建、批判性思维、研究生培养、导师指导心得、青年人才引育、大学生成长、本科人才培养
	教材	教材编写、教材建设
	高校建设	经费管理、教师发展中心调研
	教师发展	教师发展、教师教学发展中心建设、研修共同体、卓越教师核心素养研究、教学能力研究、教师教育模式

附录 6-4　外语院校沙龙模式中学术能力发展主题

维度	类型	内容、活动
学术科研类	科研机构	科研处的职能
	项目申报	项目申报
	科研工具	多语种语料库、语料库文本的词性标注、语料库的创建与应用
	研究方法	质性研究方法、定量分析、行动研究

续表

维度	类型	内容、活动
学术科研类	科研人员	科研人员与科学传播、研究者主体意识、学术团队建设、学术视野、可持续发展、青年教师学术水平、科研能力和水平、学术定位、自我价值、抓住“黄金期”、研究者素养
	学术发表	论文写作的规范与方法、论文投稿命中率、论文发表、科研成果国际化、文献分享
	国别和区域研究	海外民族志、中加能源合作的新常态、中国的发展模式、中日关系、国际关系、国际谈判、中国教育、国别环境与投资安全、国别研究、中美教育比较 、亚洲地区主义理论、区域治理、全球治理的中国方案、中国特色大学外交
	人才培养	国别和区域人才培养、校企合作、国际化专业人才培养
	文化	文化研究、英国文化、文化理论、群体文化、文化身份、文化包容、跨文化交际
	翻译	翻译学、口译评估、翻译理论、翻译实践、译本研究、文学翻译
	女性研究	女性研究、外交中的女性研究、加拿大华裔参政女性研究
	语言类	文字功能、外语技能、语音教学、语言学、概念的生成、语言教学理论、教育语言学
	文学类	(加拿大)外国文学、文学伦理学、诗歌赏析
	社会议题	反腐败问题、信访和依法行政、社会学议题、新冠疫情与全球治理
	经济学	智库运作、孝道的经济学功能、经济转型、亚洲经济
	教育类	幼儿早期教育、高等教育、高等教育教学论、学前教育专业建设、教师角色
	学科	学科边界、教育语言学、认知神经科学、社会学学科建设、多学科融合、高校章程、英语学科建设
	认识论	当代哲学
	创新创业成果	创新创业经验

附录 6－5　国内院校沙龙模式中职业生涯主题

维度	类型	内容
职业生涯类	青年教师成长	青年教师成长中的问题和困惑、从教生涯心得、职业和生活的平衡、教师发展与培训、专业背景和现状、职业精神、教师专业发展、教师职业发展、思辨与生活、如何兼顾教学与科研、职业倦怠应对、教师教学成长社群、教师的诉求、教师能力测评

附表 6－6　外语院校沙龙模式中职业生涯主题

维度	类型	内容、活动
职业生涯类	青年教师	职业发展的困惑、工作经验分享、职称评审、人生阅历和教学实践经验分享、可持续发展、工作和生活的困惑、对教师发展的建议、如何平衡教学和科研、如何平衡工作与家庭、教师的自我设计与规划、外语类高校教师专业发展、海外学习经历分享、学习感悟、教师成长
	行政管理人员	工作经验体会
	辅导员	专业素养、工作心得
	组织文化	组织精神文化的重要性
	待遇保障	工资福利和保险
	教师风范	礼仪得体
	女性教师	工作和生活的心得体会

附录 6－7　国内院校沙龙模式中身心健康主题

维度	类型	内容
身心健康类	身体健康	牙齿、孕产与母乳喂养、嗓音保健、运动前检查、居家锻炼、肩颈腰疼痛
	心理健康	女性中年危机、新冠疫情下高校师生心理问题分析与探讨、幸福感提升、情绪调控、心理舒压、自我认同
	身心健康的影响因素	音乐、科学运动

附录 6－8　国内院校新教师沙龙主题

维度	类型	内容
新教师沙龙	午餐交流会	新教师导引计划、新入职教师培训方案、新教师成长领航经验交流
	座谈会	新教师互相分享各自的求学经历、教学经验、科研成果以及对未来的展望
	研讨会	新教师职业发展
	教学展示汇报	新教师汇报阶段性研修成果
	师元教学沙龙	新教师教学技能提升
	微格发展沙龙	新进教师自评汇报，专家型教师为新教师答疑解惑

表 6－9　国内院校其他沙龙主题

维度	类型	内容
其他	时事政治	中美贸易关系
	辅导员沙龙	学生工作经验分享、学生工作技巧、辅导员工作注意事项、辅导员队伍稳定性、突发事件应对、少数民族学生的管理、综合素质提升、辅导员博客、辅导员队伍建设
	艺术修养	音乐、歌剧、交响曲、文化赏析
	思政教育	教师思政、为师生办实事

附录 7-1　国内院校竞赛(观摩)模式中教学能力发展主题

维度		类型	内容、活动
教学能力发展	教学竞赛	教学创新竞赛	高校教师教学创新竞赛,促进高校教学改革;多元素融合教学;卓越大学联盟高校创新比赛
			“超星杯”教学创新大赛
			自制实验教学仪器设备创新大赛
			“同课异构”教学创新大赛(教学方案设计,教学展示与观摩和教学反思与改进)
		教师课堂教学比赛	教学内容、教学方法、课堂表达、教案设计、授课形式和讲课技巧
			模拟课堂竞赛(教学实践能力,新教师角色转变)
			“课程思政”教学竞赛(从不同的角度将思政元素渗透于教学内容)
		青年教师教学(讲课)竞赛(青教赛)	以“上好一门课”为竞赛理念,评价内容为教学设计、课堂教学和教学反思
			提升讲课能力、教学方法技巧(教学基本功);“精彩一课”比赛;卓越教学大赛
		教学技术竞赛	微课教学(模拟课堂、现场提问、评委点评;促进混合式金课建设,改变传统教学模式;微课设计制作的思路与方法)
		教学设计竞赛	实验教学案例设计竞赛;电子基础课程实验教学案例设计
			青年教师 PPT 教案微赛
			教师板书技能微赛
			全国高校数学微课程教学设计竞赛

续表

维度		类型		内容、活动
教学能力发展	教学观摩	课堂教学观摩		教学社群教学设计课堂观摩
				每学期对具体学科课程的课堂教学观摩
				公开课教学听课活动
			翻转课堂教学	现场教学观摩（“先学后教”特点；小组答辩和讨论形式）
				专业课程在线混合翻转课堂授课模式观摩
			观摩与研讨活动	教学竞赛小组开展的观摩与研讨（教学过程、教学经验）
				青年教师教学观摩与研讨；青年教师教学技能培训（观摩和评析）
				“研讨课堂”观摩记（“大班授课、小班研讨”教学形式）
		教师教学点评交流		课堂教学示范及经验交流教学沙龙
				针对具体课程的教师教学点评交流活动
				新授课教师试讲点评活动（教案、课堂教学、语言教态、课件制作、教学内容、互动教学）
		教学示范观摩课程		教学竞赛组开展教师示范课观摩（教学设计思路、内容、方法、心得）
				研修项目成果分享示范课（EMI 教学；CLIL 教学法）
				示范观摩课程（不同学科讲课技巧和教学设计；大课教学）
				“课程思政”示范观摩活动（专业课讲授与思政教育相结合）

附录 7－2　外语院校竞赛(观摩)模式中教学能力发展主题

维度	类型		内容、活动
教学能力发展	教学比赛	教师教学基本功竞赛	教学设计(教案)
			课堂教学
			微课教学比赛
			(外语微课教学)
			青年教师教学竞赛
		专业课程教学比赛	公共关系课程
			思想政治理论课
			英语演讲
			双语教学
	教学观摩		优秀获奖教师教学公开课
			课堂教学观摩
			课程公开课(课程思政)
			校外教学观摩课
			翻转课堂观摩
			优质课程建设(金课建设)
			实践教学观摩(禅茶活动)

参考文献

[1] 韦伯.学术与政治[M].桂林:广西师范大学出版社,2010.

[2] 叶澜.教师角色与教师发展新探[M].北京:教育科学出版社,2001.

[3] 克罗普利,纳普尔.高等教育与终身学习[M].上海:华东师范大学出版社,2003.

[4] 库克.提升大学教学能力:教学中心的作用[M].杭州:浙江大学出版社,2011.

[5] 阿特巴赫.比较高等教育:知识、大学与发展[M].北京:人民教育出版社,2001.

[6] 贺国庆.德国和美国大学发达史[M].北京:人民教育出版社,1998.

[7] 布鲁克菲尔德.大学教师的技巧[M].杭州:浙江大学出版社,2005.

[8] 有本章.大学学术职业与教师发展:美日两国透视[M].上海:复旦大学出版社,2012.

[9] 汪霞.中外大学教学发展中心研究[M].南京:南京大学出版社,2013.

[10] 石中英.知识转型与教育改革[M].北京:教育科学出版社,2001.

[11] 圣吉.第五项修炼:学习型组织的艺术与实务[M].上海:上海三联书店,2001.

[12] 徐延宇.高校教师发展:基于美国高等教育的经验[M].北京:教育科学出版社,2009.

[13] 孙二军.大数据时代教师专业发展的思维转向[M].西安:西安交通大学出版社,2020.

[14] 孙二军.自我认同视域下的教师专业发展[M].北京:社会科学文献出版社,2016.

[15] 许迈进.美国研究型大学研究:办学功能与要素分析[M].杭州:浙江大学出版社,2005.

[16] 王玉衡.美国大学教学学术运动[M].北京:北京师范大学出版社,2012.

[17] 任友群,詹艺译.技术的学科教学知识:教育者手册[M].北京:教育科学出版社,2011.

[18] 徐延宇.高校教师发展:基于美国高等教育的经验[M].北京:教育科学出版社,2009.

[19] 秦冠英.20 世纪 70 年代美国大学教师发展的理论与实践[M].北京:社会科

学文献出版社,2016.

[20] 胡建华.现代中国大学制度的原点:50 年代初期的大学改革[M].南京:南京师范大学出版社,2001.

[21] 吴艳茹.寻路:制度规约下的大学教师职业生涯研究[M].北京:中国社会科学出版社,2013.

[22] 贝恩.如何成为卓越的大学教师[M].北京:北京大学出版社,2007.

[23] 滕尼斯.共同体与社会[M].北京:商务印书馆,1999.

[24] 海登.沙龙:失落的文化摇篮[M].台北:左岸文化出版社,2003.

[25] 科塞.理念人:一项社会学的考察[M].北京:中央编译出版社,2004.

[26] 陈锡坚.学术性视野中大学教师专业发展的逻辑[J].教育研究,2011(08):81-84.

[27] 林杰.大学教师专业发展的内涵与策略[J].大学教育科学,2006(01):56-58.

[28] 孙有中,张虹,张莲.《国标》视野下外语类专业教师能力框架[J].中国外语,2018(02):4-11.

[29] 仲伟合,王巍巍."国家标准"背景下我国英语类专业教师能力构成与发展体系建设[J].外语界,2016(06):2-8.

[30] 王立非,葛海玲.论"国家标准"指导下的商务英语教师专业能力发展[J].外语界,2016(06):16-22.

[31] 孙二军."能力圈层"视角下教师职前的专业学习路径及培养策略[J].高教探索,2019(09):119-123.

[32] 孙二军.基于"问题解决"的教师职前专业学习路径及培养策略[J].国家教育行政学院学报,2019(02):71-75.

[33] 吴金昌,刘毅玮.高校教师成长中的困惑与反思:兼与中小学教师成长历程比较[J].中国高教研究,2008(09):41-43.

[34] 别敦荣,李家新.大学教师教学发展中心的性质与功能[J].复旦教育论坛,2014(04):41-47.

[35] 柯伯杰,熊卫雁,叶会元.构建高等教育教学标准:教师专发展中心在四所世界一流大学的实践与应用[J].北京大学教育评论,2014(02):27-45.

[36] 李欣,严文蕃,谢新水.美国高校教师专业发展培训中心的发端、历程及模式[J].江苏高教,2013(01):146-149.

[37] 杨洁.我国高校教师教学发展中心:现状、问题与突破[J].教育发展研究,2018(09):23-27.

[38] 樊平军.大学教师发展中心建设:问题与对策[J].中国高教研究,2016(10):43-46.

[39] 陈丽,赵刚.大学教师教学发展中心的生成逻辑与现实困境[J].教师教育研究,2016(04):20-25.

[40] 康世宁. 中美高校教师发展中心建设的比较研究：以美国密歇根大学学习与教学研究中心为例[J]. 现代教育技术，2019(11)：60-68.

[41] 涂艳国，王卫华. 论教师的叫安心习惯对教学机智的影响[J]. 教育研究，2008(09)：53-57.

[42] 屈廖健. 美国密歇根大学教师发展中心的产生环境、建立过程与组织特征[J]. 中国高教研究，2018(01)：75-80.

[43] 陈志勇. 大学教师教学发展中心：是什么？做什么？[J]. 高等工程教育研究，2013(06)：92-96.

[44] 权灵通，何红中，胡锋. 英国大学教师发展中心建设研究及启示：以牛津大学为例[J]. 中国大学教学，2017(11)：68-72.

[45] 余宏亮，魏捷. 大学教师专业发展的困境与策略[J]. 中国高教研究，2009(06)：70-71.

[46] 孔捷，迟芳，MATTHIAS H. 从讲座制到学系制：兼论德国大学与美国大学的相互影响[J]. 江苏高教，2011(02)：150-151.

[47] 陈桂香，赵佳蕊. 柏林大学讲座制及其启示[J]. 黑龙江高教研究，2020(03)：95-99.

[48] 伍醒. 从讲座制起源看 19 世纪大学学科制度化的变革意义[J]. 中国高教研究，2013(08)：37-42.

[49] 赵俊芳. 讲座制的历史演进及其当代评价[J]. 现代大学教育，2009(03)：72-76.

[50] 吴培群. 日本国立大学的讲座制及其发展[J]. 比较教育研究，2008，30(12)：42-46.

[51] 庞海芍，何玫，刘卫民. 大学教师职业生涯规划研究[J]. 中国青年研究，2009(06)：55-58.

[52] 刘献君. 论"以学生为中心"[J]. 高等教育研究，2012(08)：1-6.

[53] 赵炬明，高筱卉. 关于实施"以学生为中心"的本科教学改革的思考[J]. 中国高教研究，2017(08)：36-40.

[54] SRINIVASAN M，夏颖，顾鸣敏. PBL 教学法与 CBL 教学法的比较：基于两种教学法的转换在临床课程学习上的效果分析[J]. 复旦教育论坛，2009(05)：88-91.

[55] 张学新. 对分课堂：大学课堂教学改革的新探索[J]. 复旦教育论坛，2014(05)：5-10.

[56] 徐鹏，王以宁，刘艳华，等. 大数据视角分析学习变革：美国《通过教育数据挖掘和学习分析促进教与学》报告解读及启示[J]. 远程教育杂志，2013(06)：11-17.

[57] 杨雪，姜强，赵蔚. 大数据学习分析支持个性化学习研究：技术回归教育本质

[J]. 现代远距离教育,2016(04):71-78.

[58] 管培俊,吕杰,徐金明. 当前高校教师队伍建设与发展的主要趋势:新时期中国高等学校教师培训之一[J]. 中国高等教育,2001(02):26-29.

[59] 管培俊 ,吕杰 ,徐金明. 我国高校教师培训工作及其评价:新时期中国高等学校教师培训工作之二[J]. 中国高等教育,2001(Z1):38-41.

[60] 管培俊,吕杰,徐金明. 高校教师培训工作的思考和展望:新时期中国高等学校教师培训之三[J]. 中国高等教育,2001(05):33-36.

[61] 马莉. 教育新常态下高校教师培训:价值意义、实践困境与实现径路[J]. 黑龙江高教研究,2019(10):98-101.

[62] 刘丽. 实践哲学视阈下的我国高校师资培训模式探析[J]. 湖南社会科学,2014(04):236-238.

[63] 程建华,荣文婷,赵琳. 高校教师发展与综合素质能力培训机制研究[J]. 黑龙江高教研究,2017(01):94-96.

[64] 陈久奎,刘敏. 论我国高校教师专业发展及其培训[J]. 高等教育研究,2012(11):49-53.

[65] 赵亮. 我国高校教师培训问题研究[D]. 西安:陕西师范大学,2013.

[66] 彭在萍. 新时期我国高校教师培训研究[J]. 教育与职业,2013(20):60-61.

[67] 吴庆华,郭丽君. 从培训走向发展:高校青年教师培养的转变[J]. 高等工程教育研究,2013(04):141-144.

[68] 罗丹,徐洁. 美国大学教师发展研究:以八所著名大学为例[J]. 教育与考试,2007(03):89-93.

[69] 刘凤英,韩玉启,糜海燕. 美国高校教师培训与管理的借鉴意义[J]. 江苏高教,2007(05):142-144.

[70] 吴薇,陈春梅. 英国大学教师发展中心的特点及启示:以伦敦学院大学、伦敦皇家学院和牛津大学为例[J]. 高教探索,2014(03):53-57.

[71] 周兴国. 英国高校教师专业培训特点及对我国的启示[J]. 河南教育,2011(11):54-55.

[72] 郭婧. 英国大学教师发展的经验及启示:以诺丁汉大学为例[J]. 黑龙江高教研究,2013(11):44-47.

[73] 刘双喜,单小艳,郑越. 日本在职教师培训模式及其启示[J]. 黑龙江高教研究,2014(02):47-49.

[74] 比洛-施拉姆,刘杰,秦琳. 德国大学教师发展:培训与继续教育[J]. 北京大学教育评论,2014(02):2-12.

[75] 黄蕾. 波特竞争五力模型下德国高校教师培训研究及对中国的启示[D]. 天津:天津大学,2010.

[76] 唐习华，李骏. 高校教师常态化培训机制建设中的问题与对策[J]. 江苏高教，2014(02)：103－104.

[77] 潘懋元，罗丹. 高校教师发展简论[J]. 中国大学教学，2007(01)：5－8.

[78] 王中相. 高校教师培训制度改革中各利益主体的关系分析[J]. 华南师范大学学报(社会科学版)，2011(04)：157－159.

[79] 韩宝成，曲鑫. 中国英语教师专业能力评价探讨[J]. 外语学刊，2017(05)：69－74.

[80] 李欣，刘亮，谢新水. "协统者时代"美国高校教师的专业发展培训：以哈佛大学戴瑞克·伯克教学中心为例[J]. 高校教育管理，2014(04)：81－85.

[81] 徐华. 英国高校教师发展校本研究及启示：以英国杜伦大学为例[J]. 职业技术教育，2014(29)：93－96.

[82] 范怡红，柯丹云. 芬兰大学教师发展研究：基于赫尔辛基大学的案例分析[J]. 新疆师范大学学报(哲学社会科学版)，2012(05)：79－86.

[83] 王文礼. 致力于大学教师的成长：印度大学教师发展中心的运行机制和培训模式[J]. 外国教育研究，2016(05)：69－80.

[84] 刘卫萍，王培光，况晓慢. 以教师专业发展为主旨的高校教师培训模式[J]. 河北大学学报(哲学社会科学版)，2014(02)：137－140.

[85] 桑元峰，何菊玲. 大学教师学术能力新论[J]. 陕西师范大学学报(哲学社会科学版)，2014(04)：134－139.

[86] 卢丽琼. 浅析美国高校研究生助教制度及启示[J]. 复旦教育论坛，2005(1)：62－65.

[87] 韩芳明，孙傅，董渊. 基于研究生教学能力提升的助教制度改革探析[J]. 学位与研究生教育，2020(01)：47－52.

[88] 阚斌斌，林荣日. 研究生助教培训工作运转状况研究[J]. 学位与研究生教育，2018(12)：50－55.

[89] 方芳，于国欢. 美国俄克拉荷马大学研究生助教管理制度及其启示[J]. 学位与研究生教育，2020(04)：67－72.

[90] 刘益春. 澳大利亚大学教师管理、培训的特点与启示[J]. 外国教育研究，2006(01)：73－75.

[91] 赵明仁，周钧. 教师培训的理念更新与制度保障：首届"中国教师培训论坛"综述[J]. 教师教育研究，2007(03)：37－40.

[92] 刘宝存. 建设高水平教学团队 促进本科教学质量提高[J]. 中国高等教育，2007(05)：29－31.

[93] 余新. 教师培训内容的五大核心要素[J]. 北京教育学院学报，2012(04)：12－17.

[94] 郭朝晖. 工作坊教学：溯源、特征分析与应用[J]. 教育导刊，2015(05):82-84.

[95] 李明，仲伟合. 翻译工作坊教学探微[J]. 中国翻译，2010，31(04):32-36.

[96] 黄越. 工作坊教学模式下的大学教师角色：以翻译课堂教学为例[J]. 大学教育科学，2011(06):56-60.

[97] 陆彩霞，姜媛，方平，等. 典型教师工作坊研修活动的特色分析与未来研究展望：基于北京市典型教师工作坊的实践研究[J]. 教育科学研究，2019(02):87-92.

[98] 李宝敏，宫玲玲. 基于工作坊的混合式研修中教师学习现状及支持对策研究[J]. 教师教育研究，2018(02):49-58.

[99] 王倩娜，张锡娟，汪源源. "工作坊"模式在风景园林设计与建造课程中的革新及应用[J]. 西南大学学报(自然科学版)，2020(07):173-180.

[100] 刘清堂，张妮，朱姣姣. 教师工作坊中协作知识建构的社会网络分析[J]. 中国远程教育，2018(11):61-69.

[101] 刘权纬，王兴辉，蒋红星. 教师工作坊成员学习交互行为的社会网络分析[J]. 现代远距离教育，2019(03):22-29.

[102] 王强. 基于工作坊的教师校本培训模式构建[J]. 全球教育展望，2012(12):92-94.

[103] 黄庆玲，李宝敏，任友群. 教师工作坊在线讨论深度实证研究：以信息技术应用能力提升工程教师工作坊为例[J]. 电化教育研究，2016(12):121-128.

[104] 张忠华. 论提高研究生学术沙龙活动学习效率的策略[J]. 学位与研究生教育，2009(01):38-42.

[105] 胡弼成，廖梅. 试论现代大学教学组织的辅助形式：洛可可沙龙与伦敦咖啡馆的启示[J]. 高等教育研究，2002(02):76-79.

[106] 许淳熙. 学术沙龙与科学研究[J]. 科学学研究，1995(01):76-79.

[107] 杨明刚，唐松林. 学术沙龙：大学教学的自由之境[J]. 现代大学教育，2017(04):14-20.

[108] 张英香，罗嵘，房丹. 青年学术沙龙：催化青年教师成长的有效形式[J]. 中国高等教育，2005(11):39-41.

[109] 杨志锋，杨小复. 学术沙龙：研究生培养的一种好形式[J]. 高等教育研究，1992(01):88-91.

[110] 罗尧成，朱永东. 学术沙龙：一种研究生教育课程实施形式[J]. 学位与研究生教育，2006(04):50-53.

[111] 陆国栋，赵春鱼，颜晖，等. 本科院校教师教学竞赛发展现状及模式创新[J]. 中国高教研究，2019(01):86-90.

[112] 熊匡汉. 高校教学竞赛意义与品牌示范效应研究[J]. 中国高教研究，2009(04)：90－91.

[113] 原弘. 以青年教师教学竞赛引导课堂教学改革和质量提升[J]. 中国大学教学，2017(11)：77－81.

[114] 王德武，王雪霜，赵斌，等. 参与和观摩高校青年教师教学基本功竞赛的总结与思考[J]. 化工高等教育，2013(04)：79－81.

[115] 赵菊珊，马建离. 高校青年教师教学能力培养与教学竞赛[J]. 中国大学教学，2008(01)：58－61.

[116] 赵雪江. 教学观摩：教师专业研修方式的变迁[J]. 中国教育学刊，2011(05)：61－64.

[117] 汪滢. 微课的内涵、特征与适用领域：基于首届全国高校微课教学比赛作品及其征文的分析[J]. 课程·教材·教法，2014(07)：17－22.

[118] 邓嵘. 大学教师发展的系统规划与实践：牛津大学教师发展中心的经验及其启示[J]. 教育科学，2017(01)：37－41.

[119] 蒋红玲. 国际视野下高校教师发展中心建设创新[J]. 继续教育研究，2017(08)：75－77.

[120]马可，班轩，杨振涛. 信息化环境下教师专业能力发展的实践研究：以校际间协作促进教师专业发展[J]. 中国电化教育，2015(06)：110－115.

[121] 庞颖. 美国高校教师校本发展的多元演化状态研究：从 264 家高校教师发展中心价值取向的分类探讨出发[J]. 比较教育研究，2019(03)：46－52.

[122] 屈廖健. 培养未来教师：美国密歇根大学教师发展中心研究生教学能力提升项目研究[J]. 高教探索，2019(09)：54－59.

[123] 王立. 美国大学教师发展理念的演变与启示[J]. 中国高教研究，2011(02)：15.

[124] 屈廖健. 美国密歇根大学教师发展中心组织关系网络的构建与启示[J]. 高教探索，2017(12)：71－75.

[125] 郑家茂，李爱国. 注重教师教学发展，提高大学教学品质[J]. 中国大学教学，2010(5)：7－9.

[126] 王陆. 大学支持下的校本研修教师专业发展模式[J]. 中国电化教育，2005(03)：9－12.

[127] 杨思帆. 美国教师教育协同创新生态系统构建及其经验：以密西西比大学教师专业发展学校为例[J]. 比较教育研究，2017(04)：99－105.

[128] 刘义兵. 教师专业能力训练的体系构建与教学探索[J]. 教育研究，2013(08)：156－158.

[129] 郭红霞. 信息素养促进教师专业能力发展的内在机制及其养成[J]. 中国电

化教育,2012(05):58－61.

[130] 徐锦芬,刘文波.“外教社杯”全国高校外语教学大赛对教师专业发展影响实证研究[J].外语界,2020(01):25－33.

[131] 黄欢.文化生态取向下的教师专业发展模式及其策略:以外语教师专业发展为例[J].湖南社会科学,2016(04):71－75.

[132] 永春光.地方高校青年外语教师专业发展现状及对策[J].高教探索,2014(10):221.

[133] 赵杰,刘歌红,杨璐.大学英语教师专业发展的基本内涵及其促进策略[J].东北师范大学学报(哲学社会科学版),2018(02):161－165.

[134] 李宝斌.教学学术发展的阻滞与突破[J].高等教育研究,2015(06):80－86.

[135] 王建华.大学教师发展:“教学学术”的维度[J].现代大学教育,2007(02):1－5.

[136] ALESTETE J W. Post-tenure faculty development: building a system for faculty development and appreciation [M]. San Francisco: Jossey-Bass,2000.

[137] BANTA T W. Can assessment for accountability complement assessment for improvement? [J]. Peer Review, 2007(2):9－12.

[138] BUTT R L,RAYMOND D. Studying the nature and development of teachers' knowledge using collaborative autobiography[J]. International Journal of Educational Research, 1989,13(4):403－419.

[139] CENTRA K T. Faculty evaluation and faculty development in higher education[M]//SMART J C. Higher education: handbook of theory and research[M]. New York: Agathon Press,1989.

[140] FANG R,DUFFY M K,SHAW J B,et al. The organizational socialization process:review and development of a social capital model[J]. Journal of Management,2011,37(1):127－152.

[141] FINKELSTEIN M J, SEAL R, SCHUSTER J H. New entrants to the full-time faculty of higher education institutions [M]. Washington: National Center for Education Statistics,1998.

[142] GILIESPIE K H,HILSEN L R, WADSWORTH E C. A guide to faculty development: practical advice, examples and resources [M]. Bolton: Anker Publishing Company Inc. ,2002.

[143] GILLESPIE K J, ROBERTSON D L, et al. A guide to faculty development[M]. (2nd ed). San Francisco: Jossey-Bass, 2010.

[144] GOSLING D. Educational development in the United Kingdom[Z]. London:Heads of Educational Development Group,2008.

[145] KAY J G, DOUGLAS L R. A guide to faculty development [M]. (2nd ed). San Francisco: Jossey-Bass,2010.

[146] KIRALY D. A social constructivist approach to translator education: empowerment from theory to practice[M]. Manchester: St. Jerome Publishing, 2000.

[147] KREBER C. Scholarship revisited: perspectives on the scholarship of teaching: new directions for teaching and learning[M]. San Francisco: Jossey-Bass, 2001.

[148] KREBER C. Exploring research-based teaching: new directions for teaching and learning[M]. San Francisco:Jossey-Bass,2006.

[149] RICHARDS J C. The dilemma of teacher education in TESOL[J]. TESOL Quarterly,1987,21(2):209 - 226.

[150] RUSSELL K. "First,get to know them":a relational view of organizational socialization[J]. Human Resource Development International,2010,13(1):27 - 43.

后　记

大学教师专业能力的持续发展是大学教师队伍建设的重要任务，也是促进大学内涵发展的内在要求。虽然大学教师专业能力发展归根是自主性发展，但需要有适宜的支持模式与良好的专业服务。大学教师专业能力发展的支持服务模式，需要聚焦高等教育人才培养、科学研究与社会服务的功能使命，促进大学教师教学能力、学术能力以及教学学术能力的不断提升。作为西安外国语大学教师发展专项项目“大学教师专业能力发展支持模式研究”(19JF01)的终结性成果，本书是课题组近年来研究探索的成果积累，也是课题组所在的陕西高校青年创新团队(“一带一路”沿线国家教育发展战略研究创新团队)、西安外国语大学国际舆情与国际传播研究院、西安外国语大学教育学二级学科团队(教育学原理)的阶段性成果。

本书的相关成果能够服务于高等院校尤其是外语院校教师专业支持服务工作的改革与创新，促进大学教师发展中心的支持服务模式探索，从而最终提升大学教师专业品质，促进其专业发展。本书在撰写过程中，西安外国语大学英语师范学院·教育学院15名硕士研究生(张圆、苗琰、王雨汁、庹玮桦、杨倩、贺婷、史璠、平雨萌、费淑娟、刘珂莹、李岩、刘沫汝、杨亚楠、李智勇、钟玲玲)参与了前期文献的搜集整理与相关信息的统计分析工作，我的7名硕士研究生(史璠、张圆、苗琰、李智勇、王雨汁、庹玮桦、杨亚楠)和费淑娟同学还参与了子主题的统计分析与研讨工作，在此对他们表示感谢。

本书的出版得到了西安外国语大学国际舆情与国际传播研究院院长杨晓忠教授、人事处周琳处长、西部外语教师发展中心专职副主任孙鹏教授及办公室主任刘涛老师的大力支持，同时得到了西安交通大学出版社王建洪老师的支持与帮助，在此一并表示感谢。

由于时间和水平所限，本书还存在诸多不足与疏漏之处，敬请各位专家、学者批评指正。

孙二军

2021年10月